Maxi Böhm

Bei uns in Reichenberg

Maxi Böhm

Bei uns in Reichenberg

Unvollendete Memoiren
Fertig erzählt von Georg Markus

Vorwort
von Alfred Böhm

tosa

Dieses Buch wurde der Umwelt zuliebe
auf chlorfrei gebleichtem Papier gedruckt.

Im Auftrag hergestellte Sonderausgabe

Inhalt

Ein Komiker? Ein Kabarettist? Ein Tragöde?

Erinnerungen an Maxi Böhm
Von Alfred Böhm

Max Böhm ist tot!
Ich kann mich nicht erinnern, daß mich in den letzten Jahren eine Meldung so sehr erschüttert hat wie diese. Was war er für ein Mensch? Ein Komiker? Ein Kabarettist? Ein Komödiant? Oder ein Tragöde?
Er hätte genausogut ein Dichter sein können, ein großer Maler oder ein erfolgreicher Grafiker. Die ihn kannten, wissen, wie viele Einfälle, wieviel Witz er investierte, um einem Menschen für irgendeinen Anlaß – zum Geburtstag, zu Weihnachten, Ostern oder einem Jubiläum – ein Plakat in persönlicher Art zu malen.
War er ein guter Mensch? Ein guter Freund? Ein guter Ehemann? Ein schlechter Ehemann? Ein guter Vater? Hatte er viele Freunde? War er ein Einzelgänger?
Er war alles!
Er war ein Mensch, der nicht ausspannen konnte. Wo ein paar Leute beisammen saßen und er dazu kam, wollte er unterhalten. Seine »G'spaß« ausprobieren (»Soll ich a Solo machen?«). Auch im Urlaub. Er war wie ein Motor, der nicht stehenbleiben konnte. Oft wirkte er oberflächlich, nur zu Witzen aufgelegt. (»Kennst du den?...«)
Aber das war nur ein Schutzmantel, den er um seine empfindliche Seele hängte. Er war sensibel, leicht verwundbar. Er konnte sich gegen die Ungerechtigkeiten und gegen Intrigen, gegen Schicksalsschläge kaum wehren.

Er schluckte. Er schluckte, als seine geliebte Tochter Christine tödlich verunglückte. Er schluckte, als sein ältester Sohn Max durch Selbstmord endete. Er schluckte auch vieles in seinem Beruf. Bis zuletzt – bis zu seinem schwer erarbeiteten, enormen Erfolg in seiner letzten Rolle, seiner Wunschrolle, auf die er sich so gefreut hat: den Theaterdirektor Striese im *Raub der Sabinerinnen* im Theater in der Josefstadt.
Er konnte diesen Erfolg nicht mehr ganz genießen. Er hatte zu viel geschluckt. Er wurde zu Tode gehetzt!
Als ob er sein nahendes Ende geahnt hätte: Ich selbst besitze zahllose seiner Gedichte, die er mir in den letzten Jahren verehrt hat. Es gibt kaum eines, in dem die Todesahnung fehlt. (»Ein Leben geht zu Ende, ein anderes beginnt.« Oder: »Die Not, der Tod, die Dunkelheit, das alles kommt bestimmt.«)
Und noch einmal – als ob er sein nahendes Ende geahnt hätte: er schrieb sein Leben nieder. Sein faszinierendes, heiteres und doch immer wieder todernstes Leben. Anekdoten und Schicksalsschläge. Pointen und Katastrophen.
In seinem Leben ist er mit vielen Dingen nicht fertig geworden. Auch mit seinen Memoiren. Als sie halbfertig waren, genau zur Halbzeit, ereilte ihn der Tod.
Ich hätte keinen gewußt, der besser geeignet wäre, sein Leben fertig zu erzählen als Georg Markus, sein langjähriger Freund und Wohnungsnachbar. Er war ihm in vielen Stationen seines Lebens nahe und wußte, wie er dachte und fühlte. Auch Max hätte es so gewollt. Ich weiß, daß seine Familie darüber glücklich ist, und wir, seine Freunde, sind es auch.
Man sagt: Ein Mensch ist leicht zu ersetzen. Ich kann mir nicht vorstellen, wer Max Böhm ersetzen sollte. Er war einmalig. Was war er? Ein Armin Berg? Ein Grünbaum? Ein Girardi? Ein Charlie Chaplin? Oder gar ein Josef Kainz? Ja, auch das, wäre er den anderen Weg gegangen. Er war alles zusammen. Wer ihn auf der Bühne erlebt hat, weiß wie vielseitig er war.

Er hat Millionen Freude gebracht. Er hat Millionen zum gesunden Lachen gebracht.
Gestorben ist er allein.
Gestorben? Ein Schauspieler lebt so lange, als es Leute gibt, die sich an ihn erinnern können.
Maxi, du bist noch lang nicht tot.

Wieselburg, im Februar 1983

Doppelconférence im Himmel

Deshalb ist der Karikaturist unbeliebt: Weil's wahr is'!

KARL FARKAS

Karikatur: Erich Sokol

SOKOL

Doppelconférence im Himmel, erster Teil

Karl Farkas – Maxi Böhm
Von Georg Markus
(frei nach Hugo Wiener)

FARKAS: Willkommen im Himmel, Herr Böhm!
BÖHM *(erstaunt)*: Sie sind auch da, Herr Farkas?
FARKAS: Warum sollte ich nicht im Himmel sein?
BÖHM: Na hören Sie, was Sie mich da unten sekkiert haben!
FARKAS: Ich? Mein ganzes Leben hab ich Sie nicht sekkiert.
BÖHM: Und wie. Immer mußte ich den Blöden spielen. Meine Frau hat nach jeder Vorstellung gesagt: Der Farkas will immer gescheiter sein als du!
FARKAS: Das war doch gewiß ein bescheidener Wunsch!
BÖHM *(verärgert)*: Es geht schon wieder los. Nicht einmal im Himmel hat man seine Ruh.
FARKAS: Was soll ich machen, ich kann's mir nicht abgewöhnen. Ein Leben lang hab ich Doppelconférencen geführt. Zuerst mit dem Grünbaum, dann mit dem Waldbrunn und zuletzt mit Ihnen – ich kann auch hier heroben nicht aufhören damit.
BÖHM: Wunderbar, aber wieso muß auch im Himmel ausgerechnet ich der Blöde sein?
FARKAS: Das ist doch ganz logisch. Egal ob auf Erden oder im Himmel, das Wesen der Doppelconférence besteht darin, daß man einen äußerst intelligenten, gutaussehenden Mann nehme – das bin ich – und einen zweiten, also den Blöden, dazu stellt. Das sind, nach allen Regeln der menschlichen Physiognomie, natürlich Sie!
BÖHM: Versuchen Sie bitte, wenigstens hier oben, mich als gleichwertigen Partner zu betrachten.

FARKAS: Also gut, versuchen wir's. Reden wir vernünftig. Was ist los, unten auf der Erde, was haben Sie mir für Neuigkeiten mitgebracht? Was ist in den elf Jahren, die Sie länger unten waren, passiert?

BÖHM: Der Farkas ist gestorben!

FARKAS: In Ihrer Nähe läuft man selbst hier heroben nicht Gefahr, von einem Geistesblitz getroffen zu werden. Ich war doch damals selbst dabei! Es ist eigenartig, daß es für jeden Menschen ein Sprichwort gibt, das zu ihm paßt.

BÖHM: Für mich auch?

FARKAS: Für Sie auch. Und zwar: »Wem Gott ein Amt gibt, dem gibt er auch Verstand.«

BÖHM: Ich habe doch gar kein Amt.

FARKAS: Eben. Also, ich brenne vor Neugierde, was ist los da unten, was macht – no, sagen wir ... der Präsident Nixon?

BÖHM: Der Nixon ist längst kein Präsident mehr.

FARKAS: Nicht? Ich hab ihn hier aber noch gar nicht gesehen.

BÖHM: Nein, nein, er lebt.

FARKAS: Warum ist er dann kein Präsident mehr? Hat er nicht gewußt, wie's im Westen weitergeht?

BÖHM: Es heißt nicht »weitergeht«, sondern »Watergate«!

FARKAS: Was ist »Watergate«?

BÖHM: So was Ähnliches wie Waterloo.

FARKAS: Ich versteh kein Wort. Mir scheint, hier heroben bin ich der Blöde, weil ich schon solang keine Zeitung gelesen hab.

BÖHM: Das wäre eher ein Grund, der Gescheite zu sein.

FARKAS: So etwas dürfen Sie mir nicht sagen – wo ich doch zu meinen Lebzeiten selbst Schriftsteller gewesen bin.

BÖHM: Ich erinnere mich. Sie haben doch noch wenige Jahre vor Ihrem Aufstieg in den Himmel gemeint: »Um Österreichs Literatur ist es schlecht bestellt: Grillparzer ist tot, Nestroy ist tot – na, und ich bin auch nicht mehr der Jüngste!«

FARKAS: Richtig, richtig. Und jetzt bin nicht einmal ich mehr da. Wer sind denn die Schriftsteller von heute?

BÖHM: Von heute? Warten Sie ... die Schriftsteller von heute, also ...

FARKAS: Lesen Sie keine Bücher?

BÖHM: Aber natürlich! Erst neulich hab ich wieder eins gelesen. *Das Kapital* von Karl May ...

FARKAS: *Das Kapital* ist nicht von Karl May, sondern von Karl Marx!

BÖHM: Drum. Ich hab mich gewundert, es sind keine Indianer vorgekommen. Lesen Sie viel?

FARKAS: Wenn ich was lesen will, dann schreib ich es mir selber! *(winkt ab).* Aber zurück zur Weltpolitik: Ist der Schah noch mit der Farah Diba verheiratet?

BÖHM: Der Schah ist tot!

FARKAS: Tot? Ich hab auch ihn noch nicht im Himmel gesehen.

BÖHM: Und den Breschnew, den Tito, den Mao Tse-tung?

FARKAS: Nein, keinen einzigen Politiker hab ich hier oben getroffen.

BÖHM: Das wundert mich, ganz ehrlich.

FARKAS: Naja, Sie waren ja bei unseren Doppelconférencen immer schon der Blöde!

BÖHM *(leise)*: Sagen Sie, Herr Farkas, denken Sie einmal zurück: Glauben Sie, haben wir im »Simpl« und im Fernsehen auch so alte Witz' erzählt?

FARKAS: Selbstverständlich! Unser Glück war ja, daß der Zuschauer, der im Kabarett sitzt, auch über eine Pointe lacht, die er schon hundertmal gehört hat.

BÖHM: Warum eigentlich?

FARKAS: Sein Nachbar könnte sonst denken, er hätte sie nicht verstanden! Apropos Kabarett: Als der Waldbrunn vor ein paar Jahren hier heraufgekommen ist, hat er mir erzählt, Sie haben gemeinsam mit dem Hugo Wiener den »Simpl« übernommen.

BÖHM: Ja, wir haben uns übernommen.

FARKAS: Was soll das heißen?

BÖHM: Ohne Sie ist's halt nicht gegangen.

FARKAS: Sie schmeicheln mir.

BÖHM: Keineswegs – den Blöden hab ich eben nur mit Ihnen spielen können. Neben keinem anderen hätt ich so blöd sein können...

FARKAS: Was haben Sie dann gemacht?

BÖHM: Zuerst wurde ich an die Josefstadt engagiert. Und in den letzten Monaten meines Lebens bin auch ich – Sie waren ja immer mein Vorbild – unter die Schriftsteller gegangen.

FARKAS: Um Gottes willen! Was haben Sie geschrieben?

BÖHM: Meine Autobiographie.

FARKAS: Das schaut Ihnen ähnlich. Kennen Sie den Unterschied zwischen einer Biographie und einer Autobiographie?

BÖHM: Nein, aber wie ich Sie kenn, werden Sie ihn mir gleich erklären.

FARKAS: Also, die Biographie zeigt einen Menschen, wie er ist – die Autobiographie, wie er sich einbildet zu sein!

BÖHM: Na, glauben Sie, ich schreib, wie *Sie* sich einbilden, daß ich bin?

FARKAS: Also, haben Sie diese Auto-..., also Ihre Memoiren mit heraufgebracht?

BÖHM: Ja, nur leider bin ich nicht ganz fertig geworden. Aber ich hab eine Kopie der fertigen Hälfte hier.

FARKAS: Zeigen Sie her.

BÖHM: Hier sind die ersten 172 Seiten.

FARKAS: Lassen Sie mich lesen.

BÖHM *(überreicht Manuskript)*: Da haben Sie's. Treffen wir uns morgen wieder, nachdem Sie's gelesen haben?

FARKAS: Einverstanden!

Aller Anfang ist schwermütig

Wohin sind sie alle, wohin?

In alle Windrichtungen hat es sie verweht – die Robitscheks, die Pflugbeils, die Grinzweigs.
Der kleine Kalb aus der Mittelschule. Der sadistische Professor, der so scheinheilig gefragt hat: »Is das wahr, Kalb, daß Sie am Schabbes kein Geld in die Hand nehmen dürfen?« Und als der Schüler Kalb ganz blaß wurde und dieses strenge Gebot seiner Religion bestätigte, sagte der feine Herr Professor: »Und was is, Kalb, wenn jemand Ihnen das Geld am Schabbes aufzwingt?« Und schon hatte der kleine Kalb Münzen in seiner zitternden Hand. Und kam sich wie ein großer Sünder vor. Am Schabbes Geld!
Wohin sind sie alle, wohin?
Die Hegenbarths, die Mitscherlichs, die Hodenbergs?
Die bleiche, zarte Magda aus Chlumec. Mit den langen blonden Haaren und den kurzen, schwarzen Wurzeln drin.
Weißt du, mit welcher Heftigkeit mein wehes Herz dich lieben konnte? Am Schulausflug litt ich Qualen wie seinerzeit ein gewisser Werther, weil du deine Wurstsemmel mit einem anderen teiltest. Oder du, liebliche Dorli, was ist aus dir geworden? Mein süßer heimlicher Liebling – an welchem häuslichen Unruheherd bist du gelandet? Oder bist du längst irgendwo eine reiche Witwe mit Übergewicht?
Noch Jahrzehnte später war ich nicht imstande, soviel an Gefühl aufzubringen wie damals bei Thea von der Nebenklasse. Auf Schritt und Tritt hab ich sie verfolgt, ohne auch nur ein Wort zu sprechen. Im Kino saß ich glücklich hinter ihr. Die Liebes-

romanze auf der Leinwand war mir so egal. Meine eigene beschäftigte mich um so mehr. Und ich war so genügsam: Allein ihre Anwesenheit – oh, dieselbe Luft mit ihr zu atmen! – beflügelte meine unreife Phantasie zu verwegenen Träumen.

Wohin sind sie alle, wohin?

Meine Träume. Meine Wirklichkeiten.

Wohin?

Adi und die Wunderkommode

Kindheit und Jugend

Der Bub vom Haus gegenüber hieß Adolf und war eine wichtige Begegnung in meinem Leben. Seine Leute waren Besitzer vom Gasthaus »Weilburg«. Mit schattigem Gastgarten. Und ich mußte von drüben oft Bier holen. Oder Zigaretten. Für das Menü verlangten sie fünf Kronen! Waren das noch goldene Zeiten? Allerdings waren fünf Kronen damals viel Geld, werden Sie sagen. Ich erinnere mich noch an ihr Werbesprüchlein »Merke dir: gutes Essen, Wein und Bier – stets bei Rühr. Lindenstraße Nummro vier!« Der Adi hat also Rühr geheißen. Und wir haben die erste Zigarette miteinander versucht. Im romantischen Buschwerk hinter der Bank für die Kurgäste. Und mir wird heute noch schlecht, wenn ich daran denke.

Aber wir kamen uns so erwachsen vor.

Dabei waren wir so kindisch. Und immer aufgelegt zu übermütigen Schnurrpfeifereien. Heute weiß ich's natürlich, was ich damals an des Gastwirtes Sohn Adi so hinreißend fand. Man veranstaltete nicht nur im gemütlichen Biergarten unter den alten Kastanien sogenannte »Grinzinger Heurigenabende« mit Lampions und Schrammelmusik – echte Schauspieler vom Stadttheater verdienten sich als Stimmungskanonen Extrahonorare –, das Aufregendste waren im Gasthaus selbst auf einem eigens gezimmerten Podium die Auftritte der sogenannten »urkomischen Rührsänger«! Die Plakate zu diesen sensationellen Ereignissen in unserer Lindenstraße verkündeten stolz und altmodisch verschnörkelt »... mit reichhaltigem, höchst dezentem Familienprogramm!«

Da gab's einen vielbewunderten Bruder vom Adi. Man nannte ihn bis ins hohe Alter immer nur »Bubi«. Seinen richtigen Namen haben, glaub ich, alle längst vergessen. Ein Anblick, der nicht einer grotesken Komik entbehrte, wenn auf den langgezogenen Ruf der Mutter »Buuubiii« ein hochgeschossener Jüngling mit tiefer Stimme erschien und ernst erwiderte: »No, was willst? Bin eh scho da!« Weil er auch ohne Kostümierung an eine lange dünne Besenstange oder gar Vogelscheuche erinnerte, durfte besagter »Bubi« schon bei den atemberaubenden »Komikerabenden« mitwirken. Außer ihm gab's eine stattliche Anzahl von Onkeln und Vettern, die gemeinsam oder im Solo auftraten. Diese Art der »bunten Komiker« gibt es ja leider heutzutage überhaupt nicht mehr. Der Ablauf so einer heiteren Darbietung verlief immer gleich, egal ob der Darsteller einen Feuerwehrmann, einen Parkwächter oder gar einen besoffenen Kurgast mimte: Zuerst kam immer ein lustiges Auftrittsg'stanzl, dann erzählte die betreffende komische Person von ihren angeblichen Erlebnissen – es waren eigentlich willkürliche Aneinanderreihungen von mehr oder weniger guten Witzen –, und beendet wurde das »urkomische« Solo wieder mit einem launigen Abgangslied, worauf der begeisterte Applaus des frohgestimmten Publikums einsetzte.
Natürlich waren die diversen auftretenden Familienmitglieder meines Freundes Adi bis zur Unkenntlichkeit vermummt, verkleidet, verschminkt, auf »drollig« hergerichtet. Und eines unvergeßlichen Sommerabends haben wir ein nie versiegendes Schatzkästlein entdeckt: Der Komikersohn führte mich ins Allerheiligste der lustigen Produktionen!
Da gab es in der geräumigen Gasthausküche eine geheimnisvolle Kommode, die in ihren wurmstichigen Laden einen gar köstlichen Inhalt verborgen hatte. An meinem fünften Geburtstag muß es gewesen sein – da kam ich mir vor wie Moses, der die Erlaubnis erhalten hatte, die Bundeslade zu öffnen. Der vielbeneidete Sohn des Gasthauskomikers zog triumphierend alle

Schubladen der Kommode heraus und offenbarte mir einen unvorstellbaren Reichtum an Komikerrequisiten: Glatzen, Perücken, Clownnasen, Zwicker, Brillen, Schnurrbärte, schielende Augen, Vollbärte, grellbunte Krawatten und zerknautschte Hüte – kurzum ein vollständiges Inventar an grotesken Verkleidungseffekten, deren wir uns natürlich sogleich bedienten. Wir probierten alle diese seltsamen Gegenstände auf ihre Wirkung aus: Am hellichten Tag schreckten wir im Kurpark ahnungslose Passanten mit fürchterlichen Gebissen, Knollennasen und Krampuszungen. Ich brachte im Freudentaumel der neuen, erfolgreichen Expeditionen im Hause gegenüber meine gute Großmutter einer Ohnmacht nahe, als ich mit übergestülpter Glatze, mit grünlich-weißem Spitzbart als buckliger Gnom in ihrer Küche auftauchte und in ein hämisches Gelächter ausbrach.

Ich bin überzeugt, daß mich diese frühen Jugenderlebnisse schon für meinen späteren Beruf geprägt haben.

Bald wurden Adi und ich gesuchte Experten für diverse heitere Vorführungen. Bei Kindernachmittagen hatten wir schon ein wirksames Repertoire. Einmal durften wir sogar beim großen Sommerfest im Strandbad als Clowns auftreten! Ich hatte den Pyjama meines Vaters an, natürlich mit Diwanpölstern ausgestopft. Und ich war geschminkt wie alle drei Fratellinis zusammen.

Toni Nießner, der beliebte Wiener Operettenbuffo, erzählte jahrelang eine pointenreiche Geschichte über mich, an die ich mich leider überhaupt nicht mehr erinnern kann. Er hätte mich anläßlich einer Weihnachtsmärchenaufführung in unserem Haus als schüchternes Zwerglein gesehen, und ich hätte durch meine Verhemmtheit den größten Lacherfolg bei allen Zuschauern errungen.

Hingegen ist mir ein allererster Anfangsschritt zur Komikerlaufbahn in deutlicher Erinnerung: Auf einem Jahrmarktrummelplatz wurden von einem heiseren Ausrufer couragierte Knaben

gesucht, die sich in das voluminöse Hemd der vorzuführenden »Riesendame« zwängen sollten, um die gewaltigen elefantesken Dimensionen jener abnorm dicken Dame zu veranschaulichen. Es gingen elf hoffnungsvolle Jünglinge in das zarte Kleidungsstück der Riesendame hinein – Adi, Bubi, ich und weitere acht Buben aus dem Kindergarten –, und wir durften dann als Belohnung für unseren Auftritt gratis die Sensationen der Abnormitätenschau genießen. Mein gestrenger Herr Vater überraschte mich allerdings zuhause mit einer beachtlichen Ohrfeige – hatte ich doch durch meine schändliche Mitwirkung die Seriosität der prominenten Badearztfamilie gefährdet. Sein Leib- und Magenspruch lautete seit damals immer: »Nur keine Komödiantereien in unserer Familie!«
O du ahnungsloser Erzeuger, du hast die folgenden Kapitel meines Lebensbuches nicht mehr gekannt. Es ist dir viel Kummer erspart geblieben.

Die Dienstmädchen und die Illusionen

Wir bevölkerten das Kurhaus »Französischer Hof« in der Lindenstraße 49, einen zweitrangigen, gutbürgerlichen Betrieb mit geheizter Glasveranda und hervorragender böhmischer Küche (jeden Tag Knödel!).
Der kleine Garten war Schauplatz meiner zarten Seelenabenteuer. Eine wichtige Rolle spielt in meiner Erinnerung eine sogenannte »Liebeslaube«, in der sich unsere Dienstmädchen mit ihren Kavalieren zum »Randewuh« trafen, indessen verwehte Klänge vom Kurkonzert aus dem Schönauer Park herüberkamen. Wenn ich nicht irre, hatte ich selber dann im weiteren Verlauf oft Gelegenheit, die wahren Vorzüge dieser von dichtem Blattwerk umrankten Liebeslaube kennenzulernen. Ein sinnlich-fröhliches Stubenmädel mit gesunder, ländlicher Ausstrahlung hatte nichts dagegen, mich in bezaubernde Geheimnisse einzuweihen.

Eine andere Hausgehilfin hinterließ mehr tragische Eindrücke in meinem noch unausgereiften Kindheitsbewußtsein. Diese – sie hieß Frieda – schlief gern länger, als ihr erlaubt war, und sie wollte einmal die versäumte Zeit auf eine unübliche Weise einholen. Sie schüttete aus einer großen Benzinflasche den gefährlichen Brennstoff direkt in den Küchenherd, in dem bereits ein kleines, wirkungsloses Feuerchen brannte, um das Frühstück für die Arztfamilie zu bereiten.
Durch erstickte Hilfeschreie, durch Qualm und das Zerschlagen von Fensterscheiben – diese unüberlegte Tat fachte das Feuer erst richtig an! – wurden wir aus dem Schlummer gerissen.
Mein Vater war sofort als erster Helfer draußen in der inzwischen hell lodernden Küche, versuchte die halb ohnmächtige Frieda zu retten, riß ihr die Kleider vom Leib, erstickte die Flammen durch Bettdecken und Unmengen von Wasser.
Die Rettung kam für das Mädchen zu spät: Um sieben Uhr morgens hatte die Explosion ihr schwere Brandwunden zugefügt, und genau um sieben Uhr am Abend ist sie im Krankenhaus ihren Verletzungen erlegen. Uns Kindern hat dieser furchtbare Sonntag nicht nur einen unauslöschlichen Schrecken in die Seelchen gejagt, wir hatten auch zum erstenmal einen – Zwitter nackt gesehen! Ohne freilich zunächst zu begreifen, warum die Frieda genannte Person sowohl männliche als auch weibliche Merkmale zeigte.
Jedes Menschen Leben ist ein ununterbrochener Lernprozeß. Mein Leben damals als kleiner, mit Pickeln übersäter Sohn des berühmten Badearztes bescherte mir immer wieder die Zerstörung von Illusionen.
Zum Beispiel war da die Vorstellung, daß unsere erste Küchenmagd Andulka tugendhaft und sittsam wäre. Gar bald erkannte ich zu meiner Verwunderung, daß sie es gar nicht ungern gestattete, wenn ich ihr beim Fußboden- oder Stiegenwaschen rückwärts auf ihren strammen Hintern klopfte. Es hat lange Zeit gedauert, bis ich draufgekommen bin: Sie wußte selbstverständ-

lich, daß ich ihr verstohlen zuschaute, wenn sie sich im Dienstbotenzimmer auszog. Ja, sie bewies (gerade eben durch die Gewißheit, einen neugierigen Beobachter am nächtlichen Fenster zu wissen) eine erstaunliche Begabung und eine verblüffende Erfindungsgabe von immer neuen Striptease-Varianten. Welche Talente doch oft unentdeckt im einfachen Volke schlummern? Durch ihre freundliche Hilfe lernte ich auch die eigenartige Geographie kennen, die durch Flecken auf den Leintüchern unserer Gäste entstand: Landkarten der lustvollen Hingabe. Zeugen von freudevoll durchliebten Nächten.

Unser kleiner Garten, in dem sich zwei Drittel unseres jungen Lebens abspielten, war geradezu das Symbol einer riesigen Illusion! Den Abschluß zur unsichtbaren, tiefer gelegenen kleinen Straße bildete ein grüngestrichenes, dünnes Gittergeländer, so daß für den oberflächlichen Betrachter der Eindruck entstehen mußte: die dahinter liegende, ausgedehnte Parkanlage gehört mit dazu! Man sah unseren Garten und dann übergangslos Bäume, Büsche, Bänke, Blumen, Kinder am Spielplatz und war verzaubert von dieser beruhigenden Symphonie in Grün. Bis zum Tennisplatz hinauf war alles so grün und so schön.

Noch heute höre ich ihre fette Stimme – eine korpulente jiddische Mamme rief immerzu: »Leo! Leo!« Das ging nicht nur durch Mark und Bein, sondern auch die ganzen Sommermonate hindurch so: »Leo! Leo!« Ihr vergebliches Rufen gehörte bald zu den alltagsgewohnten Geräuschen, die unsere verehrten Kurgäste vernahmen. Immer wieder, immer voll Hoffnung: »Leo! Leo!«

Aber Leo war natürlich niemals da.

Ob er jemals zurückgekommen ist?

Seid brav zu den Kurgästen!

Ich erinnere mich: Wir Buben teilten damals alle Menschen ein in Kurgäste und normale Leute. Die Kurgäste kamen »merschtenteels« aus Dräsden, Leipzsch, Kötzschenbroda, aber auch von irgendeiner böhmischen Eisenbahnerkrankenkasse – man erkennt unschwer: das Wort »französisch« hatte nur im Namen des Kurhauses Bedeutung. »Nee, also nee, so'n niedliches Bübchen, der Gleene!? Wie heißt'n du, mein Gerlchen, hä? Ei gugge da, is das aber 'n goldicher Wonnepropp'n!«
Daß ich auch fast der einzige bin, der echt böhmakeln kann, hat mir noch der große Friedrich Torberg in einem unerwarteten Lobesbrief bestätigt, der zu den erlesenen Reliquien meiner nicht geringen Sammlungen zählt. Er schrieb: »Die anderen böhmakeln nur so, wie sie glauben, daß ein Tscheche deutsch redet. Aber Sie reden echt und unverfälscht so!«
Zu den immer wieder bei uns weilenden Stammkurgästen gehörte eine gewisse Frau Kaiser. Ich weiß heute nicht mehr von ihr, als daß sie mein erstes, äußerst dankbares Parodieobjekt darstellte. Alle Eingeweihten fragten gern und oft den Sohn vom Kurarzt: »Na, Maxi, wie macht's die Frau Kaiser?« Gegen ein geringfügiges Salär war ich bereit zu zeigen, wie sie schielt und lispelt, wie sie schnupft und wie ein Mäuschen durch die Zähne pfeift. Wie sie gottesfürchtig die Pupillen nach oben verdreht, bis man nur noch das Weiße in den Augen sieht. Das hatte die verehrte Frau Kaiser vermutlich von den Heiligenfiguren in der katholischen Kirche abgeschaut, die sie oft besuchte. Gleich hinter dem bereits geschilderten Park stand die Kirche aus rotem Ziegelgemäuer wie eine segensreiche Dependance vom lieben Gott und mahnte uns paarmal am Tag mit ihrer Orgelmusik und ihren Viertelstundenglockenschlägen an die Ewigkeit.
Die feierlichen Umzüge zu Fronleichnam gefielen dem für Masseninszenierungen so empfänglichen Buben bedeutend besser als die 1.-Mai-Aufmärsche mit ihren grollenden Parolen.

Aber da nähern wir uns bereits der zweiten Kategorie von Menschen, die wir unterscheiden lernten, nämlich den »normalen« Leuten beziehungsweise den vertrauten Einheimischen.

Maxfigurenkabinett oder: Maxis Umgang mit Menschen

Ein stadtbekannter Clochard war der von uns so benannte »Tango-Kofer«. (Kofer war ein typisches Wort aus der Teplitzer Dialektsprache und bedeutete: älterer, väterlicher Mann. Das Wort Tango wurde vorangesetzt, weil dieser eigenartige Mensch sich durch einen immerwährenden, konstant stabil gehaltenen Alkoholspiegel sehr unsicher wie im Tangorhythmus durch die Straßen bewegte.)
Er war natürlich Stammgast bei Adis Eltern. Der gütige Oberkellner, der uns immer irgendwie an den Weihnachtsmann erinnerte, hatte Anweisung, ihn erst nach dem siebenten Glas Pilsener auf die Straße zu befördern. Seltsam war die Diktion des verwahrlosten Tipplbruders. Er konnte von Gott und der Welt erzählen, blieb aber immer beim halben Satz hängen, so daß seine Reden zu einem unverwechselbaren Nonsenskonglomerat wurden, die uns Kinder zu lauten Jubelrufen hinrissen.
»Ihr habt ja alle keine Ahnung, wie das damals ... da hat der alte Kaiser noch gelebt ... und wir waren und überhaupt die Weiber! So was von ... das kann sich heutzutage niemand ... vor allem beim Militär! ... Das ist ja auch der Grund, warum ... also, angenommen: die Franzosen standen hier, und die haben doch nur mit Kartoffeln geschossen ... wir waren damals jung und Herr Ober, noch ein Bier! Wie also der alte Kaiser noch ... da hängen ja heute noch in Schönbrunn die Geweihe und das glaubt einem kein Mensch: *So* sind

die Flugzeuge gekommen ... und plötzlich hieß es: Wo bleibt mein Bier?«
Wir Kinder lauschten fasziniert und amüsiert seinen stundenlangen Monologen voll der unfreiwilligen Komik.
Meine natürliche Befähigung, das Gehabe der Mitmenschen zu kopieren, kam immer deutlicher zum Vorschein. Ich war aufmerksamer Beobachter von merkwürdigen Zeitgenossen, die meine Umwelt so skurril erscheinen ließen. Am Schmeykalplatz war der Weihnachtsmarkt. Ich konnte stundenlang die verschiedenen Ausrufer studieren und dann zuhause zum allgemeinen Gaudium haargenau imitieren: » ... und dann noch eine Mandelnuß fürn Onkel Julius, weil er scheiden muß ...« Solche hirnrissigen Texte gerieten mir, mit dem unvermeidlichen Stockschnupfen vorgebracht, zu wahren Volltreffern.
Ein slowakischer Bauchladenverkäufer – er bot Kleiderbügel, Taschenmesser, Zahnstocher, Klobesen und Fichtennadelbadesalz zum Kaufe an – verfügte über eine humorige Suada, um die Passanten in seine Nähe zu zwingen. Er erfand für den eleganten Mann von Welt ein angebliches »Kragenknopffängernetz« von der Pariser Mustermesse, Marke »Hier bin ich!«, welches ein Verlieren des wertvollen Kragenknopfes in Hinkunft verhindern sollte: »Mit dem Finger A, mit dem Finger B um den Hals C ... Sie wollen das Knöpflein in das Löchlein tun – es entfällt Ihren Händen! Wo ist der kleine Flüchtling? ... Hier im Kragenknopffängernetz von der Pariser Mustermesse! Helles Kinderlachen auf jedem Gabentisch ...«
Etwa dreißig Jahre später sollte diese wortgetreue Imitation der vielbelachte Schlager eines Programms im Wiener Kabarett »Simpl« werden. Der kleine »Flüchtling« und das »helle Kinderlachen« wurden weiterkolportiert, und keiner meiner Zuseher ahnte, daß es diesen Amateurspaßmacher wirklich gegeben hat.
Zu den ebenfalls parodiewürdigen Einwohnern gehörte der stadtbekannte Photograph Pietzner – die buschigen Augen-

brauen verfertigte ich aus zwei schwarzen Wollknäueln aus Großmamas Handarbeitsschatulle.
Auch der Herr von Kampen (heisere Stimme, steife Beine, Typ verglimmender Lebegreis) diente mir später oft als Vorbild für eine Figur im unerschöpflichen Maxfigurenkabinett: als ich an vielen Kabarettabenden immer wieder den »Herrn Baron« spielen mußte.
Herr Trunetschek, der Konditor am Eck, bei dem wir unsere Eislutscher bezogen, war für mich als Süßigkeitenlieferant eines Tages nicht mehr tragbar. Adi und ich hatten ihn aus der Dachluke im »Französischen Hof« beobachtet – man konnte von dort aus genau in seine Konditorwerkstatt sehen – und mußten verwundert feststellen, daß der Meister seine cremigen Erzeugnisse immer selbst mit seinen nackten Fingern verkostete und dann zufrieden weiterarbeitete. Vielleicht haben wir seinen Kundenkreis unbewußt verkleinert, als wir in Adis Gasthaus mit der Slapsticknummer *Konditor bei der Arbeit* herauskamen, die jedesmal damit endete, daß wir, mit Eischaum bis zur Unkenntlichkeit verschmiert, zu einem chaotischen Finale fanden, bei dem alle Requisiten, aber auch die Lachmuskeln unserer Zuschauer arg lädiert waren.
Herr Kratkey war der in munterer Rede wie ein Wasserfall dahinplätschernde Friseur von nebenan. Bei ihm konnte man immer die neuesten Tratschgeschichten hören: »No, ham Sie schon gehert: die Lilli Vejvoda kriegt a Kind! Und der Dobyhal, der Verkeifer vom Delikatessengeschäft Puhl, soll herich der Vata sein! Rasierwasser angenehm?«
Wir waren noch zu jung und zu bartlos, um oft Kunden in Herrn Kratkeys Salon sein zu dürfen, aber beim allmonatlichen Haarschnitt wurde unsere spannungsgeladene Neugierde befriedigt. Alle Katastrophen wie Scheidungen, Verlobungen, Diebstähle und Bestechungsskandale, die im Umkreis von drei Kilometern passierten, wurden hier brühwarm kolportiert.
Auch die neuesten Todesfälle wurden mit gesenkter Stimme

besprochen: »Jetzt hat's den alten Fincke auch erwischt. No ja, das viele Bier! Aber ihm tut jetzt nix mehr weh ...« Mich fröstelte auf einmal: Der alte Fincke war mein eigener Großvater mütterlicherseits! Leitender Angestellter in einer Hosenträgerfabrik, aber schon lange von Großmutter getrennt, als Rentner friedlich lebend. Der Einfachheit halber ist er gleich ins Nebenhaus von seinem Lieblingsgasthof »Zum eisernen Kreuz« gezogen.
Da hat er's in der Morgendämmerung nicht weit gehabt ins Bett. Er war, seit er allein neben seiner Bierquelle wohnte, ein echt glücklicher Mensch, glaube ich heute.
Er konnte machen, was er wollte, und rauchte mit Genuß eine Pfeife nach der anderen. Würde mich einer fragen nach einem typischen Phlegmatiker, mir würde sofort mein lieber Großvater, der alte, glückliche Biertrinker Opa Fincke einfallen.

Die Großmama und der liebe Gott

Die Großmutter war das genaue Gegenteil: eine respektheischende – und immer sofort respektierte – Respektsperson. Ihr Idol war der alte Fridericus Rex! Sie kannte Bücher über Sanssouci, besuchte alle Fridericusfilme mit dem Edelmimen Otto Gebühr, den sie über Gebühr verehrte, weil er ihrem geliebten Preußenkönig so überaus ähnlich war.
Und wie Friedrich der Große in der Schlacht bei Hohenfriedberg befehligte sie mit unmißverständlicher Kommandostimme die Dienstmädelkompanie des Kurhauses: »Is das Gemise geputzt? Was stehts ihr da herum? Die Frau Kaiser mechte das Frihstick! Ruschenka, tragen S' den Kibel hinaus!«
Dabei war sie – wenn man sie zu nehmen verstand – die Güte in Person! Sie konnte einen so voll Liebe anblicken, daß einem die Tränen in die Augen kamen. Wie eine aufgeregte Gluckhenne ist sie immer die Lindenstraße hinaufgelaufen bis zum Pietzner-

photographen und wieder hinunter bis zum Kriegerdenkmal, wenn von meinen ersten Engagements die ersten Kritiken kamen. Voll Stolz und mit glänzenden Augen las sie jedem die Berichte vor: »Hern Sie zu, Frau Oberforstrat! Sie ham den Buben genannt! Unter den Mitwirkenden war auch der Sohn des berihmten Badearztes aus Teplitz.« Sie konnte darüber unendlich glücklich sein.

Sie hat aber auch am meisten getrauert, wenn das Schicksal einmal zugeschlagen hat. Mein älterer Halbbruder Hans kam ums Leben, als ich zwei Jahre alt war. Er war im Hochsommer in der Elbe ertrunken. Sein Mädel war vor ihm ins eiskalte Wasser gelaufen und wunderte sich, daß er, ihr dicht nachfolgend, nichts mehr geantwortet hat – ein Herzschlag hatte das junge Leben ausgelöscht!

Von da an gab es übrigens bei mir den Paradefall von einem echten psychischen Schock: Mein ganzes Leben hindurch habe ich eisiges Wasser in Flüssen oder im Meer gemieden. Ich könnte sicher gut schwimmen, aber irgendein Sperrmechanismus hat immer dann eingesetzt, wenn mein Unterbewußtsein an den Schock von 1918 erinnert wurde.

Bruder Hans, der Milde und Sanfte, wurde erst nach einer Woche vom Schaufelrad eines Dampfers an die Wasseroberfläche gewirbelt und konnte nur noch mühsam identifiziert werden.

Wie schmerzlich hat da meine liebe, gütige Oma um ihn getrauert! Sie war immer sehr fromm und diente Gott in stiller Demut. Ganz sicher wurde ihr im Himmel ein Sonderplatz zugewiesen.

In der evangelischen Gemeinde hatte sie, seit ich denken konnte, das wichtige Amt der Armenfürsorge inne. Ihr gutes, weiches Herz hinter der rauhen Schale verhalf so manchem der verschämten Gemeindeschäflein zu unverhofften Vergünstigungen: vom warmen Kuttelflecksupperl bis zum selbstgestrickten Pullover und zu verstohlenen Geldzuwendungen.

Wir mußten auch ohne Zaudern jeden Sonntag die Kirche besuchen. Unser Pfarrer Münster war ein würdiger, alter Herr, der immer eine gestärkte Hemdbrust trug. Jedesmal, wenn er den Gläubigen zurief: »Hier drin muß man Christus haben!«, klopfte er mit seinen gichtigen Fingern gegen seine gestärkte Hemdbrust – taktaktak –, und dieses Geräusch blieb mir bis heute im Ohr als mahnendes Gewissen.
Noch Jahre später wurde die dankbare Imitation oft von mir gefordert: »Du, mach amal den Pfarrer Minster – wo soll man Christus haben?« Und ich klopfte in der Gegend meines Herzens gegen einen vorher ins Hemd geschmuggelten Pappkarton – taktaktak.
Nicht nur sein ehrliches Engagement für ein tugendhaftes Leben weckte in mir den Wunsch, ebenfalls Pfarrer zu werden. Da war auch die verborgene, immer wieder verdrängte Sehnsucht nach den verbotenen »Komödiantereien«: War nicht die Figur des Herrn Pfarrers bereits der Vorläufer zum Schauspieler? Ein paar hundert Menschen sitzen da unten und müssen sehr aufmerksam zuhören, was der da oben redet.
Ein Wortspiel aus jener Zeit fällt mir noch ein. Ich hoffe, es ist nur gut erfunden. In der Wohnung vom Herrn Pfarrer Münster soll einmal ein Wasserrohrbruch passiert sein. Sorgenvoll soll der Pfarrer den Kirchendiener gefragt haben: »Sind meine Predigten naß geworden?« – »Nein, Herr Pfarrer«, soll die Antwort gewesen sein, »die sind trocken wie immer!«
Ein damals äußerst beliebtes Druckbild »Jesus geht mit seinen Jüngern durch das Ährenfeld« hatte meine fromme Großmama über ihrem Bett hängen. Wenn wir sehr folgsam waren, durften wir in ihren Gemächern schlafen und hatten jedesmal – wenn die Zimmer nach Franzbranntwein dufteten (sie rieb sich jeden Abend ihre müden Glieder ein) – das Gefühl einer unendlichen Geborgenheit. Bei ihr war alles so klar und sicher. Man konnte sich auf jedes einzelne ihrer Worte verlassen. Ihr Sinn für das Versorgen und Verwöhnen der Menschen, die sie liebte, ging so

weit, daß sie hinter dem riesigen Bild vom Urgroßvater (patriarchalischer Charakterkopf mit ehrfurchtgebietendem Vollbart im stattlichen Gehrock) in geheimen Regalen eine riesige Sammlung von Konservenbüchsen, Mehl- und Zuckervorräten hortete, »wenn amal a schlechte Zeit kommt«.
Durch einen Zufall beim Indianerspielen kamen wir drauf, daß die liebe Ahnfrau da eine richtige Hamsterhöhle angelegt hatte.
Ich erzähle schon seit geraumer Zeit in der Mehrzahl und bemerke, daß ich meinen jüngeren Bruder noch nicht eingeführt habe.

Mama, die »Perle in der Muschel«

Im September 1920 war mein anderer Bruder Wolfgang auf diese kuriose Welt gekommen. Ein selbstbewußter, fröhlicher Spielgefährte, bei fast allen Jugendstreichen und Abenteuern gern dabei.
Wir wurden beide eigentlich von der gebieterischen, aber geliebten Großmutter erzogen, denn Vater war als Badearzt zu sehr beschäftigt mit seiner Ordination und seinen Seitensprüngen.
Mutter lebte in ihrer eigenen Traumwelt von ewiger Schönheit und Reinheit und war den edlen Künsten mehr zugetan als dem Nachwuchs, den sie ohnehin bei der Oma in besten Händen wußte.
Sie gab Dichterkränzchen, Vorlesungen und verfertigte selbst zu jedem Anlaß schöngeistige Gedichte über Kunst und Jesus. Sie lebte in ihren wehmütigen Erinnerungen an die Zeiten, als ihre Ehe noch stimmte. Eines ihrer melancholischen Werke, die sie auf meinen Vater dichtete, begann in Abwandlung des berühmten *Hamlet*-Zitates mit den Worten »Schwachheit, dein Name ist *Mann!*«
Sie hatte mit Vater unvergeßliche Reisen nach Italien und Frank-

reich unternommen und konnte von den Uffizien in Florenz eher begeistert sein als von meinem Schulzeugnis.
Bildhauer und Maler waren gerngesehene Gäste, mit denen bis in die späte Nacht lebhaft diskutiert wurde. An einen Meister der Vortragskunst erinnere ich mich noch genau: Er kam mit Löwenmähne und Flatterkrawatte im samtenen Künstlerrock daher (wie oft hatte ich dann später solche Sonderlinge dargestellt!). Alles, was er sagte, war bedeutend, und wehe, man hörte ihm nicht andauernd aufmerksam zu! Er sprach die »Augen des toten Bruders« auswendig. Ebenso mit Emphase, wie er am folgenden Abend den ganzen *Faust I* von sich gab: mit eigentümlich hohlem Pathos, alle Rollen verkörpernd, mit allen Gliedmaßen wild gestikulierend. Auf uns Kinder wirkte dieser anstrengende Gast schon damals unmodern und war ein Born ungetrübter Heiterkeit.
Meine Mutter wurde einmal bei einer Schönheitskonkurrenz zur »schönsten Frau von Teplitz-Schönau« erwählt, und ich bemühe mich, sie aus der heutigen Sicht zu verstehen. Offenbar war da ein unstillbares Verlangen nach Anerkanntwerden, eine übergroße, nie befriedigte Sehnsucht, geliebt zu werden. Was ihr mein Vater an Zärtlichkeit und Zuneigung vorenthielt – die Ehe ging dann 1926, als ich zehn war, auseinander –, versuchte sie über Umwege zu bekommen. Der Briefwechsel mit Herren in aller Welt wuchs ins Gigantische – kein Brief von ihr unter zwanzig Seiten –, und die blumenumkränzten Bilder auf ihrem Nachtkästchen wechselten. Es war alles – versteht sich! – rein platonisch und spielte sich in höheren Sphären ab.
Unseren Sommerurlaub verbrachten wir immer in Moldau, einem liebreizenden Dorf im Erzgebirge, direkt an der Grenze nach Sachsen. Der Ortsteil, in dem wir Quartier nahmen, glich – aus der Luft gesehen – einer Riesenmuschel: die Bauernhäuser waren spiralförmig angelegt. Und genau im mittleren Gebäude der Muschel waren die Böhmkinder aus Teplitz zuhause. Meine Mutter war sehr geschmeichelt, daß die Bauern sie

zur »Perle in der Muschel« ernannten. Und der ganze Ort redete noch jahrelang von einer sensationellen Postübermittlung: Ein glühender Verehrer war Sportflieger und überflog eines Tages die Moldauer Muschel und warf genau über dem bewußten Bauernhaus einen Brief an die »Perle« ab! Für damalige Begriffe – in der Mitte der Zwanzigerjahre – eine ungewöhnlich kühne Tat.

Kühn waren auch die Hüte, die meine Mutter bevorzugte: Sie sahen immer aus, als wären sie auf ihrem Kopfe notgelandet.

Wenn ich Bilder aus jener Zeit betrachte, fällt mir eine gekünstelte »Photographierstellung« auf: der linke Fuß immer leicht abgespreizt und um die Lippen das gleiche unergründliche Lächeln der Mona Lisa. Was ging in deiner Seele vor? Warst du über deinen Ehemann, den du einmal über alles liebtest, so enttäuscht, daß eigentlich alles Brauchbare in dir zerbrochen war? Über ihrem Waschtisch hing der Bibelspruch »Was hülfe es dem Menschen, so er die ganze Welt gewönne und nehme doch Schaden an seiner Seele?« Hat deine Seele Schaden genommen? Ich werde die zahlreichen, seltsamen Rätsel, die mich durch Jahrzehnte beschäftigten, wohl nie mehr ganz lösen können.

Geschiedene Frau. Gewiß, ein Schicksal, das sie mit zahlreichen Frauen in der Welt teilte – was ging nicht alles noch nach dem großen Krieg kaputt? –, aber trotzdem:

hätte sie nicht manchmal mehr Mutter sein können?
So zwischendurch wenigstens.
Ein bisserl.

Ich war dabei, auf ihrem letzten Weg im Jänner 1953 auf dem stillen Friedhof von Bad Goisern.

Und weinte wochenlang über die beiderseitigen Versäumnisse.

In alle Windrichtungen hat es sie verweht – die Robitscheks, die Pflugbeils, die Grinzweigs.

Und auch meine eigenen Angehörigen. Die Seelen, die damals um mich waren: liebend, behütend oder gleichgültig neutral.

Großmutter, Onkel Franz, Tante Else (sie ging immer mit einem schiefgeneigten Kopf einher), Bruder Wolfgang, Bruder Hans, Vater, Mutter. Und alles, was geschehen ist, ist ganz vergeben und fast ganz vergessen.

Wohin sind sie alle, wohin?

Ort der Handlung: Stiegenhaus

»Kind der Liebe«

In den vorangegangenen Kapiteln habe ich mich bemüht, im Schnellzugstempo und ohne echte Reihenfolge über meine Kindheit dahinzustieben.
Denn ich fand seit jeher bei sogenannten Lebensberichten das erste Drittel nie sehr amüsant: Wen interessieren die genauen Daten aus Kindergarten- und Schulzeit? Warum muß alles so bürokratisch geordnet sein?
Nur das sei nachgetragen, was man zum Verständnis der Zeit, in der ich entstand, wissen sollte.
Die Welt erblickte also mein Lichtlein 1916 in Wien. Im 10. Hieb gab's in der Knöllgasse damals das Mütterheim »Lucina« – heute ist das eine Schwesternschule der Stadt Wien. Jedesmal, wenn ich zur Südautobahn fahre, schenke ich meiner Geburtsstätte einen freundlichen Blick.
Es war mitten im Ersten Weltkrieg. Die Seeschlacht vor dem Skagerrak war in vollem Gang. Und bei Verdun gab's für viele Grauen, Schrecken und Tod.
Stufenweise ging es bergab mit den Hoffnungen der Völker. Und stufenweise – buchstäblich mit Stufen hat das Folgende zu tun – ging es aufwärts mit dem Neuankömmling.
Mit holdem Erröten hat mir meine Mutter kurz vor ihrem Tod in einer jener seltenen »Stunden der Wahrheit«, in denen man trotz der damals herrschenden Prüderie einfach alles sagen konnte, gebeichtet, daß ich im Stiegenhaus der mütterlichen Mietwohnung gezeugt worden bin! Es war ohne Zweifel eine spannende Situation: Sie war damals Krankenschwester – eine Art von

Kriegseinsatz –, und er war Arzt im Franz-Josephs-Spital, aber zur Zeit an der Front.
Sie liebten einander schon seit gemeinsamen Jugendzeiten, und anläßlich seines weihnachtlichen Heimaturlaubes kam es zwischen beiden zu einer gewaltigen Gefühlsexplosion. Resultat: Max Erich Octavian Böhm war da!
Als Conférencier würde ich an dieser Stelle zum Wortspiel greifen: »Zu zweit stürmten sie die Stiegen hinauf und zu dritt betraten wir die Wohnung ...«
Jedenfalls glaube ich fest der ausdrücklichen Versicherung meiner Mutter: Du bist das Kind einer ganz großen Liebe und wirst in deinem Leben immer eine besondere Ausstrahlung haben. »Kind der Liebe« nennt man jene raren Geschöpfe, denen im Grunde immer alles zum Guten gelingen muß.
Das hat vieles wiedergutgemacht.
Und ich habe Freude, daran zu glauben.

Arzt oder Schauspieler?

23. August 1916. Der alte Kaiser Franz Joseph I. war fünf Tage vorher 86 Jahre alt geworden und ist noch im selben Jahr verstorben. Rasputin war vom russischen Adel getötet worden. In Deutschland gab's den Hindenburg, den Ludendorff und Kaiser Willem zwo. Und in Österreich gab's also den kleinen Max Erich. Wie kam es zum eigenartigen dritten Vornamen Octavian? Ist das ein Name für einen kleinen Buben? (Wie ruft man ihn liebkosend: Octi? Taverl?)
Auch den ungewöhnlichen Namen erklärte mir noch die Mutter.
Sie kennen doch sicher den *Rosenkavalier* von Richard Strauss. Im 2. Akt überreicht ein gewisser Octavian die silberne Rose.
In der Opernloge, just bei dieser Stelle soll mein Papi (als er's

noch nicht war) meiner Mutti (als sie's auch noch nicht war) ins Ohr geflüstert haben, daß sie nach dem Krieg ihre Lohnsackeln zusammenschmeißen, daß sie heiraten und viele Kinder kriegen wollen und der erste Knabe soll unbedingt »Octavian« heißen. Und so kam es bei mir zu der sehr eigenwilligen Namensgebung.

Sehr bald nach meinem Eintritt in diese beste aller Welten – sie wurde nicht nur vom Krieg, sondern auch von Franz Kafka, Harry Piel, Max Liebermann, Henny Porten, Klabund, Chaplin und Sauerbruch geprägt – kam ich in das Kurhaus meiner Großmama nach Teplitz-Schönau. Ein kleines Städtl in Nordböhmen nannte sich – nebbich Badort und war, bitteschön, immerhin damals noch im gleichen Rang wie Marienbad oder Karlsbad. Goethe war dort, Beethoven war dort, und nun kam ich auch dorthin.

Als ich sehr viel später einmal dem großen Wiener Humorprofessor Karl Farkas erzählte, daß ich in Wien geboren wurde, aber in Teplitz-Schönau zur Schule gegangen bin, hat er gesagt: »Da müssen Sie aber einen weiten Schulweg gehabt haben.«

Jedenfalls: mein Vater wurde ein vielbeschäftigter Badearzt mit sehr frequentierter Ordination.

Und die hätte ich eines Tages übernehmen sollen.

Dem genialen Komikeras Ernstl Waldbrunn hab ich paar Jahre später einmal in Franzensbad erzählt, daß ich hätte Arzt werden sollen. Da hat er gejubelt: »Gelungen! Ein herrlicher Beruf: da sieht man jeden Tag nackerte Weiber. Und zahlen tut's die Krankenkasse!«

Aber Geduld, vorläufig wird noch nicht professionell geblödelt – »nur keine Komödiantereien« hat mein strenger Erzeuger, wie Sie wissen, immer gemahnt.

Auf die Frage nach meinen beruflichen Wünschen sagte ich jahrelang gedankenlos: »Ich werde ein Doktor so wie mein Papi!« Ich war überzeugt, das wäre der einzige akzeptable Beruf, der in Frage kam. Als Manko empfand ich dabei lediglich,

daß man sich als Arzt jeden Tag die Händ' waschen muß – aber na schön. Bei jeder Sache gibt's einen Haken.
Eines Tages verunsicherte mich einer von der Stammtischrunde in Adis Bierhaus: »Was? Arzt willst du werden? Weißt du nicht, daß das sehr viel Geld kostet: die Mullbinden, die Medizinflascheln, die Spritzen! Du mußt dir etwas anderes aussuchen. Warum wirst du nicht Kutscher? Der braucht nur einen Wagen und zwei Pferde, kann den ganzen Tag in der frischen Luft herumkutschieren.«
Da kam ein anderer vom Stammtisch auf einen besseren Einfall: »Nein, Kutscher kostet auch noch zuviel. Die Pferde fressen dich arm. Und die vielen Pferdeknödel und überhaupt. Weißt du, was du einmal werden kannst, wenn du groß bist? Ein Tennisspieler – der braucht nur ein Racket und zwei Tennisbälle. Sonst nix!« Da schoß den Vogel der Oberkellner, Herr Weber, ab (der immer wie ein Nikolo aussah). Er sagte: »Nein, der Maxl wird ein Bademeister von Beruf! Da braucht er nix als a Schwimmhos'n und kann den ganzen Tag im Wasser planschen!«
Und dabei zog es mich schon mit Macht zum Menschendarstellungsgewerbe. Ich hatte eine neue, treffsichere Parodie geschaffen, und Adi und alle anderen Freunde bettelten paarmal am Tisch: »Mach das nach: Wie pfeift der Gschmeidler nach seinem Hund?«
Viktor Gschmeidler war Schauspieler, Bonvivant und Liebling der Teplitzer Theaterbesucher. Er hatte ein Monokel im Auge und einen eigenartig wiegenden Gang in den Beinen. Damit jeder gleich merkte: das ist einer vom Theater! betonte er sein edles Komödiantentum durch diesen noblen, majestätischen Zeitlupenschritt. »So«, könnte der Theaterherzog von Meiningen seinen Schauspielern gesagt haben, »wirkt man königlich und erhaben über der ordinären Umwelt!«
Im Antlitz also dieses absolut überlegene, hoheitsvolle Lächeln, das eine Auge durch das etwas zu große Monokel unnatürlich

geweitet, wogte der Herr Salonlöwe einige Male am Tag die Lindenstraße hinauf und hinunter, und ich ergriff begeistert die Gelegenheit, ihn zu studieren und dann perfekt zu kopieren. Den Höhepunkt der Parodie bildete der Versuch Gschmeidlers, ohne von seiner elegant-lässigen Haltung etwas einzubüßen, nach rückwärts seinem Hund zu pfeifen, er solle ihm nachfolgen. Es war atemberaubend, wie vollendet sein Charakterkopf sich langsam wendete, der Pfiff trotz des Monokels und der angestrengten Mimik gelang und mit welcher Grandezza in den Schultern dann der Gang zum Theater fortgesetzt wurde.
Die Bewohner der zur Lindenstraße führenden Wohnungen lugten schmunzelnd durch ihre Fenster: »Schau, der Kleine vom Doktor macht schon wieder den Schauspieler nach.« Und der große Mime wogte königlich rauf und runter, ohne zu ahnen, daß nur zehn Schritte hinter ihm sein kleiner Imitator mitwogte und dann plötzlich nach einem imaginären Hund pfiff.

»Nur keine Komödiantereien!«

Mein Vater

Mein Vater! Sehr groß. Sehr seriös. Sehr streng.
Brillenträger. Mit einem dichten, rötlichen Vollbart ausgestattet. Ungemein kunstbeflissen.
Er war selbst ein hervorragender Pianist, und allwöchentlich gab es in unserem Salon Konzerte mit erlesener Kammermusik. Der Herzspezialist Dr. Freund an der Violine. Zwei Herren vom Kurorchester an Bratsche und Cello. Und die Crème von Teplitz als verständiges Auditorium.
Ich galt als hochmusikalisches Wunderkind und sollte anläßlich so einer Soiree das Lied »Guten Abend, gute Nacht« von Brahms zu Gehör bringen.
Aber wie das Schicksal so spielt – ich schäkere in der Küche, auf den Auftritt wartend, mit dem Dienstmädel Božena, einer aparten Neuerwerbung aus Leitmeritz. Sie erzählt mir von ihren Tanzabenteuern am freien Samstagabend und trällert mir die neuesten Schlager vor. Mein großer Auftritt naht. Im Salon milder Kerzenschimmer und erwartungsvolle Gäste. Tante Gisa. Onkel Toni. Eine echte Frau Baronin. Mein Vater präludiert am Klavier behutsam ein Vorspiel und ich, in Gedanken noch bei dem unkomplizierten dienstbaren Geist Božena, singe statt »Guten Abend, gute Nacht« frisch drauflos »Heute nacht, heute nacht, hat mich die Maus verrückt gemacht...«
Der populäre, aber sehr vulgäre Schlager von 1924 schien seine Wirkung auf unsere noblen Gäste verfehlt zu haben. Und wieder war mir eine väterliche Ohrfeige gewiß.

Verhängnisvoller Fehler meines gestrengen Herrn Papa: Er war zu drakonisch. Mit Güte hätte er bei mir viel erreichen können. Das gilt auch für seine musische Erziehung beim Gegenstand Klavierspielen.
Man erzählte sich bereits bis nach Aussig hinüber wahre Wunderdinge über meine besondere Musikbegabung (»Er spielt schon mit der Mama Mozart vierhändig!«), aber niemand wußte von den Qualen, die man – viel zu früh – dem Kind durch die endlosen Übungsnachmittage zufügte! Czerny. Geläufigkeitsmartern. Noch einmal. Und der Nachmittag verrann tropfenweise. Und die Schulfreunde waren beim Schlittschuhlaufen. Und ich mußte noch eine Etüde hämmern. Und noch eine. Und der Adi war mit der Rodel soeben auf unseren Monte Ligne raufgelaufen – voll Ingrimm beobachtete ich unseren Haushügel vom Fenster aus. Die Oktaven. Die Terzen. Die Triolen. Und die anderen Kinder waren in der guten, frischen Luft und konnten – o höchste Seligkeit meiner holden Kindheit! –, sie durften »tschundern«! Ins Deutsche übersetzt: auf eisiger Bahn schliddern, gleiten. Man bediente sich dabei der Schultasche, die so eine Beanspruchung noch gut überstehen konnte – das war noch Qualitätsarbeit! Das war noch echtes Leder!
Ich wandte mich versonnen wieder dem Folterinstrument Klavier zu, dem bösen Tier. Wie es seine schwarzweißen Zähne fletschte! Und plötzlich –
Ich klappte den Klavierdeckel zu und war zum erstenmal in meinem Leben mutig. Ich wollte einfach nicht mehr. Protest. Aus. Schluß. Ich rollte die verhaßten Noten zusammen und rannte die Stiegen hinunter, den Hügel hinauf zu meinem Freund Adi, der in ein Indianergeheul ausbrach. Wir bauten den wundervollsten Schneemann der Welt, und ich war so glücklich, denn dieser Schneemann hatte in seinem dicken Schneebauch die Sonaten, die Etüden, die ganze »Schule der Geläufigkeit« des Herrn Czerny!

Eine gesunde Abwehrhandlung. Ich wollte Kind sein. Ich wollte mich ebenfalls austoben, endlich wieder »tschundern«, hinfallen, lachen, weinen, jemanden wild verdreschen.
Eine orgiastische Schneeballschlacht mit allen verfügbaren Kindern beendete den seligen Nachmittag der Auflehnung.
Die Klavierlehrerin hieß Fräulein Preidl.
Einige Wochen nach meinem Befreiungserlebnis traf mein lieber Vater das liebe Fräulein Preidl in der Schlangenbadgasse.
»Na? Wie geht's vorwärts mit meinem Sohn? Macht er Fortschritte?«
Fräulein Preidl erstarrte zur Salzsäule.
»Ihr Sohn? Der ist doch so krank? Seit Feber kommt er nicht mehr zu mir. Sein Schulfreund Kurti erzählt mir immer von seinen schlimmen Zuständen. Ist das böse Fieber schon vorbei?«
Mein lieber Vater kam noch ernster nachhause als sonst. »Du willst nicht Klavier spielen?« Seine Nüstern bebten. Er war in seinem Allerheiligsten verletzt: Klavierspielen bedeutete ihm seelenvolle Andacht, versenkte Hingabe, sich der Kunst weihen. Und dieser mißratene Abschaum geht rodeln, eislaufen und --- tschundern.
»Gut«, sagte er eiskalt wie Gustaf Gründgens als Mephisto, der eben mit Faust das Bündnis geschlossen hatte, »gut! Du wirst auch nicht mehr spielen! Ich bestrafe dich damit, daß du nicht mehr Klavier spielen darfst!«
Die Strafe wirkt heute noch. Und tut sehr weh.
In meinem Beruf könnte ich das verdammte Instrument so dringend brauchen. Ich bin, wie gesagt, hochmusikalisch, habe aber keine blasse Ahnung mehr von cis-Moll, allegretto und Violinschlüssel. Ich sage nur in meiner eigenen Musiksprache: »Ab dort, wo der Ton so weh tut« oder »Noch lauter die Stelle, wo es so jubelnd die Stufen hinaufrennt...«
Wer mich verstehen will, versteht mich trotzdem.

Sie erinnern sich: Ich hatte »vom Mütterchen die Frohnatur, die Lust zu fabulieren«, so wie der Altmeister aus Frankfurt, dem zu Ehren unser Nebenhaus links den Namen »Haus Goethe« erhalten hatte.

Was bei ihr nie recht zum Durchbruch kommen durfte, wurde dann mein geliebter Beruf. Ihr Rezitieren, ihre fruchtbare Gedichteproduktion – ja selbst ihr Malen seltsamer Bilder habe ich mit der Muttermilch eingesogen. Sie bevorzugte immer sehr kräftige Farben, und ich habe dann später auch nicht gerade mit dem Pastellstift gewirkt.

Das Papiergeschäft, ein Eldorado für den malenden, dichtenden, witzesammelnden Buben, war ebenfalls im Nebenhaus »Goethe« untergebracht, und ich war dort Stammkundschaft, besonders als die große Witzekartei entstand.

Was hatte ich nun vom »Väterchen«?

Die Freude an der Musik, die Freude an Büchern, den gleichen Augenfehler und die gleiche Magenempfindlichkeit.

Ja, und die familiäre Ähnlichkeit natürlich. Sie war verblüffend. Als ich später einmal im Teplitzer Theater mit Vollbart auftreten mußte, waren sich die Besucher einig: »Der ganze Doktor Böhm!«

Zum geliebten Stichwort »Theater«:

Wie kommt, so werden Sie fragen, ein Arztenssohn zu seiner glühenden Theaterleidenschaft?

Er selber, der Chef der Familie, war unbewußt schuld daran, daß mich der innige Wunsch erfaßte, Schauspieler zu werden.

Mein Vater war im Nebenberuf auch Theaterkritiker. Eine gefürchtete Instanz, besonders in musikalischen Fragen. Sollte das Kurorchester umgestaltet werden, sollte mehr klassische Musik gepflegt werden – er schrieb in der Teplitzer Zeitung seitenlange fundierte Stellungnahmen.

Sein Labsal aber waren sehr lange, sehr laute Opern. Er erhielt

als Kritiker immer zwei Gratiskarten, und es hat sich oft ergeben, daß er seinen Ältesten mitnahm, um ihm musische Bildung angedeihen zu lassen.
So kam ich ziemlich jung schon in den Genuß mancher Wagneropern, wenngleich ich das dröhnende Hojotoho der hehren Göttergestalten nicht ganz kapierte. Beim *Lohengrin* hatte ich keine blasse Ahnung, warum der Onkel in der Rüstung auf einer weißen Gans daherkam. Daß Elsa ihn (ausgerechnet in der Hochzeitsnacht!) fragte, wes Geschlechts er sei, fand ich schon damals zum Winseln komisch und notierte diesen »Witz« in meiner Kartothek.
Meistens wurde ich aber von den rätselhaften Vorgängen auf der Bühne heftig ergriffen.
Als beim *Evangelimann* im ersten Akt das Haus zu brennen begann – sie machten das täuschend echt mit Dampfwolken und roten Scheinwerfern –, erfaßte mich so eine Beklommenheit, daß ich flugs in die Hosen machte! Mußte ich doch annehmen, daß nun das Theater über unserem Kopf abbrennen würde, und begann mit der »Löscharbeit«...
Und wie reagierte mein sonniger Herr Papa, der so viel von Musik, aber so wenig von einer mimosenhaften Knabenseele verstand? »Auf Erbsen knien« hieß sein neuester Schlager. Wenn ich einmal selber Vater sein werde, so lautete mein stiller Vorsatz damals, werde ich alles ganz anders machen.
Die Freikarten vom emsigen, immerhin sehr niveauvollen Teplitzer Stadttheater kamen natürlich auch, wenn keine Opern am Repertoire standen.
Staunend machte ich Bekanntschaft mit gastierenden Bühnengiganten wie Ernst Deutsch, Albert Bassermann und Richard Tauber, war aber, wenn die heitere Muse Einzug hielt, bei den Sommergastspielen der großen Wiener Komiker immer besonders elektrisiert: Gisela Werbezirk, Otto Wallburg, Felix Bressart, Julius Falkenstein, Paul Kemp, Szöke Szakall, Hans Moser, Paul Morgan, Wiesenthal und Engel, Farkas und Grün-

baum, Leopoldi und Milskaja sowie Armin Berg, der »König der Komiker«. Unsere sommerlichen Kurgäste wurden gut bedient!
Und im Knaben Octavian erwachte die geheime Sehnsucht nach den Brettern, nach dem grellen Rampenlicht, nach der heilen Welt des Scheins, nach der Verzauberung durch das Mysterium »Theater«. Und es wuchs der Herzenswunsch zur Gewißheit: Einmal werde ich nach Wien gehen und dort Komiker werden! Und der liebe Gott hat mir den Wunsch in kulanter Weise hundertprozentig in Erfüllung gehen lassen.

Nix wie Unfug im Schädel

Vorläufig nannte aber mein sturer Vater solche Bestrebungen nach wie vor geringschätzig »Komödiantereien«, und er verbat sich alle Witze energisch.
Über die Schulzeit möchte ich den Schleier des Vergessens breiten. Ich war kein sehr guter Schüler.
»Was waren die vier schwersten Jahre in Ihrem Leben?« – »Die erste Volksschulklasse!« so lautet einer der ersten Witze aus meiner riesigen Humorsammlung.
Und es war mühsam. In der Volksschule. Im Gymnasium. Und in der Handelsakademie.
Überall parodierte ich die Lehrpersonen und beunruhigte sie durch kabarettistische Einlagen.
Einmal hatten wir einen Klassenvorstand, Herrn Dr. Reich, einen behäbigen Sanguiniker, der oft so tat, als wäre er furchtbar streng: »Sind die schlimmen Buben noch immer nicht in der Klasse?« fragte er am Korridor mit seiner dröhnenden, öligen Stimme.
Diese Kopie gelang mir jedesmal so täuschend, daß alle Schüler, wie von der Tarantel gestochen, in das Klassenzimmer rannten und habacht standen, still wie die Mucksmäuschen.

Langsam öffnete sich die Tür, und herein spazierte schon wieder der kleine Sonnyboy Max, übers ganze Gesicht grinsend. Dr. Reich hat einmal seinen Doppelgänger erlebt und war überhaupt nicht bös auf mich.

Nicht alle bewiesen soviel Humor.

Der Herr »Präfekt« z.B. in Böhmisch-Krummau, ein kleiner, irrer Gummiball, war unser »Schleifer-Platzek« vom dortigen Studentenheim. Ich war versuchsweise auf ein Jahr hingekommen, um meine Lausbübereien zu verlieren. Zurückgekommen bin ich womöglich noch raffinierter und reicher an Wissen, wie man dem Lehrkörper arge Wunden zufügen kann.

Vom Schüler Pereles lernte ich in Böhmisch-Krummau den fachmännischen Umgang mit störenden Requisiten aller Art: von harmlosen Papierknödeln als Wurfgeschossen bis zu fürchterlichen Stinkbomben, welche die Klassenräume für Stunden unbewohnbar machten.

Pereles zeigte mir auch den genialen Trick, wie man sich am Abend nach der »Licht-aus«-Kontrolle durch das Klofenster zwängen konnte, um noch dem nächstgelegenen Wirtshaus verbotene Besuche abzustatten.

Sonst erinnere ich mich nur noch an Douglas Fairbanks sen., den ich im Stadtkino siebenmal hintereinander im *Dieb von Bagdad* bewunderte, statt dem faden Unterricht beizuwohnen.

Ich war immer schon mehr für die Kunst.

In meinem Geburtsjahr war der Dadaismus aufgekommen – eine Art des Dichtens und Zeichnens, die sich an kindlichen Ausdrucksformen orientierte. Vielleicht hat der Herr Zeichenlehrer meine künstlerischen Versuche mißverstanden, oder er wollte mich einfach wegen meines ungestümen Betragens bestrafen. Jedenfalls bin ich einmal – obwohl für Zeichnen hochbegabt – beinahe im Gegenstand Zeichnen durchgefallen! Ein Vorfall, der vermutlich einzigartig dasteht in der Geschichte des Schulunwesens. Ich konnte mit einem »Nachzipf« im Unterrichtsfach Zeichnen alles noch einmal reparieren, allerdings nicht ohne den

ganzen Sommer mit dem Ersinnen von Zwiebelornamenten zu verbringen! Der heimtückische Zeichenlehrer wollte beweisen, daß er in diesem Zweikampf doch der Stärkere ist, und hatte mir am letzten Schultag diese phantasielose Aufgabe gestellt, um mir die Ferien gründlich zu verpatzen.
Noch heute beginnt meine empfindsame Psyche nervös zu vibrieren, wenn mir auf einem feinen Eßgeschirr ein Zwiebelornament entgegenhöhnt.
Es erinnert mich an den Sommer der Schande.

Tragisches Intermezzo

Das entscheidende, sehr dramatische Jahr 1926 hatte ich nach außen hin spurlos überstanden. Rilke starb in diesem Jahr, Rodolfo Valentino starb, Goebbels wurde Gauleiter von Berlin, Seipel Bundeskanzler von Österreich. Die Therese stigmatisierte in Konnersreuth. Sergej Eisenstein kam mit dem *Panzerkreuzer Potemkin* heraus. Hirohito wurde Kaiser von Japan, und ich wurde zehn Jahre alt.
Stefan Zweig schrieb die *Verwirrung der Gefühle*, und in diesem Jahr sollte sich in meine Seele für ein halbes Jahrhundert der Tiefpunkt der ersten psychischen Krise einkerben: Meine Eltern ließen sich scheiden, und meine private »Verwirrung der Gefühle« begann.
Der unreife, noch nicht gefestigte Knabe fiel anscheinend in einen tiefen Abgrund der Beziehungslosigkeit, in schlammige Untiefen der Lebensangst: Zu wem gehörte ich nun eigentlich? Mutter verfiel zusehends in schwermütige Zustände, da sie die demütigende Entwicklung nicht verkraften konnte. Vater zog mit einer anderen Dame in eine andere Wohnung und war nur noch zu Weihnachten oder an Geburtstagen erreichbar.
Außerdem welkte seine Gesundheit dahin: 1933 ist er, erst vierzigjährig, seinen langwierigen Leiden erlegen.

In mir bildete sich sogleich die tückische Neurose: Ich trage die gleiche Brille wie er, bin mit dem Magen immer krank wie er, ich sehe ihm ähnlich wie aus dem Gesicht geschnitten – ergo: ich werde ebenfalls das 40. Lebensjahr nicht überleben! Wie erstaunt bin ich heute noch manchmal, daß ich nach dem vierzigsten Geburtstag einfach so weiterlebte, als gäbe es keine negativen Einbildungen. Ein befreundeter Tiefenpsychologe hat da einmal viele naheliegende Bezüge und Irrtümer der Seele aufgedeckt.
Das weite Land in unserem Inneren kann mehr abenteuerliche Reisen offerieren als jedes Reisebüro der Welt.
Apropos: Werner Krauß drehte 1926 den Film *Geheimnis einer Seele*.

Vorzugsschüler? Danke, nein!

Im Jahr meiner Geburt 1916 hatte man übrigens den sogenannten Intelligenzquotienten eingeführt.
Ich war zwar in der Schule faul und störrisch wie ein Esel, aber an Intelligenz hat es mir nie gemangelt: Ich war von denen, die sitzengeblieben sind, der Intelligenteste.
Wie grausam das Schicksal sein kann, zeigte sich, als mein eigener Vater in seinen letzten Lebensjahren in unsere Klasse als Professor für Somatologie kam! Er hatte den eigentümlichen Ehrgeiz, sein eigener Sohn müßte in seiner Unterrichtsstunde der allwissende Musterschüler sein!
Dabei hatten wir doch den bleichen, verklemmten Willi Ducker. Einen ehrgeizzerfressenen, allzeit zum Aufspringen bereiten, die Nächte durcharbeitenden Roboter. Diese Streberseele mit der ungesunden Gesichtsfarbe wußte alles, hatte alles perfekt gelernt und schien über ein Computergehirn zu verfügen.
Wäre er nur ein einziges Mal in Zweifel geraten, hätte er so menschlich gewirkt. Aber nein: er war ohne Makel und wurde

allen Mitwirkenden am Schulalltag als leuchtendes Vorbild präsentiert: »So müßt ihr alle werden, wie der Willi – der wird einmal eine große erleuchtete Persönlichkeit!«
Madame Fortuna hatte dann später eine kleine Rache bereit, die mich ganz tief in meinem Busen – ich leugne es nicht – zu einer hämischen Schadenfreude und zu einem stillen Dankgebet veranlaßte.
Schon zehn Jahre später verdiente ich das Zehnfache wie unser Musterwilli und war schon einigermaßen anerkannt. Er brachte es lediglich zu einem Aushilfsapotheker, der noch lange Zeit für wenig Geld und viel Mühe in den Nachtdiensten sämtlicher Teplitzer Apotheken schlafraubende Stellvertretungen übernehmen mußte. Ob seine Gesichtsfarbe dadurch gesünder wurde? Aber ganz bestimmt konnte er beim Nachtdienst erst recht fleißig weiterstucken und sein Hirn mit unnötigem Wissen vollstopfen.
Mein Gehirn war längst nur noch aufnahmebereit für die Humorknallerbsen der gastierenden Komiker. Die damals gelernten Witzstrophen des verehrten Armin Berg wird mein Kopf wohl bis zum Lebensende speichern und sorgsam verwahren.

Ein Schneider liegt im Bett bei Nacht.
Die Flöh' ham ihn halb umgebracht.
Da löscht er schnell die Lampe aus –
Die Flöh' soll'n glaub'n, er is net z'haus!

Wenn ich mal heirat', sagt Herr Blau,
Nur eine tätowierte Frau!
Und wenn ich nachts nicht schlafen kann,
Dann schau' ich mir die Bildeln an!

In ein Museum geht Herr Hahn.
Er schaut sich dort die Venus an.
Zu seiner Frau sprach er voll List:
Jetzt seh' ich erst, wie mies du bist!

Der Doktor sagte zu Herrn Kohn:
Sie husten heut' viel besser schon!
Das glaub' ich, sagt der Kohn betrübt:
Ich hab' die ganze Nacht geübt!

Vier Buberln tun vorm Schlafengeh'n
Im Halbkreis um ein Topferl steh'n.
Vier Mäderln ham das auch probiert –
Die ham sich aber schön blamiert!

Der Moritz Baum ein Jude ist.
Er läßt sich taufen und wird Christ.
Jetzt läuft der Baum – es ist zu dumm –
Das ganze Jahr als Christbaum 'rum!

Ich könnte und konnte stundenlang die Leut' unterhalten mit dem Repertoire der einstigen Kabarettgrößen.
Vom Farkas merkte ich mir vor allem die hinreißenden Schüttelreime. Erst während meiner intensiven beruflichen Tätigkeit mit diesem Urvater aller intelligenten Schmonzetten und Lozelachs kam ich darauf, daß so manches gar nicht von ihm selbst war, sondern etwa vom Schüttlergenie Franz Mittler. Aber er brachte das alles halt so unnachahmlich pointiert:

Der Schnee, den du in Flocken siehst,
dir unten in die Socken fließt.

Grad beim Genuß von feinen Buchteln,
da mußt du mit den Beinen fuchteln?

Und wegen dieser schiachen Katz
Vergreift er sich am Kirchenschatz?

Die blonde Mähne an dem Schädel
is grad das Schene an dem Mädel!

Heutzutag' trägt jeder Lackel
schon a braunes Lederjackel!

Is das wohr, Irma:
Ihr habt's Ohrwürma?

Die vor sich hinbrillt,
das is die Brünnhild!

Einmal brachte Karl Farkas einen Schüttelreim, der englisch und jüdisch serviert werden muß, und ich bin überzeugt – nach der Genialität des Einfalls muß der auch von Franz Mittler gewesen sein:

The princes found the little Moses –
a armes Kind, a mittelloses!

Lieber Leser, wenn Sie einmal viel Zeit haben und mich zu sich nach Hause einladen, kann ich Ihnen tagelang von unseren großen Komikern erzählen und ausführliche Kostproben verabreichen.

Von der Schule ins Leben

Ein junger Teplitzer Möchtegernkabarettist findet immer einen Ausweg. Mit Freund Walter Kohner, dem Sohn vom Kinodirektor in der Königstraße (heute Hollywood), lernte ich Doppelconférencen auswendig, die damals – welche Sensation – in Wien bereits auf Schallplatten erhältlich waren. Und wir spielten in Wirtshausgärten und auf Betriebsfesten die *Dichterschlacht vorm Mikrophon*, in der es den umwerfenden Reim gibt auf den Satz: »Wenn der Feber vorbei ist, dann märzelt's!« Also wohlgemerkt: nicht »Es wird März!«, das wäre zu leicht gewesen (»Dein ist mein ganzes Herz!« usw.). Der Reim lautete so herrlich verblödet:

»Sie sprach im Innersten des Likörzelts:
Wenn der Feber vorbei is, dann märzelt's!«

Darauf muß erst einmal einer kommen.
Und meine große Bewunderung – Sie werden es verstehen können – galt nicht dem öden »Soll« und »Haben« und »Sollgehabthaben« (mit solchen Banalitäten mußte ich mich tagsüber in der Handelsakademie abgeben, in die ich inzwischen übersiedelt war), sondern dieser wunderbaren neuen Welt des zündenden jüdischen Witzes.
Mein enormer Spieltrieb fand wenigstens zum Teil Befriedigung: Durch die »urkomischen Rührsänger« von gegenüber lernte ich einen Theaterverein im Nachbarstädtchen Turn kennen, in dem spielwütige Amateure vor einer nachsichtigen Öffentlichkeit Schwanklustspiele darbieten konnten. Der Adi war schon zum schmucken Adonis herangereift (Fachbezeichnung »Erster Liebhaber« – wir fügten hinzu »... bei der Frau Direktor!«)
Ich trat in zwei Produktionen dort unter dem Pseudonym Heinz Lindner auf und war bis zur Unkenntlichkeit verwandelt, denn mein humorloser Vater durfte ja nichts von meinen erneuten Komödiantereien erfahren.
Ich mimte im Luststück *So'n Windhund* einen greisen, angeteppten Hofrat und dann in der Novität *Zimmer zu vermieten* einen zappligen, nervösen Herrn Musikdirektor.
Kritik: »Von der Outrage des Herrn Heinz Lindner könnten drei Komiker des Teplitzer Stadttheaters bequem ein Jahr lang leben ...« Wahre Genies wurden schon immer verkannt.
Na ja.
Meine größte schauspielerische Leistung der damaligen Zeit vollführte ich allerdings im Privatleben:
Eine Silvesteraufführung des Theatervereins war in eine turbu-

Deutsche Volksbühne

Wilhelmstal **Turner Stadtsäle** Wilhelmstal

Sonntag, den 1. Oktober 1933

8 Uhr abends

So'n Windhund

Schwank in 3 Aufzügen
von Curt Kraatz und Arthur Hoffmann

Spielleitung: Emil Dziadek.

Personen:

Fürst Willibald	Adolf Rühr
von Gesenius, Hofrat	Heinz Lindner
Werner, Rechnungsrat	Rudolf Meyer
Kesternich, Kanzleirat	Julius Klaus
Dittmar, Bauunternehmer	Emil Dziadek
Amalie, seine Frau	Jeanette Eckert
Emilie Ferber (seine Töchter)	Lotte Gerold
Ottilie (seine Töchter)	Anni Marschner
Wanda (seine Töchter)	Lotte Eckert
Ferber, Rechtsanwalt	Rudolf Binder
Stöger, Hilfslehrer	Adi Rühr
Dr. Winternitz	Franz Lenz

Erster Auftritt unter dem Pseudonym Heinz Lindner, damit der gestrenge Herr Papa nichts von den Theaterambitionen erfährt: Laienbühne im Nachbarstädtchen Turn. Auch Freund Adi spielte mit.

lente Sauferei übergegangen. Ich hatte die erste große Volltrunkenheit meines jungen Lebens zu überstehen.
Warum sehe ich mich in der Erinnerung in einer Kirche beim Neujahrs-Frühgottesdienst hilflos gegen eine kalte Säule gelehnt? Welcher mildtätige Wohltäter hat mich nach Hause gebracht?
In der großen Küche des Kurhauses war schon Hochbetrieb. Eine gut ausgeschlafene Oma befehligte die Kaffeeköchinnen und merkte überhaupt nichts von meinem Bombenrausch! Sie fragte nur beiläufig »Wann bist gestern nacht hamkummen?« in der Meinung, ich wäre soeben von erquickendem Schlummer aufgestanden!
Und da bewies ich mein komödiantisches Talent in der schwierigsten Aufgabe, nämlich der Großmutter einen wohlgelaunten, gut ausgeruhten, vor allem nüchternen Enkel vorzuspielen!
Daß mir das damals so glaubhaft geglückt ist, gehört zu meinen größten darstellerischen Triumphen!
Das Leben hatte mich wieder mit seinem eintönig-öden Verlauf. Tagsüber besuchte ich noch formhalber die Schule und träumte in der Schulbank nur noch vom dröhnenden Premierenjubel und wie ich dereinst vom Blumensegen überschüttet sein würde.
Abends auf der Bühne der Dilettanten erfaßte mich immer mehr die Mattigkeit des gestreßten Doppelbeschäftigten. Die Schulaufgaben wurden immer kniffliger und unverständlicher.
Ich war tatsächlich ein »Zerrissener«. Und das konnte auf die Dauer nicht gutgehen. Deshalb mitten im Schuljahr: Flucht nach Berlin! Ich hatte mein Leben selbst in die Hand genommen. Und die einzig mögliche Konsequenz gezogen.
In Teplitz-Schönau konnte ich nicht mehr atmen. Denn ich war das Kind schwer erziehbarer Eltern.

Berliner Luft

Kleiner Mann – was nun?

Ort der Handlung: Berlin.
Zeit: eine miese.
Das ist die Berliner Luft Luft Luft?
Rauh und frostig ist sie mir vorgekommen damals, die Berliner Luft. Nach dem eher milden Klima in der Heimat – heiter bis wolkig, teilweise Niederschläge – plötzlich diese totale Wetterverschlechterung.
Da wehte doch plötzlich ein ganz anderer Wind durch die zackige Reichshauptstadt. Für Wetterfühlige war in der seltsamen Atmosphäre schon so eine Art von Untergangsstimmung zu ahnen.
Es war das Berlin von 1933, welches in Filmen wie *Cabaret* oder *Mephisto* später so beängstigend milieugetreu vorgeführt wurde: Ein ganz anderer, ein sehr gefährlicher Adolf, ein gewisser Hitler, war des Reiches Kanzler geworden. Das makabre Duo Goebbels/Göring machte Karriere.
Man spürte: da kommt irgend etwas Neues und Unheimliches. Die Menschen waren so angespannt, wohl auch schon in ihrer Lustgewinnsucht übersättigt. Man wollte sich betäuben und die abgestumpften Sinne noch mehr reizen.
Am Kurfürstendamm gab's als neueste Sensation die »Okkulte Bar«. Die Gäste saßen auf Särgen, an der schwarzverkleideten Wand hingen Totenschädel. Die Jazzkapelle spielte im geöffneten Rachen eines fürchterlichen Drachen. Und zu jeder vollen Stunde verlosch das Licht, und man hörte im Finstern gellende Hilferufe und böses Donnergrollen.

Waren die Hilferufe symbolisch gedacht?
Eine Vorahnung der Apokalypse, die bald losbrechen sollte?
Der Reichstag war ebenso angezündet worden wie die Bücher mißliebiger Autoren.
Es wetterleuchtete und blitzte ringsum in Deutschland, und die überdrehten Chaotiker tanzten tatsächlich auf einem Vulkan.
Ich kam wie Parsifal, der reine Tor, in die Hysterie dieser hektischen Metropole – völlig ahnungslos in den schrecklichen Dingen der Politik. Meine Eltern hatten mich ja nicht aufgeklärt.
Ein Freund meiner Mutter – er war der treueste von allen – war Bibelforscher und gab in Berlin eine Zeitschrift heraus, die er »Wahrheit und Freiheit« nannte.
Ich sagte der Einfachheit halber nur »Onkel Walther« zu ihm, und er blieb die einzige echte Bezugsperson in diesem Jahr der Einsamkeit.
Er hatte mich einem persönlichen Bekannten empfohlen, dem berühmten Staatsschauspieler Theodor Loos. Der verkörperte im Film und auf der Bühne edle Recken à la Wilhelm Tell oder Stauffacher. Er hatte einen fabelhaften Charakterkopf und sicher auch Charakter. Ich durfte ihm eines Tages vorsprechen.
Da mir richtige Bühnenrollen noch fehlten, gab er sich zufrieden mit der *Bürgschaft* von Friedrich Schiller.
Er lobte mich als sehr natürlichen Sprecher und empfahl mir zum Studium viele klassische Paraderollen. Ich lernte in der Folge den Mortimer, den Melchthal, den Geßler sogar, den Oswald aus den *Gespenstern* von Ibsen und sah mich bereits als strahlenden jugendlichen Helden und markanten Charakterdarsteller die Welt erobern.
Am Staatstheater Berlin verbrachte auch ein weitläufiger Verwandter von mir seine besten Jahre: Vetter Alex, ein freundlicher, rothaariger, nicht gerade genialer »Versteller« aus der

ersten Reihe. Er gehörte mehr zum Heer der Darstellungsbeamten (zweiter Herold von links), der recht brav seinen Text ablieferte und im Grunde heilfroh war, wenn man ihn in Ruhe ließ, um seinen Garten in Wilmersdorf pflegen zu können.
Vetter Alex riet mir eines Tages ab von der nutzlosen Theorie – »das sture Textlernen hat für dich überhaupt keinen Sinn« – und empfahl mir die tägliche Praxis: Ich wurde dem riesigen Statistenheer des Staatlichen Schauspielhauses Berlin eingegliedert.
Das brachte Erfahrungen und wurde außerdem – nicht eben fürstlich, aber doch – honoriert.
Mich hatte so eine Art Stolz gepackt: Ich wollte denen zuhause nicht eingestehen, daß es mir schlecht ging. Vater war schon sehr krank und sollte auf keinen Fall den Triumph haben: »Hab ich's euch nicht gesagt? Er hätt was Ordentliches lernen sollen!« Er hat auch die Schande nicht mehr erlebt, als meine diversen Komödiantereien in Broterwerb übergingen.
Mutter und Oma waren natürlich ganz auf meiner Seite, und die wollte ich erst recht nicht durch beunruhigende Nachrichten erschrecken.
So duldete ich still vor mich hin, ging billig zu Aschinger speisen. Kenner der Berliner Szene wissen: man konnte sich dort bei kleinster Konsumation gratis mit Brötchen anmampfen, bis man satt war.
Ich bin oft stundenlang in der Nacht fröstelnd die endlosen, kilometerlangen Straßen zu Fuß nach Charlottenburg gewandert, um das Geld für die Fahrscheine zu sparen.
Stranger in the night.

Liebe deinen Nächsten?

Meine erste Statistenaufgabe war, mit circa 80 anderen Menschen zusammen das geschlagene römische Heer zu mimen. In der *Hermannsschlacht* von Kleist wankten wir (nachdem unsere Römergewandung ganz realistisch kübelweise mit Dreck und Lehm angespritzt worden war) auf die Bühne, die als Teutoburger Wald verkleidet war, und sanken erschöpft darnieder.

Der geniale, immer etwas verrückte Jürgen Fehling war somit mein erster Regisseur, und ich lernte viel Interessantes an diesem Hause. Sowohl, was den Beruf des Schauspielers betrifft – hatte ich doch täglich die erste deutsche Garnitur vor Augen, allen voran Paul Hartmann und Walter Franck –, sondern vor allem im Privatleben gab's eine Menge wunderlicher Erfahrungen, die ich pausenlos verarbeiten mußte.

Da waren die Herren von der Komparserie. Verkrachte Existenzen. Artisten, die nicht mehr auftreten konnten. Verpfuschte menschliche Wracks. Strandgut des Lebens. Und dazwischen als Kontrast auch ein paar gesunde, junge Studenten, die sich einfach etwas dazuverdienen wollten.

In der Garderobe saß neben mir Otto Krause, der »Mann, der sich 100000 Volt durch den Körper jagen« ließ – dereinst auf Rummelplätzen und Festwiesen. Stolz zeigte er Bilder aus seiner großen Zirkuszeit. »Mensch, ick war mal 'ne große Nummer, weeßte?«

Daneben ein knödelnder Fatzke – immer ein wenig von oben herab –, der ständig vor sich hinträllerte. Er hatte schon in fast allen Operetten der silbernen Ära Schiffbruch erlitten. Seit er einmal die Behauptung aufstellte, daß alle Tenöre »blöd wie die Ochsen« seien, hatte er den Spitznamen »der Tenor«. Denn er war ehrlich blöd.

Einen nannten wir den »Mann, der vor Kraft kaum geh'n kann«. Er gehörte zur Sorte der permanenten Angeber, der von allen Prominenten sprach, als wären sie seine besten Freunde: »Jeh ick

doch vorjestern Joachimsthalerstraße ganz jemütlich mit Justaf Fröhlich, kommt um de Ecke Lilianchen Harvey, vastehste, sacht zu mir: Tach, Paulchen, altes Haus, nu jeh'n wa aber een zwitschern ...« Durch einen Zufall erfuhr einer aus der ausgeflippten Runde, daß Paulchen vor paar Jahren noch am Lande den ehrsamen Beruf eines Melkers ausgeübt hatte.
Besonders zahlreich waren die sogenannten »Herren Damen« in der Komparserie vertreten. Die mit den rasierten Augenbrauen, den blauschwarz gefärbten Haaren, die früher einmal hellblond waren – oder umgekehrt. Die Jünglinge, die einst Tänzer oder sonst mit ihrem Hormonhaushalt nicht ganz in Ordnung waren.
Ich hatte bereits in einem schwülbeleuchteten Lokal am Knie verkleidete Männer miteinander tanzen sehen. Ich, der »reine Tor«, wußte damals noch nicht, daß es auch solche Menschen geben muß in Gottes großem Garten.
In der Kantine hatte mich schon einmal einer so merkwürdig angeblinzelt. Ich bin – weiß Gott – kein Apoll, weil ich, wenn Sie sich erinnern, eher dem schulmeisterhaften Herrn Papa nachgeraten war.
Aber ich war siebzehn Jahre jung und zeigte, durch das römische Kostüm bedingt, meine nackerten Knie. Der schelmische Kokettierer bot mir an, er würde mir Schauspielunterricht erteilen. Er würde irgendwie mein besonderes Talent ahnen, und ich solle ihn unbedingt in seiner kleinen Wohnung besuchen. Ich war verwirrt wie der keusche Joseph, als ihm die Madame Potiphar den Mantel rauben wollte, fragte am Heimweg einen, der auch in Charlottenburg wohnte, ganz naiv: »Du, gibt's das, daß ein Mann sich in einen Mann verlieben kann?« und erzählte schüchtern von dem Wüstling in der Kantine.
Da blieb der Kollege unter einer Straßenlaterne stehen und flüsterte mit sinnlich-vibrierendem Tembre in der Stimme: »Na klar. Wo du doch so'n netter Junge bist! Kommste noch mit ruff zu mir?«

Ich rannte wortlos verstört durch die dunklen, feindlichen Straßen meinem schützenden Heim zu. Um eine Erfahrung reicher. Um eine Illusion ärmer: Meine Eltern hatten mich in ihrer beispiellosen Prüderie tatsächlich überhaupt nicht aufgeklärt! Ich mußte mir ein Wissen über das Leben selbst verschaffen. Ein self-made-Niemand.

Die Größen ihrer Zeit

Wir kommen – thematisch bedingt – zu einem interessanten Herrn. Ab Sommer 1934 wurde er Staatstheaterintendant: Gustaf Gründgens. Auch bei ihm brachte mich ein fragender, abschätzender Blick zum holden Erröten (ich hatte ihn um ein persönliches Autogramm ersucht), aber ihn zähle ich zu den ganz großen Theaterpersönlichkeiten, denen ich begegnen durfte. Gegen diesen Großglockner an gebündeltem komödiantischen Können war ich ein winziges Sandhäuflein.
Vorläufig wurde ich in der nächsten Premiere *König Lear* als einer der englischen Soldaten eingesetzt, die den irrsinnigen Lear abführen mußten – die zweite große Erschütterung in meinem jungen Leben: Werner Krauß! Was für ein genialer Verzauberer war das! Und ich durfte ihn aufs Tiefste ergriffen circa fünfzigmal abführen, lange nach jeder Vorstellung noch über seine starke Faszination grübelnd.
Das schlohweiße Haar strebte unordentlich nach allen Richtungen, sein unsteter Blick war so wirr und trostlos. Die Krone aus Stroh und Disteln trug er wie einen Heiligenschein.
Gründgens als Regisseur hatte ihm einen grandiosen Auftritt inszeniert für den berühmten Monolog:

»Blast, Wind', und sprengt die Backen! Wütet! Blast!
Ihr Katarakt' und Wolkenbrüche, speit,
Bis ihr die Türm' ersäuft, die Hähn' ertränkt!«

Die ganze Bühne bis rückwärts zur Ziegelmauer war leer. Nur vorn an der Rampe links stand ein sturmgepeitschter Baum mit rissiger Rinde und zerfetztem Geäst – wie eine Silhouette der Krankheit, des Todes, der Ohnmacht.
Mit riesigen Schrägstrichprojektionen wurden Regen, Sturm und Sintflut angedeutet.
Und ganz langsam aus der Mitte von ganz hinten kam dieses Wunder Werner Krauß nach vorn, beide Hände weit ausbreitend.
Das Gewand wirkte dadurch wie ein weißes Kreuz.
Und sein kräftiges Organ orgelte seinen Schmerz hinaus in die Nacht ohne Hoffnung. Dieses Wehklagen deckte den Kummer aller Menschen auf, die ein Leid tragen müssen.
Ich war in einer anderen Welt, als diese Szene bei einer Hauptprobe stundenlang probiert wurde. Ich hatte mich in den dunklen Zuschauerraum geschlichen und heulte drauflos über Lears Schicksal, ohne die Liebe seiner Töchter zu leben, und über mein Schicksal, ohne die Liebe meiner Eltern leben zu müssen.
Ich war gebannt durch die Kunst dieses Schauspielers und seines gleichwertigen Regisseurs, der jeden Käuzchenruf, jeden Scheinwerferblitz, jedes Sturmgeheul, jedes Ästeknarren mit höchster Präzision einer großen Anzahl von Technikern aufzwang.
Ich habe so etwas in dieser Vollendung nie wieder zu hören und zu sehen bekommen – als hätte ich dem lieben Gott bei der Erschaffung der Welt zuschauen dürfen.
Ich erlebte als Statist dieses Staatlichen Schauspielhauses noch die beiden Titanen Eugen Klöpfer und Paul Wegener, den weisen Friedrich Kayssler, den jungen, scharfen Bernhard Minetti und die so menschliche Käthe Gold.
Ich traute meinen Augen nicht, als ich sie eines Tages in »Zivil« erkannte: Sie stand so unendlich bescheiden und gütig lächelnd mit einer schlichten Pullmannkappe am Kopf in der U-Bahn.

Wir hatten nach der Vorstellung die gleiche Strecke zu fahren, und ich versuchte es so einzurichten, daß wir immer im gleichen Waggon waren. Ich himmelte sie aus der Entfernung verliebt und seufzend an wie seinerzeit in Teplitz-Schönau die kleinen Schulmädchen. Nie hab ich ihr davon erzählt. Auch später nicht, als ich sie am Wiener Burgtheater persönlich kennenlernte.

Kleinkunst von großem Format

Ich wohnte in Charlottenburg in der Fritschestraße 72 beim griesgrämigen Herrn Jeske, seines Zeichens U-Bahnschaffner, der sich abends fast immer auf einen heißen Ziegelstein setzen mußte, um die Schmerzen zu lindern, die ihm seine Hämorrhoiden verursachten. Kein sehr fröhlicher Gesprächspartner.

Ich blieb meistens in meinem kleinen Kabinett, in dem ich als Untermieter hauste, allein und grübelte über das Leben, über meine Eltern, über meine Situation. Mir fiel auf, daß ich ja schon einmal ein ganzes Jahr von zuhause nach Böhmisch-Krummau verbannt war – aber das liebliche, romantische Städtchen mit den malerischen Häusern am Wasser war noch ein Labsal gegen die öde Steinwüste Berlin.

Die Bibelstunden mit »Onkel Walther« besuchte ich regelmäßig. Sie waren noch mein einziger Seelentrost. Er war ein gütiger Fanatiker (im besten Sinn des Wortes) und bekämpfte in seiner Zeitschrift das Sektenunwesen und hatte in allen Predigten – egal von welchem Bibeltext er ausging – eine für ihn grundlegende Wahrheit anzubieten:

Ob wir es nun wollen oder nicht, ob wir es erkennen oder nicht – wir werden immer von einem übergeordneten Wesen, das wir Gott nennen, pausenlos und ganz stark geliebt, aber nur die wenigsten Menschen bedienen sich dieser gewaltigen Kraft. Die meisten verschließen sich vor dem unentwegten, alles durchdringenden Strom der Liebe. Mit seinem unerschütterlichen Glauben hat er einen tiefen Eindruck auf mich gemacht und mir sehr geholfen, meinen Kummer zu tragen.

Auch in Berlin war ich ein Zerrissener.

An spielfreien Abenden zog es den Herrn Statisten natürlich zur heiteren Muse mit der scharfen Zunge: Ich besuchte die Berliner Kabaretts. Das »Kabarett der Komiker« war immer noch das Mekka für erstklassige Komiker. Und es begannen neue Minderwertigkeitskomplexe zu sprießen, als ich noch Kurt Robitschek, den jungen Willi Schaeffers, den quirligen Bobby Dorsay auf mich einwirken ließ. Oder Henry Lorenzen, den pantomimischen Könner, der nie ein einziges Wort redete!

Für das heutige Publikum sind manche kaum mehr ein Begriff. Für mich waren diese Komiker richtungsweisend, und ich war damals schon kabarettungslos verloren.

Auch die weiblichen Stars von damals waren Ereignisse von starker Wirkung auf den begierigen Schüler aus der behmischen Provinz: Blandine Ebinger, Claire Waldoff, Trude Hesterberg, Hilde Hildebrand usw.

Unvergeßlich sind mir die Besuche bei Werner Finck, dem scheinbar so hilflos stotternden, die Worte und Endsilben verschluckenden Intellektuellen, dem es auf diese hinterlistige Weise gelang, alle zehn Sekunden eine vertrackte Pointe zu landen. »Früher war bei uns alles korrupt. Und was ist heute? Heute ist Donnerstag!« Den Hitlergruß hat er einmal doppeldeutig »Aufgehobene Rechte« genannt.

Über ihn konnte ich Tränen lachen. Im KadeKo, dann später in seiner eigenen »Mausefalle«.

Bei der Friedrich-Hollaender-Revue *Höchste Eisenbahn* fand ich schon den Titel revolutionär, denn in jenen Zeiten war es für viele Menschen, denen es nicht vergönnt war, eine arische Großmutter zu haben, tatsächlich »Höchste Eisenbahn« –

nämlich noch rechtzeitig wegzukommen, um ihr nacktes Leben zu retten.
Die Zeitungskolporteure überboten sich an herausgebellten Schlagzeilen: »Deutschland verläßt den Völkerbund«, »Brasilien versenkt Kaffee ins Meer wegen Absatzschwierigkeiten«, »Elly Beinhorn umfliegt Afrika«, »Österreich verbietet nationalsozialistische deutsche Arbeiterpartei«.
Ich achtete kaum auf den Inhalt der Meldungen – es reizte mich unsagbar, diese Berliner Zeitungsausrufer zu imitieren (»Illlllustrierte Nachtausgabeeeee!« oder der ganz Heisere beim Kaufhaus des Westens »BeeezettamMittachdieBeeezett«).
Aber ich hatte ja keinen, der mir zuhörte wie damals in meiner Heimat! Meine Späße waren nicht gefragt.
Wo waren *jetzt* die Pflugbeils, die Grinzweigs? Wo war mein Jugendgespiele Adi? Sicher in irgendeinem Gastgewerbebetrieb, und bekam auch er schon den Ernst des Lebens zu spüren?
Resigniert ging ich ins Kino: *Feuerzangenbowle* mit Heinz Rühmann oder *Heinrich VIII.* mit Charles Laughton. An ihn und an den großen Harry Baur werde ich bis an mein Lebensende denken müssen.
Im Theater unterhielten mich Ralph Arthur Roberts und Harald Paulsen. In den Scala-Revuen Grock und Theo Lingen.
Ich war mit mir selber unzufrieden.
Was sollte aus mir werden? Ein Versuch, meine Stimme als Sänger ausbilden zu lassen, mißlang: Entweder hatte ich oder die Gesangsprofessorin einen schlechten Tag. Sie sagte nach einem schüchternen Vorsingen: »Lassen Sie lieber die Finger davon!« Sie hat sicher meine Stimmbänder gemeint. Na ja.
Ich war hin- und hergerissen: Sollte ich ein ernster hochdramatischer Schauspieler werden? Sollte ich parodieren? Karikieren konnte ich gut und habe mir damit oft ein paar Mark dazuverdient. Übelgenommen haben mir ihre Karikaturen nur zwei Menschen: der Verführer aus der Staatstheaterkantine, den ich einfach als »Schlange« darstellte (jeder erkannte ihn sofort!), und

ein fremder Herr in einem Café am Kudamm. Ich hatte ihn mit der Dame daneben gezeichnet als innigverliebtes Pärchen. Als ich ihm in Erwartung eines Gratiskaffees die Zeichnung zeigte, hätte er mir beinahe eine Ohrfeige verabreicht. Die Dame war seine heimliche Freundin, und er hat offensichtlich vermutet, seine Frau hätte mich auf seine Spur gehetzt. So hurtig hat hier noch keiner das Lokal verlassen.
Für diesen Lebensabschnitt »Berlin 1934« gibt es noch eine traurige Schlußpointe: Ich bin bei der Schauspielprüfung durchgeflogen! Mit Recht, wie ich heute hinzufügen möchte.
Ich hatte meinen Melchthal aufgesagt »... ihn erquickt nicht mehr der Matten warmes Grün«. Zum Mortimer kam ich schon nicht mehr.
Eduard von Winterstein, ein bekannter Schauspieler und damals Vorsitzender der Prüfungskommission, entschied kategorisch: »Nein! Aus dem wird nie ein Schauspieler!«
Ich hatte einen entscheidenden Fehler begangen: Das Prunkkostüm des klassischen Helden paßte nie so gut zu mir wie das bunte lustige Narrengewand – ich hatte zum Vorsprechen die falschen Texte gebracht!
Gottseidank hatte ich immer einen Schutzengel. Der hat mich davor bewahrt, auf kleinen Bühnen als mittelmäßiger *Gespenster*-Oswald dem Wahnsinn anheimzufallen oder als Schmalspur-Othello öffentlich eine Dame zu erwürgen.
Mein Schutzenglein hat mir den richtigen Weg gezeigt und mich eines Tages nach Prag geschickt. Dort hat mir ein wohlgesinnter Kollege folgendes Geheimnis verraten: »Paß gut auf! Zu so einer Prüfung kommt jeder, der Schauspieler werden will, mit einem der traditionellen Monologe: Melchthal, Mortimer, Hamlet. Immer dasselbe! Die Prüfer sind schon gelangweilt und – vor allem – sie haben zuviel Vergleichsmöglichkeiten! Du mußt dir etwas vollkommen anderes, etwas möglichst Ausgefallenes einfallen lassen. Etwas, das die Jury womöglich gar nicht kennt! Jeder Prüfungsteilnehmer muß aufpassen wie

ein Haftelmacher und ehrlich interessiert sein an deinem Vortrag!«

Eine heitere Schlußpointe: Ich bin bei der zweiten Schauspielprüfung in Prag als einer der vier besten durchgekommen, heimste sehr viel Lob ein und erhielt sofort ein Engagement! Ich hatte den Monolog des Michel Hellriegel gefunden aus Gerhart Hauptmanns Glasbläserstück *Und Pippa tanzt!*, der meinem eigenen schüchternen Wesen so fabelhaft entsprach: ein Tagträumer mit beklommenem Herzen, der sich fürchtet und vor Verlegenheit kaum sprechen kann – die Jury glaubte, ich hätte ihr das so großartig vorgespielt! Dabei war ich wirklich verlegen, verhemmt, eingeschüchtert. Genau das richtige für diese Figur – mein Lampenfieber hatte gesiegt.

Am selben Tag unterschrieb ich meinen ersten Vertrag an das Stadttheater in Eger.

1 Kollektivvertrag samt Anhang als Beilage.

Verband deutscher Bühnenleiter in der Tschechoslowakei u. Bühnenbund in der Tschechoslowakischen Republik.

Dienstvertrag

für Solomitglieder (zu diesen zählen auch Dramaturgen, Kapellmeister, Korrepeti[toren,] Souffleusen, Solotänzer und -Tänzerinnen), Chor- und Ballet

welcher zwischen Herrn Intendant Anton Kohl, Stadt-Theater Eger, Max Böhm, Teplitz-Schönau

§ 1. **Name des Mitgliedes. Art und Ort der Dienstleistu[ng]**

Herr, ~~Frau~~, ~~Fräulein~~ Max Böhm

Chorverpflichtung ist für Solomitglieder ungültig. Bei Ausfertigung der Verträge muß entweder Fassung I oder Fassung II gewählt und ausgefüllt werden.

I.*) für die Kunstgattung als: ……
auf der Grundlage des angeschlossenen Rollenverzeichnisses und für das au[s] Rollengebiet und für das folgende Rollengebiet: ……

II.**) für die Kunstgattung als: Schauspieler, Sänger und Tänzer
und für das Kunstfach als: Anfänger im ersten Jahr

für das Theater in Eger verpflichtet.

Das Mitglied ist zur Mitwirkung bei den im Anhang zum Kollektivvertrag für die einzelnen Theater festgesetzten Abstechern verpflichtet.

§ 2. **Vertragsdauer.**

Der Vertrag beginnt am 1. Oktober 1935 und endigt mit Ablauf des 31. März 1936

Das Mitglied verpflichtet sich, 8 Tage vor Beginn des Vertrages, also am 23. Sept. 1935 um 9 Uhr früh im Betriebsorte des Theaters einzutreffen und an den Proben teilzunehmen.

Für den Fall der schuldhaften vorzeitigen Vertragsauflösung wird eine Konventionalstrafe von Kč 720.- vereinbart.

§ 3. **Gehalt des Mitgliedes.**

Für die Erfüllung der Vertragsverpflichtung wird dem Mitglied von der Direktion zugesichert:

1. Eine Gage:

im 1. Vertragsjahr: von monatlich Kč 370.-, in Worten: Kč dreihundertundsiebzig

" ~~2.~~ " " " " ……, " " " ……

" ~~3.~~ " " " " ……, " " " ……

zahlbar nachträglich am letzten Tage jedes Monats.

*) Bei Fassung I ist neben der Bezeichnung der Kunstgattung ein genaues Rollenverzeichnis dem Vertrage anzuheften.
Sowohl bei Fassung I wie bei Fassung II muß die Kunstgattung (z. B. Schauspieler, Sänger) unbedingt benannt werden. Bei Fassung II ist außerdem das Kunstfach genau zu bezeichnen (z. B. jugendlicher Held, Operettentenor.)

Der allererste Vertrag: 370 Kronen Monatsgage am Stadt-Theater Eger

Es ging alles wie am Schmierchen

Mein erstes Engagement

Meine seelengute Großmama rannte mit der »Teplitzer Zeitung« – schon ein bisserl langsamer als vor ein paar Jahren – die Lindenstraße hinauf und hinunter, um allen Bekannten die Nachricht von so eminent kultureller Bedeutung zu zeigen.

Die Zeitung meldete: Der Sohn des verstorbenen Badearztes gleichen Namens wurde als jugendlicher Komiker und schüchterner Liebhaber nach Eger verpflichtet. Welcher Idealismus heutzutage nötig ist, die Theaterlaufbahn einzuschlagen, wurde unserem Reporter klar, als er den jungen Künstler nach seinem Monatsgehalt befragte und der zur Antwort gab: »370 Kronen«.

Ich weiß heute nicht mehr: wieviel waren 370 Tschechenkronen? Hat man dafür einen Anzug bekommen? Oder nur ein Hosenbein?

Die Packerln und Zuwendungen der Großmutter halfen mir über viele Engpässe.

Die Hauptsache war doch, daß ich gebraucht wurde!

In jeder Neuinszenierung – es gab wöchentlich eine oder deren zween – kam ich dran. In meinem Vertrag war die Art der Beschäftigung so umrissen: Herr Böhm wird engagiert als Schauspieler, Sänger, Tänzer. Fach: jugendlicher Komiker und schüchterner Liebhaber. Anfänger im ersten Jahr. Das bedeutet auf gut deutsch: ich mußte einfach alles machen.

Die ersten Rollenhefte waren noch dünn: »François, in Diensten Seiner Lordschaft«, ein »Herr der Gesellschaft«, ein »Henkersknecht«, die »sich nähernden Schritte«.

Im *Wilhelm Tell* war ich der Fischerknabe, der zu Beginn ein munteres Liedlein singt. Wie hätte sich die Berliner Gesangslehrerin über meine schöne Stimme gewundert! In der Praxis sieht doch alles ganz anders aus.

In einem utopischen Stück von Karel Čapek fiel ich zum erstenmal auf als Roboter. »In Maske und Spiel äußerst verblüffend«, schrieb die Egerer Zeitung. Eine der nächsten Kritiken lautete: »Der Neue verkörperte einfühlsam einen Dorfdeppen«. Der Name des Werkes ist mir entfallen.

Agnes Bernauer von Friedrich Hebbel.

Das gesamte Herrenensemble war als Rotte edler Ritter verkleidet. Ich hatte eine schwere Rüstung am Körper und einen roten, wallenden Vollbart im Gesicht.

Privat war ich nicht so edel. Da wurmte es mich, daß einer der Ritterkollegen, durch die Handlung bedingt – er war in der Pause schon tot – bereits um halb zehn weggehen durfte, indes wir anderen noch beim großen Turnier nach der Pause mitwirken mußten.

Ich hieß »Nothafft von Wernberg« und hatte – nach einem Aufruf während des wackeren Wettstreits – stolz zu vermelden: »Bin zur Stell'!« Aber zur Weißglut brachte es mich, daß ich nur deshalb eine geschlagene Stunde so blöd herumstehen mußte, um dem Turnier bis zum bitteren Ende – halb elf! – beizuwohnen.

Begreiflich, daß in mir Rachegelüste aufkeimten an Franz, dem Günstling des Theaterschicksals, der nur bis zur Pause benötigt wurde.

Eines Abends kam er in seinem schönsten Anzug ins Theater, lächelte anzüglich und sagte: »Meine Herren, wenn ihr euch heute noch als Rittersleut' abstrampelt, bin ich schon mit dem hübschesten Mäderl von ganz Eger in der Weinstube Brandner!« Er zeigte durchs Fenster. »Dort, beim Bühnentürl, wird sie

punkt halb zehn auf mich warten, die Pipi, und ich geh heut' mit ihr aus! Ätsch!« Und damit war er fällig.
Ich fragte heimlich den alten Garderobenmeister Jelinek: »Gibt es bei euch hier Vorhängschlösser?«
Ihn konnte nichts aus der Ruhe bringen. Er war dumme Fragen gewöhnt und erwiderte: »Massenhaft. Oben am Fundusboden haben wir Kisten mit Lederwämsen, Wattebäuchen und Stiefeln! Die sind alle mit großen, schönen Vorhängschlössern versehen!«
Kurz und gut: für ein Viertel Wein brachte er circa zwanzig davon zusammen.
Die Vorstellung beginnt.
Franz, die Kanaille, geht in seinem Rollenkostüm auf die Bühne. Und schon holen wir flugs seine Privatgarderobe und versehen jedes seiner zahlreichen Knopflöcher mit einem schweren Schloß: in den Wintermantel kommen vier, in das Sakko drei, in die Hose fünf (»Tag der offenen Tür« nennen wir die ganze Operation). Für die Weste brauchen wir sechs dieser lästigen Anhängsel.
Sorgsam machen wir alle Schlösser zu, ziehen die Schlüssel heraus und hängen mühsam die wahnsinnig schwer gewordenen Kleidungsstücke wieder auf die Haken.
Große Pause.
Franz kommt von der Bühne.
Mit dem Lächeln des Verführers späht er durch das Fenster. Ja! Seine süße Pipi steht schon beim Bühneneingang. Er winkt ihr innig zu. Kußhand.
Mit einem stillen Triumph entledigt er sich seines Bühnenkostüms und will – – – rums! Das schwere Eisen hat die noble Garderobe des Kleindarstellers rasch zu Boden gezogen.
Wir haben alle große Entrüstung gespielt: »Nein so was! Wer macht denn so einen Blödsinn? Wer war denn das? Gebt sofort die Schlüssel her!«
Franz sah seine Pipi davonschwimmen und schrie: »Das ist

gemein von euch! Sofort sperrt ihr die Schlösser wieder auf!«
Natürlich regte sich keine einzige Hand. Und dem innerlich vor Wut schäumenden Franz blieb nichts anderes übrig, als durch ein Hintertürchen das Theater zu verlassen, auf kleinen Nebengassen seinem Heim zuzustreben, um sich völlig umzuziehen.
Selbstverständlich war die blonde Pipi nicht mehr da, als er endlich daherkeuchte. Mußte sie doch annehmen, der Herr Schauspieler hätte sie versetzt!
Er war noch tagelang über uns ergrimmt, obwohl ihm bereits am folgenden Tag vom Bühnenportier mit der Post ein Umschlag mit einer großen Anzahl von kleinen Schlüsseln überreicht wurde.
Seine Rache folgte auf dem Fuße. Er ahnte sofort, daß in mir der Rädelsführer des Vorhängeschloßkomplotts zu suchen war, und sandte mir zur nächsten Premiere *Was ihr wollt* – ich spielte den Junker Bleichenwang – ein Telegramm: »Soeben im Grabe umgedreht stop Ihr William Shakespeare stop.«
Dafür nagelte ich ihm bei unserem nächsten Gastspiel in Asch seine Schuhe am Fußboden an. Aug um Aug. Zahn um Zahn. Plombe um Plombe.

Die Verleihung des »Oscar«

Sonst war ich nicht so verwegen.
Auch im Privatleben blieb ich der »schüchterne Liebhaber«. Einmal versuchte ich in Eger meine »Reifeprüfung« mit dem herzigen Fräulein von der Theaterkassa zu bestehen, kam aber nicht über eine mißglückte »Mund-zu-Mund-Beatmung« hinaus.
Meine freien Nachmittage verbrachte ich im ehrwürdigen Café »Wallenstein«. Da gab's einen Oberkellner, den alten Cibulka. Der wollte schon längst in Pension gehen, war entsprechend

mürrisch und bediente nur unwillig, mit seinen ehrlich verdienten Plattfüßen von Tisch zu Tisch hatschend, seine Stammgäste.
In irgendeinem Salonschinken – war's ein Oscar Wilde? – sollte ich als Butler mit einem Tablett die Bühne betreten und nur diskret melden: »Der Tee, Mylady!« Ende der Rolle.
Bei der Hauptprobe fällt mir plötzlich der alte Cibulka ein. Ich klebe mir seine typischen Augenbrauen und Koteletten, hatsche so vermiest wie er im Café »Wallenstein« auf die Bühne, stelle unwirsch das Tablett auf den Tisch und brummle: »Der Tee, Mylady!«
Die paar Probenkiebitze – Pressephotographen und Angehörige von Darstellern – lachten schallend. Gottlob hatte der Regisseur Humor und beließ mir meine persönliche Auffassung dieser Rolle.
Nach der Premiere konnte ich es stolz im Blättchen lesen: »Der junge, vielversprechende Anfänger hat gestern abend im Stadttheater eine stadtbekannte Person so treffend karikiert, daß er, obwohl seine Rolle nur aus drei Worten bestand, einen wohlverdienten Abgangsapplaus erhielt.«
Die weißhaarige Oma Fincke schlenderte sicher ein paar Tage später in Teplitz-Schönau die Lindenstraße auf und ab, um sich mit der Lobeshymne auf den begabten Enkel zu brüsten.
Ja, ihr verdanke ich viel: den Glauben an mich, die ehrliche Zuneigung und – einen tadellosen, neuen Frack!
Sie hatte mich für mein Debüt fein ausgestattet.
Mein Intendant von Eger, ein Herr Anton Kohl, hatte das sofort bemerkt. Er war klein von Statur, aber groß im Improvisieren. Er besaß jenes untrügliche G'spür, bei geringem Aufwand überraschende Wirkungen zu erzielen. Ein geborener Schmierendirektor, wie sie zu meiner Zeit noch aus der Erde sprossen wie die Schwammerln nach dem Regen. Heute kennt man diese Sorte von Theaterleitern leider überhaupt nicht mehr.

Er kombinierte: Der schaut sehr gut aus in seinem funkelnagelneuen Frack – den stell ich in der Silvesterpremiere *Fledermaus* ganz vorn an die Rampe!
Und dort war ich dazu verdonnert, mit einem Sektglas in der Hand, im Chor die Hits aus der *Fledermaus* mitzusingen, mitzutanzen »Duidu, duidu, lala lalalala«, »Es lebe Champagner der Erste«, »Die Majestät wird anerkannt, anerkannt« usw.
Bei der dritten Probe – wir hatten nur fünf für die ganze *Fledermaus* – nimmt mich ein Kollege beiseite und fragt mich: »Warum machst du das? Hast du so was nötig? Du bist doch schließlich hier nicht als Chorherr oder gar Statist verpflichtet? Du bist ein Schauspieler und hast als solcher ein Anrecht auf eine richtige Rolle! Du gehst jetzt sofort hinauf in das Büro und haust einmal ordentlich auf den Tisch! Setz dich durch und verlange eine standesgemäße Beschäftigung!«
Also, ich lasse mich tatsächlich zu einer trotzigen Protestaktion verleiten und spreche im Büro des Herrn Intendanten vor.
Der war überhaupt nicht aus der Ruhe zu bringen, schaute nur kurz verwundert über seine Brillengläser und stellte ganz überrascht seiner Sekretärin die Frage:
»Frailein Piwonka! Sie ham Herrn Behm noch nicht seine Rolle gegeben? Er spielt doch in der *Fledermaus* den Baron Oscar!«
Straußkenner wissen, daß in der ganzen Operette kein Baron Oscar vorkommt! Ich war also entsprechend neugierig auf meine neue schauspielerische Aufgabe.
Am nächsten Vormittag wird mir bei der vierten Probe ein kleines Zettelchen überreicht – so unscheinbar, als hätte man es aus einem Notizbüchlein herausgerissen. Darauf stand in Druckbuchstaben BARON OSCAR... MAX BÖHM. Ich dreh den Zettel um und lese: BARON OSCAR tritt ein mit den übrigen. Er hat einen eleganten Frack an und ruft, zur Gesellschaft gewendet: »Prinz Orlofsky versteht es doch immer wieder, seine Feste glanzvoll zu gestalten!« Aus. Ende des Prosatextes. Alles andere blieb, wie gehabt »Duidu, duidu, lala lalalala«.

»Es lebe Champagner der Erste«, »Die Majestät wird anerkannt, anerkannt« usw.
Stundenlanges Singen als Chorist, nur hatte ich jetzt einen Namen auf der Darstellerliste: BARON OSCAR!
Es war übrigens: der einzige »Oscar«, der je einem Schauspieler in Böhmen verliehen wurde.

Das Wunder im Festspielhaus

Tourneen

Im Frühjahr 1936 lernte ich Jesus Christus kennen.
Er sah genauso aus, wie er am Bild über dem Bett meiner Großmutter mit seinen Jüngern sanft durch das Ährenfeld gewandelt war: Bart, Mittelscheitel, langes, leicht gewelltes, kastanienbraunes Haar, milde Augen, segnende Hände, linnenes Gewand und Sandalen.
Herr Georg Faßnacht – so lautete sein bürgerlicher Name – hatte sein Leben lang in siebzehn Sprachen den Sohn des Herrn gespielt, und diese Tätigkeit hatte sein Äußeres und sein Wesen geprägt.
Ältere Damen hielten auf der Straße plötzlich inne, wenn sie seiner ansichtig wurden, und dachten lange nach: »Den kenn ich doch von wo?« Verwundert und mit einem frommen Ausdruck blickten sie ihm versonnen nach. Jede Großmutter hatte ja »sein Bild« über dem Bett hängen.
Das Unternehmen nannte sich »Freiburger Passionsspiele«, und man suchte dringend einen neuen Jünger Johannes!
An den sudetendeutschen Bühnen waren die Spielzeiten meistens auf Herbst und Winter beschränkt. Die Schauspieler mußten sich also für den Sommer rechtzeitig nach irgendeinem Engagement umsehen, um überleben zu können.
Und da kam mir dieses Tourneeangebot gerade recht.
Die Reise sollte uns auf Monate durch alle Orte Böhmens und Mährens führen und begann geradezu pompös im großen Wallenstein-Festspielhaus zu Eger mit 300 Mitwirkenden vor fünftausend andächtigen Zuschauern.

Unser Chef war amerikanische Maßstäbe gewöhnt, hatte er doch die Leiden Christi eineinhalb Jahre allein in Chicago vorgeführt. Er zeigte uns Bilder und Pläne seiner USA-Super-Inszenierung: Die Amerikaner hatten da eine ganze Stadt hingebaut. Mit Tempel und Haus des Hohepriesters Kaiphas. Mit Ölberg und Garten Gethsemane. Mit Palmen und Golgathahügel.
Faßnacht verwandelte nun mit phantasievollen Kostümen – seine Vorräte schienen unerschöpflich zu sein – ganze Schulklassen und katholische Vereine in das Volk von Jerusalem.
Es begann wie ein Broadway-Musical: Bei brausender Orgelmusik zog Jesus mit seinen treuen zwölf Aposteln in Jerusalem ein. Das »Volk« rief Hosianna und wedelte dekorativ mit Palmwedeln.
Als Überraschung für das Premierenpublikum hatte unser Superstar außer dem obligaten Esel für diese Szene von einem unweit von Falkenau gastierenden Wanderzirkus ein altes, müdes Dromedar ausgeliehen. Das arme Tier schien sehr verwirrt über den ungewohnten Trubel – wohl auch über den überraschenden Auftrittsapplaus – und benahm sich sehr unanständig: Es hinterließ ungeniert mitten auf der Bühne, vor dem Eingang zum Tempel, einen ansehnlichen Haufen, der uns natürlich (da bei den Proben nicht vorgesehen) im Verlauf des Weihespieles einige Male empfindlich störte.
So mußte die Heilung des Blinden um etwa zehn Meter weiter nach rechts verlegt werden. Und die Hohepriester versuchten diskret bei ihren diversen Gängen über die riesige Bühne jedes Mal große Bogen um das unerwünschte Hindernis zu machen.
Erst bei der Abendmahlsszene konnte es – für die Zuschauer unsichtbar – unter den mit langen Tüchern bedeckten Tischen weggeschafft werden.

Trotz des Extempores vom alten Zirkusdromedar war dem Abend ein großer Erfolg beschieden, und ich sah als Lieblingsjünger phantastisch aus mit meinen langen, blonden Goldlokken, mit dem himmelblauen Seidengewand und der roten Schärpe.

Wir hatten lange und sehr intensiv probiert. Der Regisseur und Hauptdarsteller war ausgedehnte, ermüdende Proben gewöhnt, und wir kamen immer seltener zum Mittagessen.

Da verschaffte uns ein genialer Einfall des Johannes – ich hatte schon immer den Schalk im Nacken – eine wohlverdiente Ruhepause:

Einmal mitten in der emsigsten Probenarbeit – es war mittlerweile vier Uhr nachmittag geworden – ertönte plötzlich eine wunderbare Musik, das Licht verlöschte geheimnisvoll bis auf einen strahlenden Scheinwerfer, der von der Mitte oben grell ein Stück Papier beleuchtete, welches, an einem langen Bindfaden befestigt, langsam und feierlich niederschwebte bis zum Regietisch des Meisters.

Alle Mitwirkenden waren instruiert, knieten sich zur malerischen Gruppe nieder, falteten die Hände und blickten innig in das Licht, welches direkt aus dem Himmel zu kommen schien.

Am Zettel las ER folgenden Befehl: »Schauspieler sofort zum Essen schicken! Der liebe Gott.«

Und als SEIN Sohn mußte ER natürlich dieses Gebot sogleich befolgen.

Maria saß ergriffen im Kino

Es gab auf dieser Tournee keine Situation, die Georg Faßnacht nicht sofort beherrscht hätte. Wenn irgendwo noch so ein Chaos auszubrechen drohte – er stand wie ein Fels in der Brandung, und die Vorstellung nahm ihren Verlauf.
Er wußte natürlich sämtliche Bibelsprüche des Neuen Testamentes auswendig und verwendete sie allsogleich, wenn irgend etwas Unvorhergesehenes passierte.
Ich erinnere mich noch an die denkwürdige Aufführung in Bodenbach.
Wir Jünger standen versunken am Ölberg.
Ein geschickter Beleuchter hatte eine stimmungsvolle Abendröte auf den Horizont gezaubert. Silhouetten von Palmen. Olivenhaine und Hügel in der Ferne. Frieden.
ER wendete sich sanft uns zu, deutete nach der Seite und sprach also: »Seht, meine Brüder, dort kommt Maria!« Aber es kam keine Maria. Sondern die Frau Krahulec stand aufgeregt in der Kulisse, eine zaundürre Garderobenhilfe, zuckte mit den Achseln und flüsterte: »Leider! Ins Kino is sie 'gangen, die Maria! Und is noch nicht retour!«
Die Darstellerin der Jungfrau – sie hieß privat auch Maria – hatte angenommen, die Vorstellung finge erst um acht Uhr an wie immer. Dabei mußten wir in Bodenbach aus irgendeinem Grund bereits um halb acht beginnen. Und sie hatte das vergessen!
Wie gesagt: nichts konnte unseren Meister aus dem Konzept bringen. Er blickte mild auf den Abendhimmel, seufzte tief und sprach also: »Wahrlich, ich sage euch, die Stunde ist gekommen, in der das Lamm zur Schlachtbank geführt wird ...«
Er ging zu jedem einzelnen, blickte ihm tief in die Augen und sagte so eindrucksvoll wie möglich irgendein Bibelzitat, welches ihm gerade einfiel, bis niemand mehr an die angekündigte Maria dachte, die vermutlich jetzt erst aus dem herzzerreißen-

den Rührstück *Mazurka* mit Pola Negri kam, welches damals in Bodenbach das Stadtkino füllte.
ER aber segnete uns, ging gemessen und sehr bedeutungsvoll ab und – wir trauten unseren Augen kaum – zog selbst ganz langsam den Vorhang zu!
Die Situation war gerettet.
Wir lernten auf dieser Gastspielreise vor allem eines: die Kunst, sich vollkommen zu beherrschen. Bei einem Schwank darf man als Schauspieler schon einmal über eine komische Situation privat lächeln, aber doch niemals bei einem Passionsfestspiel!
Wir blieben auch beim unerwarteten Zwischenfall ernst und würdevoll.
Maria aber – als sie von ihrem versäumten Auftritt vernahm – setzte sich kreidebleich in ihren Garderobensessel und weinte bitterlich.

Vergebung der Sünden

Einmal – es war beim Gastspiel im Stadttheater Gablonz an der Neiße – war kein Brot da! Der Herr Requisiteur hatte das wichtigste Requisit für das Abendmahl-Bild vergessen!
Auf der Vorderbühne rief bereits der Hohepriester Kaiphas dem Volke zu: »Der von Nazareth ist des Todes schuldig!«
Da sahen wir nur unseren Chef aufspringen, hinausrennen, zurückkommen und – schon geht der Zwischenvorhang langsam auf. Verzücktes Raunen in der Menge: Wir Apostel waren zu Beginn dieses Bildes zunächst so gruppiert wie die Figuren auf dem weltberühmten Gemälde von Leonardo da Vinci.
Edle Musik. Scheinwerfer auf das blendendweiße Tischtuch. Da lagen ... und da soll einer ganz ernst bleiben?
Unser Regisseur hatte – wie gesagt – die paar Sekunden, die ihm noch verblieben waren, dazu benützt, von der Bühne zu rennen. Und – o Wunder – just in diesem Augenblick war ein ehemaliger

Chorsänger vorbeigekommen, der, seit er die Stimme verloren hatte, mit einem Bauchladen voll Knabbergebäck von Lokal zu Lokal zog. Unser Gastspiel hatte ihn aber interessiert, und er wollte seine alte Wirkungsstätte besuchen. Faßnacht hatte ihm geistesgegenwärtig eine Tüte mit Salzbrezeln entrissen, ihm rasch zugeflüstert: »Ich zahle später!« und war schon wieder auf der Bühne als geliebter Mittelpunkt der Tischgesellschaft.

In Reichenberg gab's einen katholischen Frauensingverein, der eingeladen wurde, während der traurigen Szenen hinter der Bühne fromme Lieder zu singen.

Eine der Damen sagte einmal gerührt und von unserem Spiel ergriffen zu den zwölf Herren: »Ich hätt von meinem Seligen noch eine gute Flasche Wein zuhause. Ihr habt so wunderbar gespielt – ich spendiere euch diesen Wein für den Kelch, in dem ihr Armen ja nie wirklich was drin habt. Einverstanden?«

Keiner dachte sich was Böses dabei. In einen Weinpokal gehört schließlich Wein. Und unser Spiel kann ja dadurch nur noch überzeugender werden.

Sonntagnachmittagsvorstellung.

Die Szene kommt dran. ER gibt mir, SEINEM Lieblingsjünger, den Kelch zuerst und ich – durch die neugierigen Blicke meiner Mitapostel ermuntert – setze an und trinke, trinke, trinke, bis kein einziger Tropfen mehr im Kelch ist!

Nun hatte ich nicht gewußt, daß es ein ganz besonderer, sehr schwerer, südspanischer alter Malaga war, der mich nun völlig außer Betrieb setzte. Ich wußte kaum mehr, was rings um mich geschah.

Die Kollegen teilten sich mit leisem Groll meine Sätze untereinander auf. Ich war nicht mehr imstande, auch nur ein einziges Wort zu sprechen.

Zwischen den beiden Vorstellungen wurde ich gelabt, mußte kalt duschen, starken Kaffee schlürfen, Pillen schlucken, so daß ich für die Abendvorstellung als Jünger Johannes halbwegs wieder einsatzfähig war.

ER war verständnisvoll und hatte mir meine Sünde vergeben, bevor ich ihn um Verzeihung bat.

Jesus und seine sieben Apostel

Ich hatte überhaupt den Eindruck, daß dieser eigenartige Mensch durch die jahrelange Verkörperung der Christusfigur so etwas Unwirkliches, so etwas Versöhnliches, zutiefst Menschliches bekommen hatte.

Er teilte die riesige Wurst, die ihm eine freudige Geberin spendiert hatte, selbstverständlich in zwölf Teile und reichte jedem von seinen Jüngern ein Stück davon.

Er hat nie an sich gedacht, nur an die anderen.

Wenn ich ihn aus meiner heutigen Sicht schildern soll, dann fallen mir die »Blumenkinder« der siebziger Jahre ein. Ja! Er war der erste, echte Hippie, der mir im Leben begegnet ist!

Und er war so liebenswert, wir waren gern bei ihm. Wir waren jung. Wir waren erfolgreich. Und noch bekamen wir regelmäßig unsere Bezüge.

Wir reisten mit Begeisterung mit in die verschlafenen Städtchen und idyllischen Dörfer.

Und in den ersten paar Wochen war dem ganzen Unternehmen auch leidlich Glück beschieden, aber leider wurde dann das Passionsspiel immer mehr zu einer Leidensgeschichte des Konzessionärs: Unser kleiner Intendant aus Eger hatte sich dabei vollkommen verspekuliert! Der Besucherstrom wurde zunehmend spärlicher.

Zuerst wurde der herrliche Kostümfundus verkauft, dann reduzierten wir das Personal und gastierten in immer kleineren Ortschaften.

Dann verließ so mancher Schauspieler, der schon längere Zeit kein Geld mehr gesehen hatte, von sich aus die Pleitetruppe. Im nordböhmischen Ort Eulau waren wir nur noch sieben Apostel,

die in der dortigen Kirche auftraten. Vielleicht glauben ältere, fromme Leute aus Eulau heute noch daran, daß der Herr Jesus einst nur mit sieben Jüngern auf Erden gewandelt ist. Sie haben es ja selbst im Jahre 1936 in ihrer Kirche gesehen und mitgezählt! Im selben Jahr, als der Herzog von Windsor die Wally Simpson geheiratet hat, als Max Schmeling den Joe Louis k.o. schlug, als Mussolini die Achse Berlin – Rom gründete.
Aber vor Eulau gab's noch einmal ein letztes Aufflackern: die vorletzte Station vor dem Ende war meine Heimatstadt Teplitz-Schönau. Faßnacht hatte das ganze Spiel mit einigem Aufwand aufpoliert, Rollen umbesetzt. So spielte ich – da ich als Johannes im 17. Bild nicht beschäftigt war – auch den König Herodes! Ich, mit meinen zwanzig Lenzen, ward zum lüsternen, häßlichen Herodes! Ich hatte mir einen seltsamen, schmierigen Bart geklebt und kam mir vor wie ein etwas schmalbrüstiger Emil Jannings.
Die Szene spielte sich so ab:
Ich hocke auf einem güldenen Thron, um mich sind exotische Sklaven, die mir mit Palmwedeln Luft zufächeln – die Palmwedel hatten wir noch nicht verkauft. Auf den Stufen vor mir einige verschleierte Damen wirkungsvoll gelagert. Vermutlich sollte das so eine Art von zügellosem »Gelage« darstellen?
Ich hatte einen Becher in der ringgeschmückten Hand und sollte den mir vorgeführten Jesus von Nazareth verspotten: »Bist du wirklich Gottes Sohn, dann mache, daß es hier im Palaste ganz finster werde!« Und, weil es auf mein Geheiß nicht finster wird, kommt ein großer Monolog des Herodes von circa sieben Minuten, in dem ich ihn verhöhne. Und am Ende des Textes sage ich nur geringschätzig: »Führt ihn zu Pilatus!«
Und was passiert ausgerechnet in meinem Heimattheater, wo mich jeder im Zuschauerraum kannte?
Die Kollegen sind zum Beleuchter hinaufgegangen, haben mit ihm getuschelt, und als ich sage: »...mache, daß es hier im Palaste ganz finster werde!«, da haben die plötzlich auf der

Beleuchterbrücke sämtliche Hebel gezogen, die »wilde Jagd« aus dem *Freischütz* ist vorbeigezogen, dann der »Walkürenritt« aus Wagners Werk. Ein furchtbares Gewitter begann zu toben, und dann wurde es ganz, ganz finster!

Ich hab blitzschnell überlegt: Für das Publikum hat ER tatsächlich ein Wunder vollbracht. Es war, wie ich es als König gefordert hatte, finster geworden – ich kann ihn also jetzt unmöglich verhöhnen.

Es wird wieder hell, und ich sage nur beiläufig: »Ach was, führt ihn zu Pilatus!« Aus. Vorhang.

Vielleicht wunderten sich die Besucher damals noch lange, warum für diese halbe Minute Spiel so ein Aufwand getrieben wurde, warum es ein eigenes Bühnenbild gab und warum sich für die wenigen Sätze so viele Statisten auf der Bühne tummelten.

Es konnte doch keiner ahnen, daß meine lieben Kollegen mit mir nur ihre losen Scherze getrieben hatten.

Eine Chuzpe! Schließlich war ich ein grausamer, jüdischer König, vor dem sie eigentlich angsterfüllt hätten zittern müssen. Aber ich hatte ihnen längst schon verziehen.

Das Häuflein der sieben Aufrechten kam eines Tages nach Salesel an der Elbe und blieb dort hängen: ohne Geld zur Weiterreise, ohne Geld für das Hotel, ohne Nahrung. Der Mut und der Konzessionär hatten alle verlassen. Ich konnte einmal aus Teplitz Hilfe bringen: Aus Großmutters Speisekammer hatte ich zehn Kilo Kakao entwendet. Die Tapferen lebten eine Woche lang nur von Kakao, früh, mittags und abends, bis es zur unvermeidlichen Dauerverstopfung aller kam.

Ich blieb eine Weile bei ihnen, dann beorderte mich ein mitleidiges Telegramm nach Prag. Ich sollte am Deutschen Theater dem berühmten Paul Barnay vorsprechen.

Geglückter Start

Reichenberg

Mein Weg zum Komiker war ziemlich klar vorgezeichnet, wenn ich auch vorher einige kleine Umwege gehen mußte.

Sommer 1936. Die große Olympiade hatte die Jugend der Welt nach Berlin gerufen, aber ich wurde an das Stadttheater in Reichenberg engagiert.

Nicht allein wegen meiner schauspielerischen Begabung, sondern ich war damals tschechoslowakischer Staatsbürger. Und der österreichische Kollege Harry Fuß hatte keine Auftrittsbewilligung bekommen! (Der gleiche Fuß, dem wir dann später in Wien an die Wohnungstür seiner Herzensfreundin das Schild »Fuß-Pflegesalon« klebten!)

Der große Paul Barnay, ein Theaterdirektor mit außergewöhnlicher Persönlichkeit, der aus politischen Gründen als Leiter der Breslauer Bühnen abgetreten war, wurde nun – ein Glück für Reichenberg – zum Chef des dortigen Musentempels bestellt. Er hatte aus Breslau großartige Schauspieler mitgebracht und zeigte für unsere Begriffe ein überdurchschnittliches Repertoire von fast großstädtischem Format.

Und ich durfte dabei sein!

Eröffnungsvorstellung *Neun Offiziere*. Noch einmal fand ich mich als Darsteller eines tragischen Schicksals. Die Rolle hieß Lombardo, und es handelte sich um einen jungen, sehr feurigen italienischen Offizier, der unbedingt kämpfen wollte, und man ließ ihn nicht in den Kampf ziehen!

Ich bin im Privatleben wohl das Unkriegerischste, was man sich denken kann. Ich mußte mein Äußerstes an Verstellungskunst

aufbieten, um diesen waghalsigen Eiferer zu spielen, der sich geradezu zerfranst vor kämpferischer Lust.
Im vierten Bild mußte sich nun der arme Lombardo durch Einnahme vergifteten Weines das Leben nehmen, nicht ohne vorher, immer mühsamer sterbend, seitenlange Monologe von sich zu geben, bittere Anklagen, warum sein Kriegsschiff ohne ihn weiterzog: »Kameraden! Nehmt mich mit in den großen Sieg!« – bis er endgültig, unter qualvollen Schmerzen sich am Boden windend, sein junges Leben aushaucht.
Bei einer der letzten Proben zu diesem Reißer ist es passiert.
Unser Prinzipal war zufrieden mit dem Ergebnis seiner Arbeit. Er kam nach der Vorstellung zu uns auf die Bühne und nickte beifällig mit seinem edlen Cäsarenschädel.
Dann hat er eine Runde Wein spendiert. Dann noch eine Runde. Und schließlich eine dritte. Ich hab nie viel Alkohol vertragen – Sie erinnern sich an den Kelch des Johannes? – und faßte in meinem Schwips den kühnen Entschluß, Herrn Direktor meine Rolle des Lombardo so vorzuführen, wie Hans Moser, Theo Lingen und Heinz Rühmann sie spielen würden. Das waren damals bei allen parodiebegabten Komödianten die drei geläufigsten Imitationen.
Ich kam mir dabei vor wie das Mäuslein in dem bekannten Witz, das sich im Rausch plötzlich frech den Schnurrbart zwirbelt und versucht, die Katze zu verführen.
Ich nuschelte schamlos drauflos wie Moser: »No habedehre, des Weinderl is vergiftet!? Ein miserables Tröpferl ...« Es folgte der berühmte Hustenanfall.
Dann fuchtelte ich theolingenhaft mit den Zeigefingern in der Luft herum und räsonierte nasal: »Warum, so frage ich, warum läßt man mich – so quisiquasi – nicht in die Schlacht?!«
Dann beendete ich ganz monoton und drollig-eigenartig à la Rühmann den großen Giftmonolog: »Is mir ganz egal! Muß ich eben ein bißchen sterben, nichwa Frollein? ... Und schon bin ich hin!«

Ich zeigte alle Nuancen, gab noch als Dacapo die Version Oskar Sima drauf (der alle Rollen mit einem einzigen onkelhaft-perfiden Ton spielte), bis sich unser großer Barnay die Tränen aus den Augen wischte. Um der Wahrheit die Ehre zu geben: »groß« stimmte nur bedingt. Er war ein sogenannter »Sitzriese«: Wenn er aufgestanden ist, war er genauso groß wie beim Sitzen! Wenn er gesessen ist, haben wir ihn sehr gefürchtet.
Jetzt im Augenblick stand er in unserer Mitte, und wir blickten ehrfurchtsvoll auf ihn herab.
Er ließ mich in sein Büro kommen, war wieder der Sitzriese, und ich wurde entsprechend schüchtern.
Er erkundigte sich: »Hat schon einmal jemand über Sie gelacht?« Die Passionsspiele konnte ich nicht gut als Referenz angeben und erwiderte: »Ja, Herr Direktor! Vorigen Winter in Eger!« Darauf meinte er nur: »Wie bringe ich die Leute von Eger hierher zu mir nach Reichenberg?«
Das End' vom Lied: Statt seinen Bannfluch zu schleudern wegen meiner unpassenden »Komödiantereien« sprach er die entscheidenden Worte: »Sie sind ja ein Komiker. Haben Sie das nicht gewußt? Ab heute spielen Sie bei mir alle komischen Rollen!«
Das war der bedeutsame Augenblick, in welchem ich fürs ganze Leben zum Spaßmacher entdeckt wurde.

Bei uns in Reichenberg

Bereits am nächsten Tag war die Stellprobe für den Boulevardschlager *Unentschuldigte Stunde*, in dem ich einen verhemmten, verklemmten Jüngling darzustellen hatte, der sich in der Konditorei mit seiner Liebsten trifft, sich aber nicht traut, ihr seine Liebe zu gestehen.
Von da ab ging's bergauf.
Die Qualität der Beschäftigung besserte sich von Mal zu Mal. Alle bedeutenden Lustspielrollen vom Dr. Jura in Hermann

Bahrs *Konzert* über den Heinrich Meisl in der *Spanischen Fliege* bis zum Traum aller jugendlichen Komiker, die Titelrolle in *Charleys Tante*, fielen mir zu wie reife Äpfel.
Natürlich war auch der tumbe Tor Junker Andreas Bleichenwang wieder dabei. Diese Rolle verfolgte mich in allen Theatern mit ihrem holden Irrsinn.
Besonders gern spielte ich für das ehrlichste, unverbildetste Publikum, das es gibt, für Kinder, *Till Eulenspiegel* (Titelrolle) und *Aschenbrödel* (nicht die Titelrolle).
In der *Puppenfee* mußte ich sogar tänzerisch agieren. Dirigiert hat dieses Ballett von Josef Bayer damals Kurt Herbert Adler, der später Operndirektor von San Francisco wurde.
Einmal bauten wir irgendein Märchen, weil es gerade im Dezember zur Aufführung kam, durch eine angehängte Szene zum Weihnachtsknüller um: Ich hatte als lustiger Hofnarr dem Herrn König und seinem Hofstaat einfach zu melden, daß der liebe Weihnachtsmann draußen wäre mit seinen reichen Gaben.
Alle staunten über den verkleideten Inspizienten, der mit einem Tannenbaum, auf dem elektrifizierte Kerzen brannten, bedächtig hereinschritt. Er zog einen großen Schlitten nach, auf dem eine Fülle von appetitlichen Weihnachtspaketen gestapelt war.
Alle sangen ein inniges Weihnachtslied, packten die verteilten Geschenke aus, und draußen vorm Schloßfenster begann der Papierschnitzelschnee zu rieseln.
Ich hatte bald herausgefunden, wie man die lieben Kollegen in fröhlichste Weihnachtsstimmung bringen konnte: Ich hatte in den Umkleidegarderoben ihre eigenen Accessoirs fein säuberlich zu Weihnachtspäckchen verarbeitet! Der Herr König erhielt im stimmungsvollen Schmuckpapier seine eigenen Hosenträger und Sockenhalter, die Frau Königin ihren privaten Büstenhalter und ihre Hemdhose, die Prinzessin ihre Gummigaloschen und ihre Abschminkvaseline und der Herr Prinz schließlich, mit

Tannenzweigerln versehen, seine eigene warme Unterwäsche und die Wollstrümpfe, die er vor der Vorstellung zum Trocknen auf die Heizung gehängt hatte.
Eine Stimme nach der anderen entfiel beim weihnachtlichen Chor, da sich die Darsteller über meinen Einfallsreichtum als Paketehersteller vor Lachen nicht mehr beherrschen konnten.
Ein Glück, daß alle Kinder im Zuschauerraum so laut und herzlich mitgesungen haben, sonst wäre diese Kindervorstellung vielleicht bis zum Beginn des Zweiten Weltkrieges noch nicht zu Ende gebracht worden.
Im Gasthaus »Pelikan« gab es einen tschechischen Oberkellner, den wir nur Herr Wenzel nannten. Der muß was gegen mich gehabt haben.
Er war permanent unwirsch zu mir, ließ mich am längsten auf das billige Menü warten und servierte dann mit äußerstem Unbehagen. Er war mit einem Wort an meiner Person völlig uninteressiert.
Eines Tages kam mir die Idee, ihn durch eine Freikarte zum neuesten Operettenschlager des Stadttheaters ein wenig wirsch zu stimmen. Er nahm die Karte ohne Dank, ohne Gruß, ohne Kommentar.
Am nächsten Mittag kam ich wieder als hungriger Gast in den »Pelikan« und – mußte genauso lange warten wie immer! Seltsam, denke ich, ich war doch gestern so besonders gut.
Ich nütze eine seiner wenigen Verschnaufpausen und frage den Herrn Wenzel freundlich: »Na? Wie hat's Ihnen gefallen gestern abend?«
Sagt er: »No alsdann, diese Stiefeln, die was Sie da gestern in dritten Akt ang'habt ham, die ham mir so gefall'n! Seit Jahren such ich in ganz Reichenberg solchene! Sag'n S', wo gibt's die zu kaufen?«
Ich habe ihm still die Adresse des Stiefelerzeugers gegeben und habe dann doch das Lokal gewechselt. Man soll nichts erzwingen wollen.

Sehr bald avancierte ich zum zweiten Operettenbuffo – zum ersten fehlte mir die Liebe zur Tanzerei. Ich stellte mich immer schwerfälliger, als ich wirklich war, um den ermüdenden Tanzproben zu entgehen. Aber als Graf Bobby in der Revue *Auf der grünen Wiese* kann man auch als kleiner »Elefant« Erfolg haben.

Am ersten Operettenprobetag kam mir eine mondäne, schick ondulierte Blondine entgegen: die erste Sängerin!

Sie war immer Grande dame und ging nie ohne weiße Handschuhe, um mit dem gemeinen Alltags- und Bühnenschmutz nicht in Berührung zu kommen. Sie duftete schon von weitem verwirrend nach Paris und seinen tausend Sünden.

Als sie meinen Namen erfuhr, fragte sie belustigt: »Doch nicht etwa der Sohn des Teplitzer Kurarztes?« Als ich bejahte, bestrahlte sie mich mit ihrem ganzen verfügbaren reifen Charme und meinte mit einem gewissen erotischen Unterton in der Stimme: »Also, das freut mich ganz besonders! Ich verdanke nämlich Ihrem zauberhaften Herrn Papa so viel Schönes!« Und ihr Lächeln wurde noch vielsagender.

Da schau her! Mein alter Herr war also nicht immer nur streng und unterkühlt gewesen?

Eine neue Erkenntnis: Seine von Mama gerügten Liebschaften begann ich als Kavaliersdelikte zu begreifen.

Mein Gott, warum nicht?

Er hatte eben auch seine kleinen Schwächen und war schönen Frauen gegenüber gar nicht abweisend.

Na und? Wenn schon.

Diese Begegnung stimmte mich versöhnlicher ihm gegenüber, und ich konnte ihn auf einmal etwas besser verstehen.

Die blonde Duftdame behielt jedesmal, wenn sie meiner ansichtig wurde, ihr tiefgründiges Lächeln.

Ich gefiel dem Reichenberger Publikum als Operettengigerl gut.

Vor allem gefiel ich meiner Partnerin, dem feschen Soubrettenkobold Trude. Zeitungen hatten geschrieben: »Die beiden müßte man öfter zusammen sehen.« Diesen Gefallen haben wir ihnen gern getan.
In Abrahams Erfolgsschinken *Viktoria und ihr Husar* waren wir ebenfalls ein Paar auf der Bühne und dann auch im Privatleben. Um es poetisch auszudrücken: Trude war die allererste Frau, die mich – den bereits Einundzwanzigjährigen! – endlich in jenes Wunderland einführte, welches der sehr kundige Altmeister aus Frankfurt so beschrieb:

> Die Ehrfurcht wirft mich ihr zu Füßen,
> Die Sehnsucht mich an ihre Brust.
> Sieh, Jüngling, dieses heißt genießen,
> Sei klug und suche diese Lust!

Ich war klug. Und hab gesucht. Und gefunden. Ich war ein sehr gelehriger Schüler.
In der Operette *Olly Polly* brachte ich eine an sich unbedeutende Nebenrolle zum rauschenden Erfolg. Wieder beflügelte mich mein Talent zum Parodieren zu einem »Hit«. Ich spielte den Hoteldetektiv in Maske und Gehabe des großen blonden Hans von der Waterkant. Ich hatte den Anzug mit den größten Karos ausgesucht und viel Goldstaub in den Haaren und die Augenhöhlen irrsinnig blau geschminkt.
Die Zuschauer bogen sich vor Lachen, als ich den nichtssagenden Operettensatz »Hände hoch, Mr. Brown! Sie sind also der Dieb, der uns seit Wochen zum Narren hält. Folgen Sie mir unauffällig!« mit rauher, whiskygebeizter Stimme im Tonfall des »Supermannes« Hans Albers brachte: »Junge, Junge! Nehm' Sie gefälligst die Flossen in die Höh', Mister Brown, Sie Loch in der Natur! Sie sind das verdammte Schwein, das mir seit Wochen auf meinem großen Niesrohr herumtanzt? Hau'n Sie ab ins Kittchen, Sie bekloppter Niemand! Denn: hoppla, jetzt komm' ich – der Sieger, der Draufgänger, der Greifer, der Draufgreifer!«

Dabei preßte ich die Luft aus meinen Nüstern wie ein Pferd. Als würde mich der Überfluß an Energie schier zersprengen – seine Freunde wußten, daß es der Alkohol war.
Tosender Applaus, der einem Erzkomödianten in den Ohren wohltut wie anderen ein ganzes Chopinkonzert.
Zum Ohrwurm der Saison wurde Fred Raymonds Operette *Saison in Salzburg*. Darin werden bekanntlich die Salzburger Nockerln, jene duftigen Mehlspeisköstlichkeiten aus der Stadt an der Salzach, besungen, und jeder in Reichenberg summte in diesen Tagen vergnügt diesen Schlager.
Auf allen Litfaßsäulen der Stadt prangte der Lockruf »Salzburger Nockerln«. Die Dienstmädchen trällerten den Schlager beim Geschirrabwaschen. Undenkbar, daß einer die »Salzburger Nockerln« nicht kannte.
An einem Sonntagvormittag kommt der Hutfabrikant Skriwanek zur Kasse und sagt: »Bittschen, Frailein, geb'n S' mir zwa Kort'n für haite.« Fragt die Kassendame: »Für nachmittag für *Spanische Fliege*?« Sagt er: »Nein, fir am Abend fir das Stick *Wiener Nudeln*.«
Er hat nur noch gewußt: aus Österreich war's und was zum Essen.
An diese Wiener Nudeln muß ich seither immer denken, wenn im Radio der schwungvolle Walzer von den Salzburger Nokkerln erklingt.

Der Mann, die Frau, der Hausfreund

Sehr beliebt bei den Reichenberger Abonnenten waren auch gute Boulevardstücke. Und es war für den Erfolg unwichtig, ob nun drei, vier oder fünf Personen mitspielten.
Es gab allerdings Theaterleiter, bei denen wir Gastspiele absolvierten, die sehr viel Wert darauf legten, daß der Theaterzettel mit vielen, vielen Namen gespickt war, um ihr Publikum anzulocken.
Da gab es ein Dreipersonenstück – der Titel ist mir leider entfallen –, mit dem wir im Waldtheater Bürgstein gastieren sollten. Der Direktor sah unser Programmheft und sagte: »Des kennts bei mir net moch'n! Der Mann, die Frau, der Hausfreund ... und sonst nix? Meine Stammgäst' san verwöhnt. Da miss'n mindestens zwanz'g Namen am Plakat steh'n, sonst kommt ka Mensch!«
Was hat sich nun unser findiger Tourneeleiter einfallen lassen, um den Abstecher doch noch zu ermöglichen? Er verpflichtete Chor und Ballett des Waldtheaters – die wären ja an diesem Abend ohnehin beschäftigungslos spazierengegangen – und ließ auf die Plakate folgende »Personen der Handlung« drucken:

Der Ehemann .... Herr Soundso
Die Ehefrau........... Frau Soundso
Der Hausfreund .... Herr Soundso

Und jetzt erfand er ein Traumpersonal dieser Familie, jedesmal mit Nennung der Künstlernamen:

Der Gärtner ....
Der Klavierlehrer ....
Die Köchin ....
Der Chauffeuer ....
Der Butler ....
Die Zofe ....

2 Lakaien . . . .
Das Stubenmädl . . . .
Der Hausmeister . . . .
Dessen Gattin . . . .
Das Kinderfräulein . . . .
Der Gutsverwalter . . . .
Dessen Gattin . . . .
etc.

Der Beginn der Aufführung war entsprechend turbulent: etwa zwanzig fröhliche Personen bevölkerten die Bühne des Freilufttheaters. Sie standen im Halbkreis um Ehemann und Ehefrau mit Sektgläsern in den Händen und riefen jubelnd: »Hoch! Hoch! Hoch!«
Einer trat vor – es war der »Gutsverwalter« – und winkte allen zu, sie sollten schweigen. Dann rief er: »Unserm verehrten gnädigen Herrn alles Gute zum heutigen Geburtstag!«
Alle hoben wieder die Sektgläser und wiederholten eigensinnig und einfallsarm: »Hoch! Hoch! Hoch!«
Der Darsteller des Ehemannes trat gerührt nach vorn und sagte: »Dank, ihr Lieben! Euer Geburtstagswunsch hat mich überrascht! Geht nun alle! Ich habe für euch nebenan ein reichhaltiges Buffet herrichten lassen!«
Unter erneuten »Hoch! Hoch! Hoch!«-Rufen gingen alle wohlgelaunt ab, und das Stück begann so wie immer: Der Mann und die Frau und der Hausfreund führten ihre heiteren Problemchen vor. Und nie mehr an jenem Abend kam das umfangreiche Personal zum Vorschein. Die Damen und Herren von Chor und Ballett waren längst nachhause gegangen.
Selbst auf die Gefahr hin, daß Sie mich eines Plagiates meiner eigenen Berichte zeihen – bei einer mährischen Tourneebühne ist in jenen Tagen eine sehr ähnliche Geschichte passiert, die aber so nett ist, daß es sich durchaus lohnt, sie der Vergessenheit zu entreißen.

Man war mit dem damals sehr gewagten Dreipersonenstück *Der Weibsteufel* von Karl Schönherr auf Reisen gegangen: eine Dekoration, drei Darsteller – das bekommt man leicht in ein einziges Auto hinein und los geht's.
In irgendeinem kleinen Ort bei Olmütz verweigerte der gestrenge Herr Pfarrer die Aufführung! *Der Weibsteufel* käme auf gar keinen Fall in Frage. Hochwürden hatte bereits von diesem schamlosen Frauenzimmer gehört. Und überhaupt gäbe es unglaubliche Vorkommnisse in diesem Teufelsstück. Er wolle seine Gemeindeschäflein vor diesem unsittlichen Unternehmen bewahren: Ehebruch!
Der gefinkelte Gastspieldirektor erkundigte sich scheinheilig: »Würden Sie uns das Erfolgsstück *Am Teetisch* erlauben, Herr Pfarrer?« Der wackere Gottesmann war damit einverstanden: *Am Teetisch* klang sehr ordentlich und harmlos.
Und überall wurde nun in diesem Ort das Theatergastspiel mit dem urwüchsigen Lustspiel *Am Teetisch* angekündigt.
Voller Saal. Der Vorhang geht auf.
Zwei Männer sitzen an einem Tisch. Der Schmächtige fragt den andern: »Hörst, Jaga, host du dein' Tee scho aus'trunken?« »Jo freilich«, sagt drauf der Stämmige, »aber gib mir no an Tee – der is sakrisch guat, der Tee!« Und nach einem genießerischen »Aaah!« von beiden Teetrinkern nahm die Vorstellung ihren gewohnten Verlauf. Und das war natürlich der *Weibsteufel* von Schönherr, nur hatten das weder der Herr Pfarrer, der sich königlich unterhielt, noch die braven Mitglieder seiner Gemeinde erkannt!
Und – so Gott will – sind sie nie auf den Schwindel draufgekommen.
Amen.

Paul und Paul gesellt sich gern

Brettltalente

Sommerengagement an die Kurtheater von Marienbad und Karlsbad. Heitere Entspannung für die Kurgäste. Beliebter Tummelplatz prominenter Gaststars aus der ganzen Welt. Wirkungsvollste Schulung für junge Schauspieler – wie sehr fehlt heute dem Nachwuchs die sudetendeutsche Provinz! Welche unerhörte Routine bekam man bei dem rasanten Repertoirewechsel: »Du mußt heut' abend den Turnlehrer spielen! Ein Kollege ist erkrankt!« *Flachsmann als Erzieher*: da lernte man die Rolle während der »Lehrerkonferenz« so zu lesen, daß die Zuschauer das Textbuch für ein harmloses »Klassenbuch« hielten – und der Herr »Turnlehrer« wußte kaum, wovon das Stück überhaupt handelt!

Ich spielte täglich etwas anderes: Verbrecher, Diener, Reporter, Greise, Gerichtsvollzieher, einen Malayen usw.

Im Schwank *Frau Pick in Audienz* beim Gastspiel von Gisela Werbezirk war ich ein verfressener Soldat, der von ihr in der Küche gemästet wurde. Die explosive Wirkung der großen Komikerin war beispiellos. Als sie nach Amerika in die Emigration gehen mußte, soll sie den berühmten Satz gesagt haben: »A Land, wo man meinen Vornamen Scheisela ausspricht, is für mich kein Land!«

Paul Morgan kam aus Wien mit einem großen Kabarettabend: »Sagen Sie, Direktor, haben Sie nicht einen jungen Begabten in Ihrem Ensemble, der heute abend einspringen kann? Einer meiner Komiker mußte wegen privater Zores zuhause bleiben.«

Welcher Stolz, als der Chef, Oskar Basch, auf mich zeigte und sagte: »Der schafft das mit einer Probe!«
Großer Lachabend. Großer Erfolg. Stegreifeinfälle im Sketch *Die eiserne Jungfrau*. Morgan nickte anerkennend: »Der Bursch wird seinen Weg machen!«
Das sind die ersten Triumphe, die das Selbstbewußtsein ungemein stärken. Als würde ein Vogeljunges flügge und traut sich, zum erstenmal das Nest zu verlassen.
An diesem Abend ist der damals hochberühmte Chansonnier Paul O'Montis aufgetreten und gestaltete frivole, parfümierte kleine Kunstwerke mit seinem weißen Strohhut am Kopf, dem Monokel im Auge und seinen femininen Handbewegungen. »Kommen Sie alle morgen zum großen Sommerfest! Es wird sehr warm sein – ich bin auch da!«
Als er mit dem schwülen Repertoire über Dessous und französisches Liebesgetändel zu Ende war: frenetischer Applaus! Paul O'Montis bat um Ruhe im Saal und flötete: »Mein reizender Namensvetter Paulchen Morgan wird Sie jetzt weiterbetreuen – ich selbst komme am Schluß noch einmal zu Ihnen auf ein Viertelstündchen, ja? Tschüschen!« Kußhändchen von Paul zu Paul. Tatütata. Neckischer Abgang. Paul Morgan beginnt zu extemporieren: »Ich weiß nicht, die Damen sind immer so nett zu mir in Marienbad...?!« Rasender Beifall. Erst recht, als Morgan ganz naiv fortsetzt: »...ich geh neulich auf der Esplanad spazieren, kommt eine Dame zu mir und sagt...« Und schon war er wieder im gewohnten Repertoire.
Da konnte man lernen, lernen, lernen bei diesen großen Könnern, was z.B. ein guter Conférencier vermag, wenn er sich mit Intelligenz und Routine an unvorhergesehene Kapriolen und geistige Purzelbäume wagt.

Friedrich der Geistreiche

Der unbestrittene Meister von allen war der so bescheiden wirkende Fritz Grünbaum! Hat ausgeschaut, als könnt er nicht bis drei zählen. Ein kleiner, fast unbeholfener Mensch mit leiser, etwas singender Stimme – Typ: versponnener Literat. Dessen Klugheit, dessen begnadetes Brettltalent erst nach den ersten, überraschenden »Dolchstößen« blitzend zum Vorschein kamen.

Er nannte sich selbst einen »sich ängstlich verteidigenden Angreifer«.

Wie hinterlistig hat er den Armin Berg angesagt: »Ich kenn da so einen dicken jüdischen Buben noch aus der Volksschul in Hussowitz in Mähren. Der hat in der letzten Bank gesessen und immer gelacht und pausenlos Witz' erzählt. Dann is er ein junger Mann geworden und hat immerfort gelacht und pausenlos Witz' erzählt. Er wird heut abend wieder Witz' erzählen – es werden dieselben Witz' sein wie damals in der Volksschul in Hussowitz – er wird immer wieder seine Witz' erzählen. Man fragt sich unwillkürlich: Was wird der machen, wenn er amal erwachsen is?«

Wie überlegen war er dem jungen Karl Farkas:

»Sie haben doch sicher schon gehört von einem gewissen Rembrandt? Der war ein großartiger Meister der Malkunst. Der hatte natürlich eine Menge Schüler, die auch sehr gut waren, aber er, der Rembrandt, blieb natürlich immer der große Meister! Wenn Sie also einmal hören: der is gut, dieser Karl Farkas – denken Sie immer daran: er ist *mein* Schüler!«

An eine meisterhafte Grünbaum-Conférence über seinen ewigen Widersacher Farkas erinnere ich mich noch wörtlich. Ich war kurz auf Wienbesuch, und in der »Schiefen Laterne« (dem heutigen »Moulin Rouge«) hat mein Brettl-Guru gesagt:

»Meine Lieben! Sie haben doch sicher schon davon gehört, daß ein Mensch, der plötzlich einer drohenden Gefahr gegenübersteht, in Sekundenbruchteilen sein ganzes Leben an sich vorüberziehen sieht? Mir ist das heute so ergangen: In der Kärntnerstraße rast ein Automobil auf mich zu – ich wollt grad die Straße überqueren – und ich hab schon deutlich geseh'n, wie ich in Lebensgefahr und unter die Räder komm. Und in diesem Moment, als mein ganzes Leben an mir vorüberhuschte, hab ich ein Gelübde getan: Wenn ich heut noch einmal aus dieser Gefahr gesund herauskomme, werd ich ab jetzt immer zu allen Menschen gut und freundlich sein! Ich werd jeden Menschen – auch, wenn ich ihn nicht schmecken kann und er mir noch so auf die Nerven geht – behandeln, als wär er mein bester Freund! Als nächster im Programm kommt jetzt mein bester Freund Karl Farkas!«

Auch an einen weiteren unvergeßlichen und unvorhergesehenen Auftritt Grünbaums muß ich heute noch denken. Er hatte bei uns in Marienbad mit seinem Partner Farkas in der Kabarettrevue *Ali Farkas und die 40 Grünbäume* gastiert. Der kleine, große Fritz war als »Lulef, ein Teppichhändler« auf der Bühne, als plötzlich eine Kulisse umfiel und die übrige Dekoration zerstörte. Getuschel. Vorhang zu. Getuschel. Grünbaum tritt vor den Vorhang, um die technische Panne zu überbrücken. Und dieses scheinbar unbeholfene Gestammel von fast zwanzig Minuten wurde zum einsamen Höhepunkt des Abends.

Er verglich die damalige politische Situation mit einem Theater, in dem die Kulissen wacklig sind: »Nach außen hin sieht alles so wunderschön aus. Aber was is, wenn die notwendigen Sicherheitsmaßnahmen fehlen? Wenn nicht alles feststeht am Boden der Tatsachen? Der oberflächliche Beschauer denkt sich: es is eh alles in bester Ordnung, und plötzlich passiert etwas Unerwartetes – da schau'n alle blöd, und keiner weiß genau, wie es nun weitergeh'n soll...«

Es folgte ein Feuerwerk an geistvollen Pointen, in dem alles vorkam, was damals als Schlagzeilen von den Zeitungen herunterbrüllte. Er verband die beiden Meldungen »Aufrüstung in

Deutschland« (Görings Vierjahresplan) mit dem »Untergang des Abendlandes« (Oswald Spengler war verstorben). Er sagte zu dem eben herausgekommenen Buch von Sacha Guitry »Roman eines Schwindlers«: »Scho wieder ein Buch über den Goebbels«, und aus der Tatsache, daß Thomas Mann in die USA ausgebürgert wurde, machte er das Wortspiel: »Mann mußte emigrieren... ja wirklich: *man* müßte emigrieren.« Es kam die Weltausstellung in Paris genauso dran wie die Wiederwahl Roosevelts. Warum hat's damals noch keine Kassettenrecorder gegeben? Ich hätte das wertvollste Zeitdokument in Händen.
Er redete so lange, bis der Schaden auf der kleinen Bühne behoben war. Und um der Wahrheit die Ehre zu geben: dieser Auftritt war wirklich improvisiert! Ich habe diese Revue an fünf Abenden gesehen, und seine witzsprühende Tirade zur großen Weltpolitik fand nur an jenem Abend mit dem technischen Malheur statt!
Er wurde seiner eigenen Deutung des seltsamen Berufsstandes Conférencier gerecht. »Das is einer«, sagte er gescheit, »der dem Publikum möglichst heiter zu erklären versucht, daß es heutzutag eigentlich nix zu lachen gibt.«
Ein kleines Beispiel für die vielen Witze, die er selbst ersonnen hatte: Auf einem Bankett treffen sich zwei Diplomaten, beide mit Orden und Medaillen übersät. Der eine fixiert anerkennend die Auszeichnungen des anderen und fragt: »Sagen Sie, wo lassen Sie kämpfen?«
Ich schätze mich glücklich, daß ich diesen begnadeten Künstler einmal persönlich kennenlernen durfte!
Unweit von Marienbad gab es ein gutbesuchtes Ausflugslokal »Bellevue«. Und dort saß er mit seiner Gattin in der Sonne. Mit ihm der Farkas und Mitglieder des Ensembles. Und ich als gelehriger Adept paßte auf wie ein Haftelmacher.
Damals war auch schon privat eine gewisse Spannung zwischen den beiden Protagonisten bemerkbar. Grünbaum erzählte

irgendwelche, sehr witzigen Dinge. Alle lachten, nur der junge Farkas verzog keine Miene. Auf die Frage einer Ensembledame, warum er Grünbaums Plaudereien nicht auch komisch fände, murmelte er nur: »Ich werd erst lachen, wenn er weg ist!«
Ein angebliches Bonmot Grünbaums über den Farkas: »Dem sein Selbstbewußtsein möcht ich am Sonntag haben, was der unter der Woche hat!«
Vom Farkas ist mir – warum weiß ich nicht – nur noch eine blendende Antwort aus jener Zeit in Erinnerung. Auf der Bühne lief eine Gesellschaftsszene beim Kommerzialrat Sowieso. Die sehr häßliche Dame des Hauses sagte neckisch zum Farkas: »Verzeih'n Sie bitte, daß ich Ihnen meinen Rücken zukehre.« Darauf Farkas, vermiest: »Entschuldigen Sie sich lieber bei denen, denen Sie Ihr Gesicht zeigen müssen!« Diesen spontanen Einfall von damals hat er dann später im »Simpl« oft als Witz verwendet.
Wiesenthal und Engel, zwei damals sehr populäre Wiener Komiker, kamen ebenfalls nach Marienbad-Karlsbad. Aus der Schublade der Erinnerung ein winziger Dialog. Wiesenthal: »Ich hab dich gestern am Graben geseh'n!« Engel: »Ich war gestern nicht am Graben.« Wiesenthal: »Aha, da muß ich dich mit der Pestsäule verwechselt haben!«
Noch ein Erinnerungsblitz: Fritz Imhoff bestellte im Marienbader Theatercafé: »Geb'n S' mir ein Gulasch und die Adress' von einer guten Apothek'n!«
Max Hansen kam mit *Axel an der Himmelstür*. Ich spielte seinen Rechtsanwalt in der berühmten komischen Gerichtssaalszene. Beim Gastspiel von Hans Moser in *Mein Sohn, der Herr Minister* war ich sein Sohn, der Herr Minister. Er war im Stück der allerletzte – nämlich der Heizer im Ministerium –, aber in der Gestaltung dieser Rolle der Allerallererste.
Sie werden begreifen, daß es mir in diesem Kurtheaterengagement nur selten gelang, meine eigene, ganz persönliche Note zu finden. Bei so vielen leuchtenden Vorbildern konnte der zum

Parodieren begabte Anfänger bei jeder Rolle nur immer fragen: Wie würden Hans Moser, Fritz Imhoff, Otto Wallburg das anlegen?
Und ich imitierte alle stundenlang.

Es fing so harmlos an

Das vierblättrige Kleeblatt

Zweiter Reichenberger Theaterwinter.
Wieder unter Paul Barnay.
Ein junger, noch immer unerwachsener Spaßvogel trifft Gleichgesinnte: Walther, Otto und Edgar. Aus allen vier Windrichtungen waren wir hier zusammengekommen. Ungefähr gleich alt, ungefähr gleich verspielt, waren wir bald ein unzertrennliches vierblättriges Kleeblatt und stets in Laune, anderen etwas anzutun.
Es fing so harmlos an. Als Edgar in der Oper *Die Meistersinger von Nürnberg* mitwirken mußte – er war einer der vielen Meister und hatte auf die Nennung seines Meisternamens das eine Wort »Hier!« zu singen –, sprach das ganze Theater lachend von seinem Mut, die Generalprobe zu unterbrechen, um einen Scherz zu landen.
Er hatte seinen einzigen musikalischen Einsatz »Hier!« verhaut. Der Dirigent, Dr. Jalowetz, schüttelte mißbilligend seine Künstlermähne. Da trat Edgar ganz nach vorn an die Rampe und sprach laut in den Orchestergraben: »Tut mir leid, Herr Doktor, bei dieser Stelle hab ich in Bayreuth jedesmal einen Szenenapplaus!«
Welcher Wagemut, eine Opern-Generalprobe zu unterbrechen! Das mußte begossen werden.
Unser Stammtisch war im »Goldenen Löwen«, und wir kamen durch Zufall auf eine lustige »Schnapsidee«. Wir prosteten Edgar, unserem Opernfachmann, zu und riefen: »Auf deine Gesundheit, Edgar!« Als es dann zum Zahlen kam, erklärten wir

anderen drei starrsinnig: »Tut uns leid, diese Runde muß Edgar zahlen. Denn es war ja seine Gesundheit, auf die wir getrunken hatten, und nicht unsere!«
Dieser einfache, aber ergiebige Scherz wurde dann zur vielbelachten Gewohnheit. Wir visierten ein Opfer an, das den Trick noch nicht kannte, sprangen gleichzeitig auf – jeder hatte sein Schnapsglasl in der Hand –, und mit gewinnendem Lächeln prosteten wir dem Betreffenden zu, indem wir riefen: »Auf Ihre Gesundheit, Herr Direktor!« (Herr Oberregisseur – je nachdem.)
Der Angesprochene fühlte sich sehr geschmeichelt, vor allen Gästen derart geehrt zu werden, so daß er – jedenfalls in den meisten Fällen – mild und verzeihend lächelte, wenn der zweite Teil des Scherzes folgte. Der Oberkellner Leo kam mit der Rechnung zu uns. Wir spielten die Erstaunten: »Es war doch nicht unsere Gesundheit, sondern die Gesundheit von jenem Herrn? Also muß selbstverständlich *er* diese Runde zahlen!«
Unsere Opfer zahlten nachsichtig, wenn sie Humor hatten.

Mir waren immer die Leute ohne Humor suspekt, die solche Lausbubenstreiche als groben Unfug und Blödsinn tadelten, wie zum Beispiel der neue Schauspieler und Regisseur, der aus dem fernen Brünn zu uns gestoßen war: Felix Knüpfer. Er hieß im Privatleben Knöpfelmacher und war dann später in der Wiener Künstlerwelt ein vielbelächelter Kauz und liebenswerter Theaternarr.
Bei uns in Reichenberg wurde er aber zum »Feind Nr. 1«, weil er der erste war, der dem Oberkellner Leo den lächerlichen Betrag von neun Kronen sechzig verweigerte.
Er war mit einer feinen, jungen Dame dagesessen, als wir auf seine Gesundheit tranken. Er muß sich vor der Dame blamiert vorgekommen sein und verneinte entschieden seine Schuld: »Laßt mich mit euren blöden Witzen in Ruh! Ich bin nicht euer Hanswurst!«

Leider war damit von der rächenden Nemesis (Abteilung Theatergspaßettln) bereits das Urteil über Felix gesprochen worden. Und er mußte unweigerlich eine Reihe von Ränken erdulden.
Es begann mit der Aufführung von *Donna Diana* von Moreto, einem ungemein poetischen Stück, das die Liebeständeleien von drei aristokratischen Liebespaaren zum Inhalt hat.
Die Titelrolle spielte Helene, die hochverehrte Gattin unseres Theaterdirektors. Sie wird in späteren Kapiteln meines Lebensbuches noch eine Hauptrolle spielen.
Ich war einer der Liebhaber – noch nicht von ihr, sondern im Stück. Im samtenen spanischen Gewande wandelte ich einher als edler Prinz von Bearne und zeigte mein lockiges Haar und mein reinstes Burgtheaterdeutsch.
In dieser Art von Stücken kommt zumeist im letzten Akt unerwartet der Vater der Hauptheldin und bringt gütig alle noch offenen Probleme in Ordnung.
Es gibt an jedem Theater eine Reihe von Darstellern, die ihr Leben lang diesen deus ex machina gespielt haben. Wir nannten dieses Rollenfach nur noch »Der Mann ohne Hormone«: Er will für sich selber gar nichts mehr, ist glücklich, wenn er die Liebespaare mit Geld und Wohlwollen überschütten kann und segnet schließlich den Bund der Liebenden.
Ein undankbares Rollenfach, kommt völlig ohne Emotionen aus, ist aber für zahlreiche Autoren von eminenter Bedeutung, wenn ihnen ab einem gewissen Moment der Handlung nichts mehr einfällt.
Denken Sie einmal nach, wie viele Stücke Sie schon selbst erlebt haben, wo zur Verwunderung aller etwa sieben Minuten vor Stückschluß irgendein älterer Herr auftaucht und alle Knoten auflöst und nur noch säuselt: »Seid glücklich, meine lieben Kinder!« Ich kenne moderne Stücke – da ist der »Mann ohne Hormone« natürlich Generaldirektor. Er macht den Schwiegersohn erfreut zum Teilhaber in seiner Firma und sorgt uneigennützig für ein befriedigendes Happy-End.

In der *Donna Diana* heißt er Graf von Barcelona und wurde vom erwähnten Knöpfelmacher dargestellt. Er hatte ein spanisches Mäntelchen um mit hohem, elegantem Kragen aus exquisitem Material. Er kam, segnete die Liebespaare, brachte Geld und väterliche Milde. Und alle waren zufrieden. Vorhang.
Einer von uns war nicht zufrieden. Die vier Ränkeschmiede saßen im »Goldenen Löwen« und überlegten: Wie kommt der Ober Leo zu seinen neun Kronen sechzig, und wie kommt der Felix zu seiner wohlverdienten Strafe? Ich weiß nicht mehr genau, wem der teuflische Plan zu verdanken war – vermutlich war ich selbst der Initiator?
Kurzum: wir ließen ihm eines schönen Tages – Theatergarderober sind für einen kleinen Obulus für alles zu gewinnen – in den breiten Kragen seines spanischen Umhangs echte Olmützer Quargeln einnähen! (Für Leser aus der BRD: Harzer Roller.)
Die Wirkung war frappierend: Je näher sein Auftritt kam, desto mehr duftete es erbärmlich zwischen den Kulissen. Wir wußten bereits: es fängt an zu stinken – Felix ist in der Nähe!
Und Knüpfer selbst war fassungslos. Er lamentierte: »Wie kommt es, daß jedesmal, wenn dieses Stück angesetzt ist, das ganze Theater so stinkt? Im Rauchzimmer, in meiner Garderobe, auf den Gängen, auf der Bühne – überall ein unerklärlicher Gestank! Vielleicht ist die Kanalisation nicht in Ordnung?«
Er fügte sich drein.
Konnte er doch nicht ahnen, daß er selbst die Ursache der Belästigung mit sich herumschleppte!
Das Stück wurde abgesetzt. Die Kostüme kamen alle nach oben in die Funduskammer. Und wir vergaßen allmählich unseren dummen Scherz.
Ein halbes Jahr später kommt der Direktor einer Reichenberger Bürgerschule auf die Idee, seinen Mittelschülern ausgerechnet unsere *Donna Diana* als Schüleraufführung anzubieten.
Wir hatten schon fast den Text vergessen, und es wurden zwei, drei Proben angesetzt, um unsere Textkenntnisse wieder aufzu-

frischen. Natürlich waren wir dabei in Zivilkleidung, noch ohne Kostüme. Und dann kam die Vorstellung!
Was mochte in der Zwischenzeit mit unseren Kostümen passiert sein? Die hatten in einem kleinen Raum lange, sehr lange dicht, sehr dicht beieinander gehangen. Und nun stanken *alle* Kleider und Wämse entsetzlich.
Jetzt erst wurde uns die Bedeutung des Satzes aus dem allgemeinen Sprachgebrauch klar, wonach »man sich nicht riechen kann«.
Der Vorhang ging hoch. Ein romantisches Bühnenbild. Und nun mußten Schauspieler in spanischer Verkleidung zwei Stunden lang einander von Liebe erzählen, von silbern gleißender Mondscheibe, vom duftenden Jasmin. Und alle bemühten sich dabei erstens: einander nicht zu nah zu kommen und zweitens: vor allem nicht zu lachen!
Da konnte man lernen, sich eisern selbst zu bemeistern! Ein einziges unbedachtes Gelächter hätte das Chaos zur Folge gehabt.
Als aber zum Schluß der gütige Vater Dianens erschien, war es natürlich aus mit unserer Selbstbeherrschung. In seinem Mantelkragen müssen schon ganze Madenfamilien ihr Unwesen getrieben haben – der edle Graf von Barcelona stank am allermeisten von uns allen.
Und noch nie haben Mittelschüler eine Klassikeraufführung so fröhlich enden sehen.

Sowohl Schaber als auch Nack

Unweigerlich taucht bei all diesen Theaterschnurren die Frage auf: Wer war das? Wer hat das verbrochen?
Um die Urheberschaft der »großen Vier« zu verschleiern, erfanden wir eine Figur, die dann während der Spielzeit bei allen Kollegen schon sprichwörtlich wurde. Wenn irgend etwas

Unvorhergesehenes passierte, sagten wir: »Das war FANTOMAS, der Rächer der Enterbten!« Wir hatten den Namen von irgendeinem Trivialschundheftl am Zeitungskiosk gegenüber abgelesen. Jean Marais spielte ihn später im Film. Zu meiner Zeit war diese Figur für halbwüchsige Krimileser von gleicher Bedeutung wie etwa Nick Carter, Tom Shark oder der gute alte Frank Allan.

Wenn nun auf der Bühne Türklinken mit Senf, Leim oder Mayonnaise bestrichen waren, wenn ein Darsteller statt der Frühstücksmarmelade Schmierseife am Teller hatte – immer fand man in der Nähe den Zettel mit der Warnung: »FANTOMAS, der Rächer der Enterbten, läßt nicht länger mit sich spaßen!« Dazu war meist ein läppischer Totenschädel gemalt, der eher einem verpatzten Krauthappel glich.

Einmal hatte ich als Gangster auf der Bühne langsam meinen Mantel Knopf für Knopf zu öffenen und dabei meinem Partner eine hämische Drohung ins Gesicht zu schleudern: »Herr Fleischermeister Gericke! Wenn Sie nicht sofort 5000 Kronen zahlen, melde ich Ihre Verbrechen der Polizei!«

Und mit diesen Worten zog ich das Photo aus der Anzugtasche, welches ihn schwer belastete.

Der liebe Walther – er war mein Partner als betrügerischer Fleischermeister – hatte aber vor der Vorstellung die Zwirnsfäden an meinem Mantel so weit durchgeschnitten, daß die Knöpfe gerade noch hielten. Und prompt spielte sich die spannendste Szene des Kriminaldramas so ab:

»Herr Fleischermeister Gericke... (der erste Knopf fällt zu Boden) ... Wenn Sie nicht sofort... (der zweite Knopf) ... 5000 Kronen zahlen... (der dritte Knopf) ... melde ich... (der vierte Knopf) ... Ihre Verbrechen... (der fünfte Knopf) ... der Polizei!« Der sechste und letzte Knopf war im Souffleurkasten verschwunden.

Daß wir dann hemmungslos lachten, als wir das wichtige Beweisphoto betrachteten, konnte nur der verstehen, der wußte,

daß auf ihm ein primitiver Totenschädel abgebildet war und darauf als Text zu lesen war: »FANTOMAS hat wieder einmal zugeschlagen!«
Walther war im Ersinnen immer neuer FANTOMAS-Varianten unerschöpflich.
Wie oft haben wir z.B. in stundenlanger Schwerstarbeit das möblierte Zimmer eines lieben Kollegen total ausgeräumt, um dann die Möbel völlig anders wieder hineinzustellen. Markante Bilder und Vorhänge wurden versteckt, so daß der müde Mime, der die ermatteten Glieder vor der Vorstellung noch ein wenig ausruhen wollte, flink wieder enteilte, weil er im Glauben sein mußte, versehentlich in eine fremde Wohnung eingedrungen zu sein.
In einem Anzengruber-Stück kommt im zweiten Akt eine turbulente Wirtshausrauferei vor, bei der fast alle vom Herrenensemble sichtbare Blessuren davontragen sollten.
Ich hatte zu Beginn der Szene einen Trachtenhut mit Gamsbart auf dem Kopf, sollte kernig auftreten und allen zurufen: »Grüaß enk Gott, liebe Leutln!«, um dann den Hut auf den Haken zu hängen. Wie hat mir aber Walther, beziehungsweise FANTOMAS, den Hut vor dem Auftritt präpariert? Das lederne Hutband war innen mit der Schminkfarbe Altrot dick bestrichen worden. Dadurch kam es zu folgendem Effekt, der den Stückinhalt wesentlich verfremdete:
Ich nahm den Hut von meinem Bauernschädel und hatte – lange bevor die Rauferei begonnen hatte – eine ganz »blutige« Stirne! Ohne einen einzigen Schlag einer schwieligen Bauernhand!
Das Publikum kam nicht ganz mit. Um so belustigter waren die Kollegen. Sie riefen alle zur gleichen Zeit ganz laut: »Das war FANTOMAS!«
Aber das war bestimmt nicht von Anzengruber.
Bei solchen derben Späßen war Otto der Vorsichtigere, der Bedachtsamere. Ich kann mich eigentlich nur an einen in höchstem Maße gelungenen Aufsitzer erinnern, den er inszenierte.

Das Stück hieß *Warum lügst du, Chérie?*
Ich sollte laut Regieanweisung als eingeladener Gast vergnügt eine Tasse Kaffee trinken und dann begeistert der Dame des Hauses ein Lied darüber singen, wie gut es mir hier gefiele und daß ich gern noch sechs Wochen bleiben möchte.
Ich trinke an jenem denkwürdigen Abend den Kaffee und – werde buchstäblich zur Salzsäule: Otto hatte mir die ganze Tasse mit Salz angefüllt und dann nur so viel Kaffee darüber gegossen, daß man den Salzgehalt nicht mehr wahrnehmen konnte.
Das Liedlein, wie gut es mir bei den Gastgebern gefällt, hat noch nie so unehrlich, mißgelaunt und gequält geklungen. Ich mußte fast bei jeder Zeile Schluckpausen einlegen und hatte Tränen in den Augen.
Auch alle in dieser Szene Anwesenden hatten Tränen in den Augen, Tränen des Lachens über meinen total versalzenen Auftritt.
Und Otto erhielt dafür von mir gleich am nächsten Abend eine wundervolle Retourkutsche.
Im selben Stück hatte Otto gleich zu Beginn, nachdem der Vorhang hochgegangen war, ein wichtiges Telefonat: »Hallo! Ist dort die Polizeistation? Bitte, schicken Sie mir dringend einen Polizisten! Bei mir ist eingebrochen worden!«
Ohne dieses Ferngespräch kann das Stück gar nicht beginnen, denn das Publikum erfährt dadurch die Ausgangssituation: Einbruch, Polizei, einer ruft um Hilfe.
Auf der Bühne verwendet man für solche vorgespielten »Telefonate« natürlich einen einfachen Requisitenapparat, der, meistens sogar ohne Anschlußdrähte, einfach dasteht und dem Zuschauer die gewünschte Illusion vermittelt.
Emsige Heinzelmännchen von unserer Bühnentechnik hatten nun einen echten Telefonapparat auf dem Schreibtisch montiert und die Anschlußkabel geschickt und unsichtbar unterm Teppich nach draußen geleitet. Am anderen Apparat in der Her-

rengarderobe saßen die drei anderen vom »Kleeblatt«, und das Gespräch lautete nun so:

OTTO: *(auf der Bühne)* »Hallo?«

WIR: *(draußen)* »Hallo!«

(Pause des Entsetzens, endlich)

OTTO: »Ist dort die Polizeistation?«

WIR: »Nein, du blöder Hund, hier ist FANTOMAS!«

(Pause)

OTTO: »Bitte, schicken Sie mir...«

WIR: »Was denn? Was sollen wir dir schicken? Willst du eine Ohrfeige haben?«

OTTO: *(versucht es noch einmal)* »Bitte, schicken Sie mir dringend einen Polizisten!«

WIR: *(brüllend vor Lachen)* »Rutsch uns doch den Buckel runter, Ottolein! Gib's auf, es hat ja alles gar keinen Sinn mehr! Laß doch den Vorhang fallen.«

OTTO: *(mit letzter Kraft)* »Bei mir ist... eingebrochen worden!«

WIR: *(Götz-Zitat und Gejohle)*

Nach diesem seltsamen Beginn mußte tatsächlich der Vorhang fallen, weil Otto erst nach einer Pause wieder in der Lage war, seine Rolle weiterzuspielen. Dem lieben Publikum wurde – wie fast immer in so einem Notfall – erklärt, es hätte sich um eine technische Panne gehandelt.

Hitler und der Pfandschein

Der Oberkellner Leo vom »Goldenen Löwen« war verärgert: »Alsdann, was is, meine Herr'n? Zahl'n S jetzt die nein Kronen sechzig oder net? Wos geh'n mi Ihnere infantilen Witz' an – i muß abrechnen!«

Felix hatte also seine Schuld (viermal Cognac auf seine Gesundheit) noch immer nicht beglichen?

Wir vier vom Stammtisch blieben ebenfalls stur und waren der Ansicht: Wenn dem seine Gesundheit nicht lächerliche neunsechzig wert ist, kann er uns nur von Herzen leid tun.

Es konnte nur einer den Zwist beenden: unser Freund, »FANTOMAS, der Rächer der Enterbten«.

Draußen in der großen Welt war inzwischen eine große Zeit angebrochen. Wir alle waren viel zu klein, um diese große Zeit zu verstehen – es gibt viele, die verstehen sie heute noch nicht.

Aber soviel wußten wir: Wenn dieser Herr Hitler im Berliner Sportpalast eine große Rede hält über die Abtretung des Sudetenlandes als »letzte Revisionsforderung«, dann war das ohne Zweifel von enormer Wichtigkeit für alle, die in diesem Lande zuhause waren.

Und wir erkundeten bald: den besten und modernsten Rundfunkapparat in ganz Reichenberg besaß der Felix Knüpfer. Wir ersuchten ihn, uns das Anhören der lautstark angekündigten Sportpalast-Großkundgebung in seiner Wohnung zu gestatten.

Die unerhörte Brisanz dieser Sendung ließ ihn die kleinlichen Differenzen zwischen uns vergessen, und er gab gern die Erlaubnis.

FANTOMAS funktionierte mit einer Präzision wie sonst nur die großen Gauner in den Alain-Delon-Filmen. Um elf Uhr vormittag war die geschichtlich bedeutungsvolle Rede des Tapezierers angesetzt. Und viele bleiche Kollegen saßen erwartungsvoll auf allen nur verfügbaren Sitzgelegenheiten und lauschten aufmerksam.

Punkt elf Uhr zwanzig läutete es an der Wohnungstür. Es war der von uns bestellte Walther, der die Aufgabe hatte, den Wohnungsinhaber in irgendein belangloses Gespräch von circa einer Minute Dauer zu verwickeln. (Wann ist morgen die Probe? Gibt's schon das Textbuch für das nächste Stück o. dgl.)

Wir nutzten in Windeseile die kostbaren sechzig Sekunden. Otto sprang auf, rannte zum Kleiderschrank, nahm Felix Knüpfers Frack samt Kleiderbügel heraus, warf ihn mir zu, der ich zum Zimmerfenster gerannt war und es bereits geöffnet hatte. Ich warf den Frack hinunter, dem auf der Straße wartenden Edgar in die Arme, der schon mit einem offenen Koffer zur Stelle war. Edgar verstaute das noble Kleidungsstück in den Koffer und schlenderte zur städtischen Pfandleihanstalt. Sie war geöffnet, weil ja im Sudetenland noch kein Feiertag abgehalten werden mußte, wenn Adolf redete.

Der wendige Freund Edgar erklärte dem Beamten schmunzelnd, daß er für diesen Frack nur neun Kronen sechzig haben will. Der Beamte drohte neckisch mit dem Finger: »Ihr Künstlervölkchen habt doch immer eure Marotten!« und zahlte kopfschüttelnd nicht mehr als den gewünschten Betrag.

Edgar wendete seine Schritte zum »Goldenen Löwen« und bezahlte endlich die Schuld von damals und dankte dem Leo für seinen bewiesenen Langmut. Er ließ sich auch die korrekte Begleichung der Rechnung bestätigen, und damit war die monatelang schwebende causa Felix contra Leo bereinigt.

Wir hatten inzwischen die Kleiderschranktüre und das Fenster wieder geschlossen und saßen andächtig zuhörend auf unseren Plätzen, als Knüpfer von der Ablenkung im Vorzimmer zurückkehrte.

Es vergingen wieder zwanzig Minuten.

Hitler versicherte uns, er werde sicher bald auf allgemeinen Wunsch der Bevölkerung einmarschieren. Da klingelte es wieder an der Wohnungstür. Ein Dienstmann vom Bahnhof hatte einen Brief für einen Herrn Knüpfer abzugeben. Unser Gastgeber öffnete mißtrauisch vor unseren Augen das Schreiben. Als Absender war ein lustiger Totenkopf gezeichnet!

Der Brief lautete:

»Die Geduld von FANTOMAS ist nun am Ende. Deshalb war FANTOMAS gezwungen zu handeln! Anbei zwei Beilagen: 1. ein Pfandschein vom heute verpfändeten Frack über

neun Kronen sechzig und 2. der Beleg vom »Goldenen Löwen«: Betrag für vier Cognac dankend erhalten. Leo, Oberkellner.
In Anbetracht der angespannten Lage und des an sich geringfügigen Betrages verzieh uns der alte Felix säuerlich lächelnd und bat uns nur flehentlich: »Trinkt nie mehr auf meine Gesundheit! Ich fühle mich nach dieser Rede gar nicht so wohl!«
Auch wir anderen mußten bestätigen, daß uns nach den herausgebellten, markigen Worten des Herrn Führers sehr unbehaglich zumute war. Er hatte vor der Geschichte gemeldet, auch seine Geduld wäre am Ende. Und auch er wäre gezwungen, zu handeln.
Den Unterschied zwischen ihm und unserem harmlosen FANTOMAS lernten wir dann noch zur Genüge kennen.

FANTOMAS am Damenkränzchen

Es passierten nur noch selten verrückte Dinge in unserem Kreis. Uns war nicht mehr danach zumute.
Eine einzige, letzte, sehr gelungene Operation des »Rächers der Enterbten« wäre noch der Vollständigkeit halber hinzuzufügen.
Wir hatten im »Goldenen Löwen« zwei Telefonzellen. Und der Portier konnte von der einen in die andere verbinden.
Einen neuengagierten Operettenbuffo ließen wir wunderbar hineinsausen: Er wurde in die eine Zelle gerufen. In der anderen saßen wir.
Ich verstellte meine Stimme: »Hier Dr. Hrdlitschka von der Bezirksjugendfürsorge!« Ich verpflichtete ihn für eine Veranstaltung am nächsten Donnerstagnachmittag um vier Uhr. Er solle dort drei Lieder singen.
Hubert ging glatt auf den Leim und war Feuer und Flamme.
Wir vereinbarten die Gage, und ich nannte als Veranstaltungs-

ort ein Ausflugslokal »Jägerhaus«, circa 35 Minuten vom Stadtrand entfernt. Man mußte sehr, sehr weit mit der Straßenbahn hinfahren.
Um die Sache auf die Spitze zu treiben – und da ich wußte, daß er zu diesem Gastspiel keinen Smoking mitgebracht hatte –, empfahl ich ihm, unbedingt einen Smoking anzuziehen, denn der Herr Bürgermeister und sehr wichtige Herren wären auch anwesend.
Und, bitte, Vorsicht mit dem Programm! Nichts Zweideutiges, es wären auch Jugendliche dabei!
Wir waren bereits wieder beim Stammtisch, als unser Operettenheld Hubert sinnend das Lokal betrat. Er schaute mich nachdenklich an und meinte: »Haben wir beide nicht die gleiche Figur?« Ja, es stimmte. Wir tauschten die Sakkos aus und probierten: die gleiche Figur!
Er sagte: »Du, könntest du mir für nächsten Donnerstagnachmittag deinen Smoking borgen? Und deine Lackschuhe? Ich bin da bei einem Herrn Dr. Hrdlitschka engagiert...«
Wir jubelten: Den kennen wir! Sehr dankbares Publikum, aber Vorsicht, es kommen auch Kinder dorthin etc.
Kurz und gut:
Ich borgte Hubert meinen Smoking und meine Lackschuhe. Er studierte extra ein unverfängliches Repertoire ein. Der große Tag kam immer näher. Und wir hatten täglich beim Stammtisch etwas zum Schmunzeln.
Unser Plan war nämlich: Hubert sollte den langen Weg hinausfahren. Im Lokal würde ihm dann ein FANTOMAS-Brief überreicht und er sollte unverrichteter Dinge wieder heimfahren. Aus.
Es war schon Mittwoch, als einer von der Runde eine aufregende Mitteilung brachte: Ganz zufällig gibt es schon seit Jahren im »Jägerhaus« an jedem Donnerstagnachmittag von drei bis fünf ein »Damenkränzchen«! Und dazu spielen vier Musiker vom Theaterorchester leise Unterhaltungsmusik. Also würde die Szene

noch viel wirkungsvoller: Wir lassen ihn tatsächlich dort vor den Damen auftreten!
Ich redete dem Hubert ein, daß mich der Herr Dr. Hrdlitschka ebenfalls als Conférencier verpflichtet hätte (beim Ansagen genügt der dunkle Anzug!), und er freute sich schon sehr auf unsere Zusammenarbeit. Er probte noch im Theater mit den vier Herren von der Salonmusik seine Lieder eifrig durch und war schon ziemlich aufgeregt.
Donnerstag! Schon zur Mittagszeit pilgerte eine Abordnung übermütiger Schauspieler zum »Jägerhaus«, um die Vorbereitungen zu treffen. Wir kannten den Wirt sehr gut und weihten ihn in unser Vorhaben ein. Er richtete sogar ein Kammerl neben dem Konzertpodium als Schminkraum ein und belegte neun Sessel in der ersten Reihe für uns. Wir mußten doch diese unheimliche Gaudi aus allernächster Nähe miterleben!
Halb vier. Hubert kam, etwas echauffiert, aber pünktlich, erblickte Publikum im Saal und hörte Musik. Wir rieten ihm noch, sich recht stark zu schminken, denn die Scheinwerfer wären sehr grell.
Wir sprachen ihm Mut zu.
Punkt vier betrat ich das Podium.
Die Musiker machten einen Tusch.
Die Damen unterbrachen erstaunt ihre Konversation.
Was war da los?
Seit Jahren kommen sie hier wöchentlich einmal zusammen und nie geschieht etwas anderes, als daß vier Herren Léhar, Drdla, Strauß oder höchstens die Toselliserenade als Gesprächsuntermalung zu Kaffee und Kuchen vordudeln?
Schon der Tusch wirkte als Sensation.
Und noch mehr mein – nicht angekündigter – Auftritt!
Ich sagte: »Meine Damen! Zur Verschönerung Ihres heutigen Damenkränzchens hat sich Herr Hubert Türmer vom hiesigen Stadttheater bereit erklärt, Ihnen einige Lieder zum Vortrag zu bringen!«

Freudige Verwunderung. Zustimmendes Kopfnicken. Auch Kopfschütteln: Überraschungen gibt's!
Hubert wird mit dankbarem Applaus begrüßt und singt: »Hast du dort oben vergessen auf mich?«
Wir hatten ihn nicht vergessen. Dort oben am Podium stand unser herrlich hereingefallener Tenor und schmetterte drauflos. Und wir saßen in der ersten Reihe und konnten das Lachen kaum verkneifen.
Beim zweiten Lied »Mein Blondengelein« wurde er schon stutzig, weil er unsere ausgelassene Stimmung verdächtig fand.
Er stürmte von der Bühne und verlangte vom Wirt das Honorar. Der überreichte ihm nur einen Brief mit einem karikierten Totenschädel. Drin stand natürlich »FANTOMAS ist eine Weltmacht und keiner ist vor ihm sicher! Hüte dich vor FANTOMAS!«
Wir sahen den lieben Hubert erst am nächsten Tag wieder. Als er mir meine Lackschuhe zurückbrachte. Sie waren so merkwürdig schwer. Auch die Smokinghose gab er mir. Und dazu einen Brief. Darin war zu lesen:
»Irrtum! Fantomas ist nicht der Größte! FRANKENSTEIN ist noch mächtiger: Er hat deine Smokinghose in der Putzerei Grothaus *grün* einfärben lassen! Deine Lackschuhe wurden vom Schustermeister Womatschka sorgsam mit echten Bergsteigernägeln versehen! Du wirst sie brauchen können, denn deine Smokingjacke befindet sich hoch droben am Berg. Sie ist persönlich am Gipfel vom Jeschken im Bergrestaurant abzuholen! Der Wirt hat die ausdrückliche Anweisung, das Kleidungsstück nur einem Herrn Böhm vom Stadttheater auszufolgen! Hüte dich vor FRANKENSTEIN! Er ist noch viel gefährlicher!«
Das wär ein schlechter Spaßmacher, wenn er selbst keinen Spaß verstünde.
Alle im Theater wieherten, als sie vom letzten Streich des FANTOMAS und der großartigen Revanche vernahmen.
Ich lachte mit. Was sollte ich sonst machen?

Nur eine Frage quälte mich: Wie kam meine Smokingjacke auf den Gipfel eines Berges, der nur durch einen Ganztagsausflug zu besteigen war? Der schlaue Hubert hatte im »Goldenen Löwen« von einer Touristengruppe gehört, die am nächsten Morgen zu einer großen Bergwanderung aufbrechen wollte. Er hatte mein Smokingoberteil fein säuberlich eingepackt und den Wanderern mitgegeben.
Nachspiel: Vom Theaterbüro erhielt ich einen Strafzettel, weil ich in einem Smoking-Stück im dunklen Anzug aufgetreten war. Ich mußte wohl oder übel meinen nächsten freien Tag dazu verwenden, einen großen Ausflug zu machen, um in ein paar hundert Meter Höhe darüber nachzudenken, ob er nicht doch viel von seiner Faszination verloren hat – mein geliebter, verrückter Jugendfreund FANTOMAS...?

Theaterkrise en miniature

Wanderjahre

Wanderjahre eines Gauklers durch alle Theatersäle zwischen Asch und Böhmisch-Leipa.
Komödie der Irrungen (auf der Bühne und im Privatleben), Gastspiel am Prager Deutschen Theater mit Molnárs *Delila* (Titelrolle: Helene!). Dort hat mich eine tschechische Filmgesellschaft entdeckt. Für die deutsche Version einer erstklassigen Rolle in einem drittklassigen Lustspiel *Robotka* bin ich der Erfinder einer sprechenden Schaufensterpuppe, die für Werbezwecke, aber auch für Verwechslungen im Liebesleben Einsatz findet. Hervorragende Prager Schauspieler sind meine Partner. Trotz des miserablen Drehbuchs von Jan Grmela bescheinigt mir die Presse: Heinz Rühmanns Nachfolger ist gefunden!
Also ich komme von den Schüchternen, Drolligen nicht mehr los. Auch nicht im Sommerengagement:
Franzensbad 1938.
Der idyllische Kurort – hauptsächlich für Frauen, die keine Babys bekommen können – hat im Baedeker ganz sicher nicht den erklärenden Zusatz »Berühmte Theaterstadt«.
Das kleine, schmucke Theaterchen diente einigen gelangweilten – vorwiegend weiblichen – Kurgästen zur Erbauung. Ein denkwürdiger Ausspruch von unserer Dame an der Kassa: »Man ist keinen Moment sicher, daß nicht doch noch ein Besucher kommt!« Einmal verirrten sich gleich vierzehn Damen von einem Autobusausflug in den Kassenraum und fragten, ob das Kriminalstück *Der Mann am Abgrund* sehr spannend wäre. Die Kassiererin bejahte lebhaft: »Und wie! Im dritten Akt wird der

Bösewicht vom Detektiv auf offener Szene erschossen!« Da wurde die Frauenrunde ängstlich und wollte vom Kartenkauf wieder Abstand nehmen. Die Wortführerin meinte: »Wissen Sie, wir sind hier zur Kur – alle sehr nervös und schreckhaft. So ein richtiger Schuß würde uns schon sehr durcheinanderbringen!« Die schlaue Kassandra bangte um den unverhofften Gewinn und rief: »Bitte, nehmen Sie die Karten, meine Damen! Ich garantiere Ihnen – heute wird er derwürgt!«
Aber sonst gähnte der Zuschauerraum oft wie der griechische Gott Morpheus, wenn er besonders müde war.
Vielleicht waren auch die politischen Verhältnisse schuld? Die Menschen hatten gewiß andere Sorgen, als im Kurtheater seichten Boulevardstückln zu frönen.
Aus den Volksempfängern schepperten von jenseits der Grenze immer dringlicher rauhe, militärische Stimmen, die uns immer wieder aufforderten, durchzuhalten.
Im Mai hatte die Henleinpartei 90 Prozent aller Stimmen bekommen, und einer von unserem Ensemble, ein gewisser Schellenberg, bekam auch prompt einen Rappel, als Herr Henlein einmal durch die Franzensbader Haupt- und Geschäftsstraße fuhr.
Schellenberg rannte aus dem Kaffeehaus auf die Straße, fiel nieder und küßte das Pflaster – das Gesicht mitten in den Pferdeknödeln. Wir dachten zunächst an einen Scherz, aber es sollte eine Huldigung an den Filialleiter des Führers sein. Diese spontane Aktion wurde noch von den Kaffeehausgästen sanft belächelt. Später fielen auch andere vor Begeisterung um.
Aber man hatte bei soviel Politspektakel ringsum wenig Lust, ein eher harmloses Kulturinstitut zu besuchen.
Dementsprechend rasch vollzog sich auch bei uns der Programmwechsel. Walter Bach, ein charmanter Bonvivant, der immer nur rosa Hemden trug, hatte eine Revuesensation herausgebracht: *Franzensbad total ausverkauft*. Sie ging bestimmt siebenmal hintereinander wie nix. Und das war schon ein Riesenerfolg.

In den anderen Lustspielchen mühte sich ein besorgtes Team. Wie lange würde es uns noch vergönnt sein, mit unserer Scheinwelt die harte Realität vergessen zu machen?

Franzensbader Nächte

Im »Hotel Post« war im Parterre eine Bar untergebracht.
Man bot intime Beleuchtung, diskrete Musik, den neuesten Modetanz Lambethwalk und den Sänger Francesco Davis. Er hieß eigentlich Franzl David, aber es war für ihn damals 1938 günstiger statt David Davis zu heißen. Man konnte ihn so fast für einen Engländer halten. Oder für einen Italiener wegen des rassigen Vornamens. Tarnung war für viele lebenswichtig geworden.
Ich wohnte in der ersten Etage genau über der Bar.
Mein Zimmernachbar war Guido, ebenfalls jugendlicher Komiker.
Durch die Ritzen des Fußbodens drang jede Nacht verführerisch die Jazzband in unseren Schlummer. Wir kamen auf eine ganz einfache Methode, der Verlockung ein Ende zu bereiten: Wir erlagen ihr, sooft es ging.
Wann lernten wir eigentlich unseren Text?
Wenn die Vorstellung zu Ende war, gab es jeden Abend das gleiche heitere Intermezzo. Zwei müde junge Mimen des Kurtheaters beschworen sich vor dem Hoteleingang gegenseitig: »Bitte heute nicht!« – »Ehrenwort, wir gehen heute gleich schlafen!«
Und mit kühner Entschlossenheit eilten wir zum Portier, nahmen unsere Zimmerschlüssel, rannten weiter zum Stiegenaufgang und – da war so eine zärtliche Musik, und da war so eine rote Tangobeleuchtung. Wir hielten inne und flüsterten uns zu: »Was kann schon dabei sein, wenn wir nur einmal kurz hineinschau'n?« – »Freilich, wir wollen nur wissen, wer heut da ist.« –

»Aber nur ganz kurz!« Und schon hockten wir beim David, bei Pia und Madeleine (im Privatleben hat sie Ludmila geheißen), beim geheimnisvollen Eintänzer André und der Franzensbader Hautevolee bis fünf Uhr früh!

An einen Abend erinnere ich mich, da sind wir, Guido und ich, so willensstark gewesen und sind sofort schlafen gegangen! Wir waren selbst erstaunt darüber, aber hundemüde. Wir legten uns nieder, aber da vibrierte das Schlagzeug so aufreizend rhythmisch herauf. Eine süße Geige lockte und rief nach uns durch die Decke. Nach einer halben Stunde klopfte es an meiner Tür. Guido von draußen: »Du, ich kann nicht schlafen!« Ich: »Guido, wart einen Moment – ich kann auch nicht schlafen!« Ich zog mich an. Und beide besuchten wir wieder unsere Freunde in der Bar. Bis fünf Uhr früh!

Wir hatten dort Hauspreise und gehörten schon zum Inventar.

André war ein häßlicher Mensch mit ungesunder Haut, der aber sein Geschäft als Gigolo wohl verstand. Er hatte unwahrscheinliches Glück, besonders bei den reiferen Damen. Immer wieder forderten sie ihn zum Tango auf und entlohnten ihn fürstlich.

Eines Nachts verriet er uns seinen Spezialtrick. Von seinem Bruder, der bei der Prager Polizei tätig war, hatte er sich einen sogenannten Gummiknüppel besorgt, der – o Wunder – nicht mehr benötigt wurde.

Tschechisch heißt dieser Gegenstand pentrek, und André erklärte uns die Herkunft dieses Wortes. Es war kuchlböhmisch und kam von »Bärndreck«, wie man in meiner Jugend die schwarzen Lakritzenstangerln nannte.

Von diesem Gummiknüppel hatte sich André (vulgo Bohuslav) ein handliches Stück abgesägt und in seiner linken Hosentasche verstaut. Nun müssen die Damen das irgendwie falsch verstanden haben, wenn sie sich bei schwülen Tangoschritten an ihn preßten, und waren von ihm geradezu elektrisiert.

Es gab also damals bei uns in Franzensbad (lange vor Beate Uhse) Menschen, die Ideen hatten.
Reich an Ideen war auch Ferdl, ein österreichischer Geigenkünstler, der jedem Gast seine Lieblingsweise vorspielen konnte. Er wußte Unmengen davon auswendig.
Eines Nachts gab's einen ganzen Tisch mit Komödiantenvolk – wir waren unser neun.
Der Geiger kam in einer Tanzpause zu uns, flüsterte jedem etwas leise ins Ohr, und unterm Tisch überreichte er jedem einzelnen Künstler einen Geldschein.
Das Rätsels Lösung: Am Nebentisch war ein ungarischer Großgrundbesitzer, der zum erstenmal in der Tschechoslowakei ein Nachtlokal besuchte, alle freihielt und mit den Scheinchen nur so um sich warf. Ferdl, unser blonder Paganini, wollte auch am Geldsegen partizipieren und hatte die Schauspieler ersucht, freigebige Lokalbesucher darzustellen.
Und der Trick klappte vorzüglich. Beim allgemeinen Aufbruch ging ein Künstler nach dem andern an der Musik vorbei – darauf achtend, daß der Nobelgast Lajos das auch ganz sicher bemerkte. Ferdl fidelte mit seinen Mannen Csárdás, daß die Fetzen nur so flogen. Und jeder, der sich verabschiedete, klebte dem Geiger eine – Hundertkronennote auf die schweißfeuchte Stirn!
Der Lajos kombinierte schnell: »Wenn so kleine Nebbichs wie diese Schauspieler vom Franzensbader Kurtheater dem Musiker einen Hunderter spendieren, muß ich ihm nicht mindestens eine Tausendkronennote geben?«
So geschah es auch, und Ferdl hatte in jener Nacht mehr als seinen Monatslohn verdient.
Was soll man machen?

Lachen! Leben! Lieben!

Die Sehnsucht nach frischer Luft wurde übermächtig.
Unberührte Natur und erholsames Grün gab's rund um den Kurort in verschwenderischer Fülle.
Mit Guido verbrachte ich spielfreie Tage draußen auf einer Märchenblumenwiese. Wir starrten in den azurblauen Himmel und ließen die Seele baumeln.
Wir waren viel mehr als die üblichen Kurgäste.
Wir waren Schauspieler und hatten unseren blühenden Jugendtraum von großen, erschütternden Rollen, von Theaterleitern, die sich um uns rissen, von Kritikern, die uns in diesen Himmel heben würden.
Wir wollten einmal mit unserem wunderbaren Beruf die ganze Welt erobern!
Wir waren jung.
Wir waren schön.
Jetzt sind wir nur noch schön.
Wenn ich ihn heute in der Josefstädter Straße treffe – wir sind am selben Theater engagiert –, entringen sich uns immer wieder Worte der Sehnsucht: »Weißt du noch?... Damals in Franzensbad!«
Er heißt übrigens Guido Wieland und ist einer der beliebtesten Charakterdarsteller von Österreich geworden.
Unser Sommerdirektor in Franzensbad war ein gewisser Alexander Haber. Im Sommer war er ein Haber und im Winter ein Inhaber – nämlich eines Herrenmodeartikelgeschäftes in Brünn.
In den Monaten Juli und August leistete er sich das Hobby, ein Sparflammen-Reinhardt zu sein. Er übernahm auch große Rollen und führte Regie. Aber ich glaube, daß er als Geschäftsmann viel besser war.
Für die Kinder der Kurgäste brachte er auch eine herzige Aufführung des Rührstückes *Heidi* heraus, in der ich den armen Hüterbuben spielen mußte.

Bei dieser Produktion lernte ich einen schlanken, jungen, feschen Ernst Waldbrunn kennen. Er spielte den Hauslehrer der lieben Heidi. Die wiederum wurde dargestellt von der Tochter eines Franzensbader Herrenmodeartikelgeschäftsinhabers namens Schrecker. So innig helfen einander die Herren aus der Modebranche.

Über das Phänomen Ernst Waldbrunn müßte ein eigenes Buch geschrieben werden. Von der ersten Sekunde an merkten wir, daß wir die gleiche »Wellenlänge« hatten und blödelten drauflos, daß die Funken stoben. Er konnte Tränen lachen, wenn ihm ein Witz gelungen war – das Wort »gelungen« war dann später auch so eine Art Markenzeichen im Kabarett geworden. Auf alle wirklich guten Pointen setzte er noch ein übermütiges »Gelungen!« drauf, wobei er meistens seinen Kopf rasch auf die Schulter seines Partners legte. Der perfekte Clown, der geborene Komiker spielte damals noch die Elegantisten! Die korrekte Fachbezeichnung ist »Bonvivant«. Ernstl übersetzte das auf deutsch mit »Gutlebling«. So wie er zur »Salondame« immer nur »Zimmerfrau« sagte.

Als einmal unser Theaterlein für eine tschechische Vorstellung vermietet war, wollte der Herr Direktor nicht, daß seine Schauspieler spazierengehen sollten und veranstaltete im Speisesaal vom Hotel »Belvedere« einen großen Bunten Abend.

Waldbrunn und ich wurden zu den Säulen dieses Unternehmens. Warum wir diese Darbietungen *Lachen! Leben! Lieben!* nannten, weiß ich heute nicht mehr.

Aber es erwies sich anläßlich dieses Kulturereignisses ganz deutlich unsere besondere Eignung fürs Kabarett!

Die Pointen waren noch nicht so geschliffen wie dann Jahre später im Wiener »Simpl«. Eher anspruchslose Scherze der Preisklasse B.

Böhm: »Ernstl, sollst leben!«

Waldbrunn: »Möcht wissen, von was!«

Böhm: »Heute hab ich Karpfen gegessen!«

WALDBRUNN: »Blau?«
BÖHM: »Nein, ich war noch ganz nüchtern!«
Sein Leib- und Magenwitz war damals:
BÖHM: »Was ist dein Vater?«
WALDBRUNN: »Tot!«
BÖHM: »Nein, ich mein, was er früher war?«
WALDBRUNN: Lebendig!«
BÖHM: »Nein! Womit hat er sein Brot verdient?«
WALDBRUNN: »Er hat immer nur Semmeln gegessen!«
So etwas hat damals schon für Lachstürme genügt.
Ernstl jubelte sein »Gelungen!« und legte seinen Kopf auf meine Schulter. Selbst bei größtem Wohlwollen kann niemand behaupten, daß dieser Bunte Abend *Lachen! Leben! Lieben!* sich eines gehobenen Niveaus erfreut hätte. Wir hatten einfach im Kaffeehaus einschlägige Witzrubriken aus den Zeitungen geplündert.
Höhepunkt dieser Volksbelustigung war eine Parodie von uns beiden: Wie würde der moderne Werbefachmann den *Erlkönig* bearbeiten?
BÖHM: »Wer reitet so spät durch Nacht und Wind?«
WALDBRUNN: »Windjacken, Gummimäntel, Trenchcoats in Ia Qualität bei Hawlicek und Vrbal!«
Das ging so weiter.
Jede Zeile des Gedichtes war durch ein Werbesprücherl unterbrochen.
BÖHM: »Erlkönigs Töchter am düsteren Ort!«
WALDBRUNN: »Installation von Bade- und Klosettanlagen bei Installateur Seligmann!«
Bis dann endlich auf mein letztes Stichwort Ernstl mit kummervoller Miene pointierte.
BÖHM: »In seinen Armen das Kind war tot!«
WALDBRUNN: »Sichern Sie sich rechtzeitig ein ruhiges Platzerl am Franzensbader Waldfriedhof!«
Der Kulturkritiker der Kurzeitung trompetete lustvoll: »In unse-

rem Kurort wurden zwei Brettl-Genies entdeckt!« Sogar Ernstl äußerte sich anerkennend zum Herrn Direktor: »Dieser Beeehm hat einen trockenen Humor!«
39 Jahre lang nannte er mich nur noch »Beeehm«.

Humor – extra dry

Ich war am Titelblatt einer illustrierten Hausfrauenzeitung. Sie hatte den verschnörkelten Namen »Frauenfreude – Mädchenglück«. Waldbrunn sagte natürlich prompt »Freudenmädchen – Frauenglück« und lachte darüber eruptionsartig.
Parfümerie, ein Luststück von Nikolaus Laszlo. Ich war der tolpatschige Laufbursche und Ernstl der elegante Verführer. Bei der Generalprobe prägte er einen Satz, den man der Nachwelt überliefern muß: »Man soll nicht glauben, nur die eigenen Extempores sind gut. Man muß sich manchmal auch ein bissl an den Originaltext halten!«
Am Theater sollte ein neuer Blitzableiter installiert werden. Der Kommentar meines Freundes hatte klassisches Niveau: »Wozu Blitzableiter? In dem Theater hat doch noch nie etwas eingeschlagen.«
Der Herr Direktor stellte uns schließlich als Hauptdarsteller in einem italienischen Lustspiel heraus *Zwei Dutzend rote Rosen.* Waldbrunn, gertenschlank, mit g'schneckerltem Brünetthaar, war der frauenbetörende Alberto und ich der eher dümmliche Hausfreund Tomaso.
In einer Szene sollte ich ihm die Rechnung einer Blumenhandlung überreichen und dazu sagen: »Zwei Dutzend rote Rosen.« Er stellte sich taub: »Was hast du gesagt?« Ich wiederholte lauter: »Zwei Dutzend rote Rosen.« Da ging er ganz vor an die Rampe und sagte feixend dem Publikum: »Der Titel des Stükkes!« Er ging wieder an seinen Schreibtisch und spielte weiter, als wäre nichts gewesen. Seine stets bereite Lust zum Extempo-

rieren war wieder einmal befriedigt. Der Direktor tobte in seiner Loge und schrieb bereits den Strafzettel. So gestalteten wir mit Freude das Werk des Autors Benedetti.
Die Kritik über Waldbrunn war euphorisch: »Ein Erlebnis! Warum hier noch kein großes Theater aufmerksam wurde? Sensationell ist dieser Nuancenreichtum, der an Pallenberg erinnert.« Undsoweiter.
Bei mir stand nur: »Herr Böhm ist ein junger Mann mit einem trockenen Humor.«
Bei dieser Stelle wurde ich etwas stutzig.
Waldbrunn hatte nämlich sein Urteil über mich inzwischen erweitert. Täglich sagte er mindestens einmal mit seiner verkauzten Prosa, wobei er wieder Tränen lachen konnte über seinen Einfall: »Der Beeehm hat einen so trockenen Humor, man müßte ihn anschütten mit einem Kübel Wasser von oben bis unten!« Ehrlich gesagt: er hat es nicht so vornehm ausgedrückt.
Auffallend war, daß die Kritik über unsere nächste Novität *Cyprienne* von Sardou so begann: »Der Glanzpunkt der Aufführung ist Herr Ernst Waldbrunn. Er entzündete ein Feuerwerk an genialen und geistvollen Lustspielraketen! So einen zwerchfellerschütternden Komiker hat Franzensbad noch nie erlebt. Fabelhaft, wie er...« In diesem Ton ging die Lobeshymne über siebzehn Zeilen.
Der letzte Satz der Kritik war eher karg: »Neben Waldbrunn bewährte sich wieder mit seinem trockenen Humor Herr B.«
Erst circa dreißig Jahre später bin ich draufgekommen, wie die beiden Kulturberichte zustande gekommen waren.
Ernstl sitzt in der Eden-Bar.
Es ist fast vier Uhr früh.
Ich sage unvermittelt: »Ich will dich schon lange was fragen, Ernstl. Woher hat der Franzensbader Kritikenschreiber damals das gewußt mit dem ›trockenen Humor‹? Hast am Ende du selbst...?« »Ja!« schreit der Waldbrunn und wird fast bös.

«Mach was dagegen – ich hab das damals selber geschrieben, na und?«
Der Herr Redakteur der Kurzeitung hatte ihn im Kaffeehaus ersucht: »Du, Ernst, schreib mir bitte da auf den Zettel, wer mitspielt und von was das Stück ungefähr handelt! Ich hab heut abend keine Zeit, hinzugeh'n. In Falkenau is so ein int'ressantes Fußballmatch!«
Und Waldbrunn hat gleich die ganze Kritik druckreif geschrieben. Sie gefiel dem Chefredakteur so gut, daß man ihm auch beim nächsten Stück den Auftrag erteilte, sich selbst zu kritisieren.
Das Geheimnis war gelüftet.
Ich habe die zweimalige Erniedrigung ganz gut überwunden.
Ich hab ja so einen trockenen Humor!

»Prophet« im eigenen Land

In der Heimat

Meine Heimatstadt, in der ich zum Jüngling erblühte, ist mir so fremd geworden. Am Bummel in der Königstraße flanieren noch immer die hübschen Mädchen. Bei Herrn Kratkey wird noch rasiert. Bei Herrn Trunetschek werden Cremeschnitten verkauft. Und im Wirtshaus vom Adi wird Bier ausgeschenkt.
Aber doch ist fast alles anders geworden, seit die deutschen Soldaten unser Land so freundschaftlich überrannt haben.
Unsere gemütliche Badestadt verlor über Nacht an Bedeutung, und die Braunkohlenvorräte in der Umgebung sind auf einmal viel wichtiger geworden.
Sie machen die Stadt schmutziger, die Kurgäste unscheinbarer, das Milieu liebloser.
Nichts gegen die Farbe braun, die in der Kleidung der Leute so plötzlich zum Modetrend wurde wie vor dem Einmarsch die weißen Strümpfe der »Henleinovci«, wie die Anhänger der Henleinpartei genannt wurden.
So schnell ist alles gekommen.
Göring hatte in seiner berüchtigten Rede geschimpft: »Diese lächerlichen Knirpse da unten in Prag ...« Benesch war zurückgetreten worden. Und die deutschen Kameraden besetzten das Land – es hieß nun Sudeten*gau* – und somit auch unser schönes Teplitzer Theater.
Ich war als Schauspieler an dieses Institut verpflichtet worden. Und ich muß es aufrichtig sagen: Es wurde die uninteressanteste Spielzeit! Nicht, daß sich das Wort bewahrheitet hätte, wonach der Prophet nichts gilt im eigenen Land – ich spielte gute Rollen

und hatte Erfolg. Besonders als entfesselter Teehausbesitzer in der Operette *Die Geisha* von Sidney Jones oder als Briefträger in *Gruß und Kuß aus der Wachau.*
In dem poetischen Stück *Eine kleine weiße Yacht* war mein Partner Robert Lindner, der später am Wiener Burgtheater ein Star werden sollte.
Dann kam eines Tages ein prominenter Gast vom Deutschlandsender mit seinem schnoddrigen Humor: »... woll'n die müden Säcke hier 'n bißchen auf Vordermann bringen, nich wa?« Und auf einmal wußte ich, was mir fehlte! Während er im Zuschauerraum mit der Winterhilfesammelbüchse Geld von den Besuchern schnorrte, sehnte ich mich nach dem Esprit von Grünbaum und Farkas! Die blieben alle aus, die damals liebe Gäste unseres Theaters waren. Und ich grübelte weiter:
Wo waren jetzt die Robitscheks, die Pflugbeils, die Grinzweigs? Der kleine Kalb wird vielleicht in den Straßen von Hongkong Zeitungen verkaufen? Mein Freund Lonjo Weinbaum, der Begnadete aus Polen – man hatte ihm eine Weltkarriere als Violinvirtuose prophezeit –, ist nach Amerika emigriert. Was macht er dort? Teller waschen?
Die anderen Schulkollegen, die noch im Lande bleiben durften, wußten mich in ihre Normen nicht einzuordnen. Entweder blickten sie neidvoll zu mir auf oder mitleidig zu mir herunter.
Den bleichen Musterschüler Willi Ducker besuchte ich in seiner finsteren Apotheke. Er lernte, glaub ich, noch nächtelang weiter irgendwelche Formeln und Lehrsätze. Wir waren füreinander noch unerreichbarer geworden. Der Herr vom anderen Stern.
Als ich ihn verließ, kam mir von irgendwoher ein Satz in Erinnerung – hatte ich ihn in einer Rolle auf der Bühne gesprochen, oder stammte er aus einem Buch? –, der so treffend auf diesen faden Famulus paßte: »Er gab sich auf, bevor er von den Jahren aufgegeben wurde.«
Was mag aus Helmut geworden sein?

Aus der väterlichen Delikatessenhandlung war eine Buchhandlung für Nazischriften geworden.
Ich mußte lächeln: Hier an dieser Stelle, wo jetzt der »Mythos des 20. Jahrhunderts« angeboten wurde, war das Sauerkrautfaß gestanden, in welches Helmut damals hineingepinkelt hat! Er hat es mir selbst gestanden. Er wollte damit seiner Verachtung vor der Welt Ausdruck verleihen. Hatte er damals schon unbewußte Vorahnungen?
Vor dem Gymnasium auf dem Monte Ligne setzte ich mich versonnen auf eine Parkbank. Und es wirbelte auf einmal seltsame Zwiebelornamente vor meinen Augen. In diesen muffigen Stuben hatte man mich also mit einem Nachzipf im Gegenstand »Zeichnen« bestraft. Hier bin ich in Mathe durchgeflogen, weil ich das gleichschenklige Dreieck nicht erklären konnte. Und hier auf dieser Parkbank hatte mir eine freundliche Wally im fahlen Mondlicht das gleichschenklige Dreieck so einfach erklärt.
Erinnerungen, wohin man kam.
Einen alten, gebückten Physikprofessor traf ich im Kurpark wieder. Er war schon längst in Pension und hatte nur noch eine undeutliche Erinnerung an meine Person. Wir hatten ihn respektlos »Mephisto« genannt, weil das Schicksal ihn mit einem Klumpfuß durch dieses Leben humpeln ließ.
Er war der Meister der unfreiwilligen Bonmots. Einmal hatte er sich gebückt, weil ihm die Kreide aus der Hand gefallen war. Die schlimmsten Buben in den letzten Reihen – darunter ich – benützten diese Pause ohne Kontrolle zu einer riesigen Brüllerei. Darauf kam von ihm der berühmte, oft kolportierte Satz: »Merkwürdig, kaum bückt man sich, geht's hinten los!«
Mein Zuhause? War keines mehr. Vater war längst verstorben, Mutter wurde immer kränklicher. Großmutter verfiel zusehends. Ihr fiel nicht nur das Atmen schwer, sondern auch das Verstehen dieser neuen Zeit. Mein Bruder Wolfgang war nur noch mit Sport und mit Mäderln beschäftigt und hatte nie Zeit.

Andere Verwandte schwammen an die Oberfläche und waren in der Leitung des Kurhauses auf einmal tonangebend.
Es war wie in der Politik: neue Herren, neue Gesetze, neue Parolen. Und sie waren nicht unbedingt besser, nur eben neu.
Die gepflegte Konversation war längst verstummt, der Salon meiner Eltern schleißig geworden. Auf den unzähligen edlen Büchern lag der Staub der Vergangenheit.
Mein letzter Gedanke vor dem Einschlafen: Im verträumten Schloßpark von Teplitz-Schönau lustwandelten dereinst Goethe, Beethoven, Schopenhauer und Richard Wagner. Heute spaziert dort SA-Obergruppenführer Pachulke mit Gemahlin und Kindern.
Weit haben wir's gebracht.
Gute Nacht.

Untern Linden, untern Linden

Gastspiel in Berlin

Sommer 1939.
Die Adresse lautete Unter den Linden Nr. 18.
Über dem Eingang das Schild »Kleines Theater«.
In Wahrheit war es eines der kleinsten überhaupt – mittendrin im riesigen Ameisenhaufen, genannt Reichshauptstadt Berlin.
Ich stand vor dem Plakat und war voll der Bewunderung für den äußerst vielseitigen Herrn Berndt Werner. Er mußte ein Genie sein.

Autor:	Berndt Werner
Liedtexte:	Berndt Werner
Regie:	Berndt Werner
Bühnenbild:	Berndt Werner
Choreographie:	Berndt Werner
Direktion:	Berndt Werner

Ein Wunder, daß er nicht auch noch im Souffleurkasten saß und die Kulissen schleppte.
Ich hatte nie von ihm gehört, offenbar eine unverzeihliche Bildungslücke. Er hatte mich schriftlich für ein musikalisches Lustspiel nach Berlin geholt, welches er *Lüg' nicht, Baby* nannte. Wie hatte er überhaupt von meiner Existenz erfahren, der große Berndt Werner?
Als ich das Theaterchen betrat, winkte mir ein Herr aus dem Kassenschalter freundschaftlich zu. Ein bekanntes Gesicht? Natürlich, das war doch einer der Mitdirektoren damals am Stadttheater in Gablonz, ein gewisser Max Berg.
Er nahm mich beiseite. In einem Raum ohne Ohrenzeugen

eröffnete er mir das Geheimnis: »Sie dürfen keinem Menschen ein Wort davon sagen! Wir spielen das Lustspiel *Warum lügst du, Cherie?* – aber hier unter dem Titel *Lüg' nicht, Baby*. Bei uns spielt es nicht in Paris, sondern in London. Sie haben die gleiche Rolle wie damals in Reichenberg, nur nennen wir die Figuren nicht Suzanne, Achille und Gaston, sondern Daisy, Jacky und Tommy! Sie müssen also fast nichts neu lernen. Sind Sie einverstanden?« Ich war es. Er meinte noch gönnerhaft: »Ich hab Sie in dieser Rolle gesehen. Sie waren übrigens ausgezeichnet. Deshalb hab ich Sie auch nach Berlin geholt!«

Danke.

Aber wer war Berndt Werner?

Ich lernte ihn bei der ersten Leseprobe kennen. Ein netter, etwas hilfloser Mann, der sonst als schlichter Chorsänger in Hamburg seine Brötchen verdiente. Er war für dieses Unternehmen als sogenannter »Strohmann« tätig. Die Autoren Lengsfelder und Tisch waren als Juden im Berlin des Jahres 1939 nicht erwünscht, daher wurde unser Berndt Werner kurzerhand zum »Autor« ernannt. So leicht geht das.

Regie führte natürlich Max Berg, aber heimlich. Er hatte als Halbjude nur eine Arbeitserlaubnis als untergeordnete Bürokraft.

Seine Regieanweisungen kamen über die Nebenstelle Berndt Werner. Berg saß im finsteren Zuschauerraum, verfolgte aufmerksam den Probenverlauf – dann gab's zehn Minuten Pause, während der er dem Strohmann seine Direktiven gab, ihm sagte, was er uns, den Darstellern, zu sagen habe.

Es war eine köstliche Zeit.

Ich mußte wieder einmal meine hohe Schauspielkunst unter Beweis stellen: Ich mimte bei diesen Proben einen unsicheren Schauspieler, der sich mühsam seine Rolle erarbeitet, noch und noch Textschwierigkeiten hat. Zu meinem Lobe sei's verkündet: Kein Mensch hat gemerkt, daß ich im Grunde wohlstudiert war und nur die englischen Einfügungen umzulernen hatte.

Kleines Theater

Unter den Linden 18 • Ecke Friedrichstraße

Täglich 8^{30} Uhr
Sonntags auch nachmittags 4 Uhr

„Lüg' nicht, Baby"

Musikalisches Lustspiel in 3 Akten von **Berndt Werner**

Musik: **Hans Carste**

mit den bekannten Filmstars

Mady Rahl **Aribert Mog**

Fritz Hintz-Fabricius

Herta Kubesch / Else Pally / Max Böhm
Hans Jöckel / Valentin Schwartz

Musikalische Leitung: Oskar Jerochnik

Sommer-Preise 1,- bis 7,- Reichsmark

Druck: Erich Thieme, Berlin-Niederschöneweide

Aus dem Lustspiel »Warum lügst du, Chérie?« mußte »Lüg' nicht, Baby« werden. Weder die wahren (jüdischen) Autoren Lengsfelder und Tisch noch der (halbjüdische) Regisseur Max Berg durften genannt werden.

Meine Kollegen waren Mady Rahl (prominenter, verwirrender Blondschopf mit whiskygebeizter Stimme) und Aribert Mog, ein damals vielbeschäftigter Filmstar.
Der beste Witz der ganzen Probenzeit, über den sich alle zerkugelten, war mein erster Gagenzettel. Darauf stand: »8 RM zu unsern Gunsten«. Ich sollte denen acht Märker bezahlen, weil ich mir zuviel Vorschuß genommen hatte!
Aber meine Budgetsorgen kamen bald wieder in Ordnung. Ich konnte nebenbei im Rundfunk mitwirken. Im Kindermärchen *Das Prinzeßlein mit den güldenen Pantöffelein* war ich der böseste aller bösen Zauberer. Auch hatte ich beim Synchronisieren ausländischer Filme zu tun.
Ich lernte also dieses Berlin diesmal von einer angenehmeren Seite kennen. Ich war irgendwie arriviert. Mein Name stand auf einem Plakat. Ich wohnte in einer noblen Pension unweit der Tauenzienstraße. Ich wurde von Berlin zur Kenntnis genommen. Die »BZ am Mittag« hatte mein Bild gebracht und geschrieben: »Er ist der Typ, der den kleinen Mädchen so gut gefällt. Ein sympathischer Komiker, der sich mit seiner Schalkhaftigkeit Berlin erobern wird...«
In meiner Lebenssymphonie wurden die Berliner Molltöne von einst übertönt durch frische, neue Melodien der Lebensfreude. Die Mißtöne, die mir etwa die Zeile »SA marschiert mit ruhigfestem Schritt« hätte bereiten müssen, wollte ich vorerst nicht zur Kenntnis nehmen.
Onkel Walther, mein getreuer Bibelforscher, gratulierte mir ehrlichen Herzens – Vetter Alex ein wenig neiderfüllt. Aber beide berichteten mir flammend von den Segnungen des neuen Regimes: Sie bauen doch Autobahnen! Sie verleihen doch deutschen Müttern goldene Ehrenkreuze zur Hebung der Gebärfreudigkeit! Na, und das mit dem »Lebensborn« wird doch nicht so schlimm sein. (Himmler hatte zur Aufzucht unehelicher Kinder von eigens dazu abkommandierten SS-Männern eine eigene Brutanstalt ins Leben gerufen.)

Mir war das alles ziemlich egal. Besonders der Österreicher aus Braunau am Inn, dem ich paarmal vom Fenster des »Kleinen Theaters« aus zugesehen hatte, wie er sein »Großes Theater« machte: Vorbeifahrt am Spalier der jubelnden Ahnungslosen. Reichsbühnenbildner Professor Benno von Arent hatte die ganze Prachtstraße Unter den Linden richtiggehend inszeniert: mit Siegessäulen und Opferschalen mit lodernden Flammen, vergoldeten Reichsadlern und jeder Menge von knatternden Fahnen.

Vielleicht war das der Grund, daß wir so schlecht besucht waren? Die Menschen hatten anderes zu tun: Sie mußten jubeln und Spalier bilden. Zynische Beobachter berichteten, man müßte im »Kleinen Theater« nach jedem Akt neue Freikarten ausgeben. Dieser miserable Schauspieler aus Österreich, Herr Hitler, hatte uns allen die Schau gestohlen.

Peter Frankenfeld – mein lieber Freund aus den Jahren zwischen 1970 und 1980 – hatte so einen herrlichen Satz, den ich Ihnen, liebe Leser, auf keinen Fall vorenthalten darf. Er sagte bei einem großen Auftritt in Wien: »Die Österreicher sind geniale Diplomaten. Aus dem Beethoven haben sie einen Österreicher gemacht, und aus dem Adolf Hitler machen sie einen Deutschen ...«

FANTOMAS wird bezwungen

Mit der beispiellosen Brutalität dieser Herrenmenschen bin ich gottlob nur zweimal in Berührung gekommen. Vom zweiten Vorfall kann ich erst im Kapitel kurz vor dem Kriegsende berichten.

Jetzt hier in Berlin passierte wie ein fernes Donnergrollen so eine Art Vorwarnung vor dem großen Gewitter. Ich bekam eine Ahnung davon, daß mit Besessenen, die an der Macht sind, nicht zu spaßen ist.

Ich spielte also im Herzen von Berlin Theater und wollte andere an meiner Freude teilhaben lassen.
Ich hatte drei Ansichtskarten vom Brandenburger Tor gekauft und launige Worte an meine Freunde Otto, Walther und Edgar geschrieben.
Der Inhalt der Kartengrüße war ungefähr: »FANTOMAS ist noch nicht verschwunden! Er wird wieder zuschlagen! Vorsicht vor der Weltmacht FANTOMAS! Das Unvermeidliche passiert!«
Schon am nächsten Tag war die Vorladung da: »... haben sich unverzüglich am Alexanderplatz einzufinden! Zimmer soundsoviel. Widrigenfalls werden Sie abgeholt!«
Ich begab mich also mit schlotternden Knien zur Gestapo. Ein eisiger, völlig humorloser Mensch mit kalten, unversöhnlichen Augen hinter der Glitzerbrille verhörte mich über drei Stunden lang!
Er legte mir lauernd meine drei Ansichtskarten vor und fragte messerscharf: »Was ist das?«
Ich, unbefangen: »Das ist ... doch sehr lustig.«
Er deutete auf die Totenschädelkarikatur im nächtlichen Himmel über dem Brandenburger Tor: »Was ist daran lustig?«
Ich habe nun ausführlich mit Angstschweiß auf der Stirne von unseren harmlosen Spielchen im Reichenberger Theater erzählt. Er hat nicht ein Wort verstanden, mich gefährlich hypnotisiert und immer nur dazwischen gemein-ironisch gebohrt: »Was soll daran so lustig sein?«
Ich bin noch einmal davongekommen.
Ob ich ihn völlig von meiner Unschuld überzeugen konnte, weiß ich nicht. Vielleicht hat man mich noch lange Zeit auf Schritt und Tritt beobachten lassen, ob ich nicht doch etwas Böses im Schilde führte – etwa einen Anschlag auf das Brandenburger Tor?
Vielleicht waren auch Otto, Walther und Edgar in Gefahr.
Die drei Ansichtskarten haben sie jedenfalls nie bekommen.

Ich spielte noch in einem zweiten Stück als Partner vom Komikeras Paul Heidemann. Ich war ein total konfuser Tonfilmaufnahmeleiter, die leibliche Verkörperung der Hysterie eines verpfuschten Arbeitstages.
Die Kritik begann: »Verhülle dein Haupt, hochsommerlich leichtgeschürzte Muse...« Und dann haben sie es uns beiden ordentlich hineingesagt. Aber immerhin war die Überschrift zu diesem Artikel: »Die beiden machten eine Kiste auf!«
Vielleicht hat meine Gestaltung dieser vertrottelten Rolle die Herren von der Gestapo endgültig zur Überzeugung gebracht, daß ich viel zu blöd war, um ernstlich die Pläne der Naziherrscher zu vereiteln.

Die Heilige und ihr Narr

Zurück nach Reichenberg

Am 1. September rollten die deutschen Panzer über die polnische Grenze. Der größenwahnsinnige Hitler hatte der ganzen Welt durchs Mikrophon zugebellt: »Ab heute früh fünf Uhr fünfundvierzig wird zurückgeschossen!«
Die Vernunft wachte erst viel später auf.
Die den Frieden liebten, wurden von Unbehagen, dann von namenlosem Entsetzen gepackt: Wie gründlich muß dieser sogenannte »Gegenschlag« vorbereitet gewesen sein! Die heuchlerisch »Vergeltung« genannte Aktion war doch nur ein Vorwand gewesen; denn Krieg war von allem Anfang an in der Planung dieses Volksver-Führers das Hauptmotiv!
Aber das wußten damals nur wenige.
Und solang eine Armee siegreich ist, jubeln die Gedankenlosen mit und sind dann maßlos enttäuscht, wenn das Unternehmen scheitert.

»Denn heute gehört uns Deutschland
und morgen die ganze Welt!«

wurde von den Nornen umgedichtet:

»Denn heute gehört uns der Hochmut
und morgen das Leid der Welt!«

Ich wäre sicher noch in Berlin geblieben, aber ein schon lange unterschriebener Vertrag zwang mich dazu, noch einmal für eine Spielzeit nach Reichenberg zu gehen. Neue Direktion, neue Kollegen, neue politische Situation.
Mein Arbeitsplatz hieß nun »Theater der Gauhauptstadt« und stand seit kurzem am Adolf-Hitler-Platz.

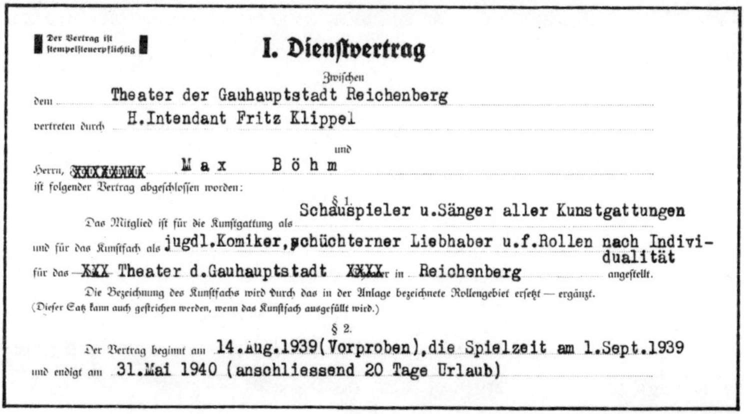

Der Vertrag ist stempelsteuerpflichtig

I. Dienstvertrag

Zwischen

dem Theater der Gauhauptstadt Reichenberg

vertreten durch H.Intendant Fritz Klippel

und

Herrn, XXXXXXXX Max Böhm

ist folgender Vertrag abgeschlossen worden:

§ 1.

Das Mitglied ist für die Kunstgattung als Schauspieler u.Sänger aller Kunstgattungen

und für das Kunstfach als jugdl.Komiker,schüchterner Liebhaber u.f.Rollen nach Individualität

für das XXX Theater d.Gauhauptstadt XXXXr in Reichenberg angestellt.

Die Bezeichnung des Kunstfachs wird durch das in der Anlage bezeichnete Rollengebiet ersetzt — ergänzt.
(Dieser Satz kann auch gestrichen werden, wenn das Kunstfach ausgefüllt wird.)

§ 2.

Der Vertrag beginnt am 14.Aug.1939(Vorproben),die Spielzeit am 1.Sept.1939

und endigt am 31.Mai 1940 (anschliessend 20 Tage Urlaub)

»Bei uns in Reichenberg ...«: Unfreiwillige Rückkehr durch diesen voreilig unterschriebenen Vertrag mit dem Theater der Gauhauptstadt

Die meisten der Kollegen waren sicher nicht aufgrund künstlerischer Erwägungen engagiert worden, sondern weil ihre Großeltern »arischer« Herkunft waren. Ein reiner Zufall: Meine Oma hätte eine Frau Sarah Milchgewitter sein können, und ich wäre vielleicht nicht mehr am Leben?

Wozu noch einmal Provinzbühne im Sudetengau?

Heute weiß ich, warum das so sein mußte: Ich fand dort Freunde fürs Leben!

Eva war in Persien aufgewachsen. Bei ihr war alles anders als bei allen Leuten, die ich bisher kennengelernt hatte.

Dazu muß ich bekennen: Ich bin der Überzeugung, daß es Menschen gibt, die im Leben anderer Mernschen wohltätig als Engel fungieren, sie beschützen, sie anregen und begeistern können. Erinnern Sie sich an die behütende »Guter-Hirte«-Funktion des Bibelforscherfreundes in Berlin?

Nun war Eva in mein Leben getreten. Die personifizierte Reinheit und Klarheit.

Es war ein Gernhaben auf den ersten Blick – nicht, was Sie jetzt denken! Wir hatten sofort das Gefühl einer geschwisterlichen Verwandtschaft. Vielleicht waren wir in »abgelebten Zeiten«

tatsächlich Bruder und Schwester gewesen, jedenfalls sagten wir von allem Anfang »Brüderchen und Schwesterchen« zueinander.

Eva war gleich mir auf Wohnungssuche, auch Erika und der liebenswerte Kollege »Stumpi«. Er spielte damals bei den Passionsfestspielen den Hohepriester Kaiphas: ein markantes, grimmig durchfurchtes Gesicht, aber die Güte in Person. Die Kollegen nannten ihn nur noch den »alten Fant« im Gegensatz zu mir. Ich war immer der »junge Fant«.

Wir beschlossen, gemeinsam eine Wohnung in der Nähe des Tuchplatzes zu mieten. Jeder hatte sein Zimmer. Nur zum Essen kamen wir im größten Raum zusammen, der meine Behausung war.

Es begann die Zeit der großen Feste. Wir betrachteten jeden Tag, den wir zusammen lebten, als Fest. Evas Vater war Konsul und schickte aus dem Ausland, wo es noch alles zu schmausen gab, viele Pakete.

Erika war Jüdin und lebte in ständiger Furcht vor der Entdeckung dieser damals lebensgefährlichen Tatsache. Sie vertraute sich nur unserem Geheimbund an. Sie hatte einen gutmütigen Hund und einen gutmütigen Charakter und war vom Wunsch beseelt, eine große dramatische Schauspielerin zu werden.

Stumpi – so die Abkürzung seines Namens Stumvoll – war vom lieben Gott auf die Welt geschickt worden, um Zweiflern den Glauben zurückzugeben, daß doch noch Geschöpfe unter uns lebten, die immer sonnig und optimistisch waren.

Er war als Schauspieler nicht gerade ein Bassermann, aber man hatte ihn gern an jedem Theater. Vor allem nahm man ihn, ohne lange zu überlegen, auf Gastspielreisen mit. Wenn eine Gruppe gezwungen ist, auf engem Raum längere Zeit miteinander zu leben, wie das bei Theatertourneen der Fall ist, kann man sofort die Sanftmütigen von den sogenannten

»Verknoflern« unterscheiden: Denen paßt gar nichts. Das Essen ist miserabel, die Unterbringung nicht standesgemäß, die Anreise eine Zumutung.
Stumpi war immer zufrieden! Wenn sein Zimmer zwischen dem rasselnden Lift und dem rauschenden Klosett lag – er fühlte sich wie der Mr. Rockefeller und war glücklich. Ein sympathischer Bruder Leichtsinn mit Vorliebe für ein gutes Tröpferl Wein, und auch dem schönen Geschlecht nicht abhold.
Auch er mußte instinktiv gefühlt haben, daß Eva ein ganz besonderes, seltenes und kostbares Exemplar war. Auch er hatte eine unbewußte Sehnsucht nach dieser sauberen Offenheit. In Evas Gegenwart wurde alles, was nicht wahrhaftig und echt war, sofort unwichtig.
Die Feste gestalteten sich so, daß wir am Fußboden lagen, auf dem wir Unmengen von Kissen und Büchern verstreut hatten. Wir waren Kinder in einem besonders freundlichen Kindergarten und ohne Anwendung von Drogen »high«, wie man heute sagen würde.
Um uns wurden viele Kerzen und Räucherstäbchen entzündet, und Eva begann, Gedichte vorzulesen. Ihre Vorliebe galt dem persischen Dichter Hafis.

»Meine zarte Seele
Ist eine Strophe aus dem Blau des Himmels,
Ein wundervoller Vers, den Allah schrieb ...«

Wir revanchierten uns mit Tagore, japanischen Haikus und Li-tai-pe. Hermann Hesse verstand unsere Situation:

»Wo befreundete Wege zusammenlaufen, da sieht die ganze Welt für eine Stunde wie Heimat aus.«

Und dann philosophierte jeder bis zur Morgendämmerung des neuen Tages mit überzeugter Eindringlichkeit, wie man die Welt verändern könnte. Wir entwarfen Konzepte von Städten, die lebenswert und von weisen, wertvollen, sehr tugendsamen Menschen bevölkert waren.
Nur Stumpi war meistens schon eingeschlafen.

Abgeklärte Zyniker werden diesen Bericht für unreif und infantil halten. Aber ist es nicht das Vorrecht der Jugend, alles ändern zu wollen und vernünftiger als die vorige Generation zu leben?
Diese kurze Zeit mit den lieben Freunden war meine eigentliche goldene Jugendzeit mit allen schwärmerischen und schöpferischen Merkmalen, die mein späteres Leben ungemein geprägt haben.
Eva war die »Heilige«, und Stumpi wurde – nach einem berühmten Romantitel – von allen als ihr »Narr« bezeichnet. Er hatte jederzeit in jedem Raum, den er bewohnte, ein Bild seiner platonisch angebeteten Eva hängen. Wie oft kam es vor, daß eine flüchtige Zufallsbekanntschaft eifersüchtig das Bild auf den Boden warf. Der alte Fant sah das als absolute Entweihung. Das Bild bekam einen neuen Rahmen, und »seine Eva« hatte wieder ihren festen Platz an seiner Zimmerwand und in seinem Herzen.

Silvesterparty in der Tiefkühltruhe

Unsere Wirtsleute in Reichenberg hätten dem genialen Federico Fellini ein Wonnegrunzen entlockt.
Er war grau, häßlich, hatte rasierte Augenbrauen und einen rasierten Haaransatz. Ohne die tägliche Rasur der Stirne hätte er sicher einem Schimpansen ähnlich gesehen. So aber kam das Galgenvogelgesicht deutlicher heraus, dessen scharfe Hakennase einem sofort unangenehm auffiel. Klaus Kinski wäre gegen ihn ein unauffälliges Dutzendgesicht gewesen.
Sie, die Zimmerfrau, war ein Albino mit weißen Löckchen, weißen Augenbrauen, weißen Wimpern. Die Haut aber war bonbonrosa wie ein Neujahrsferkelchen aus Marzipan. Und überall nur rund und fett. Ich habe sie nie etwas arbeiten gesehen.

Alle Handgriffe im Haushalt hatte er übernommen: abwaschen, Staub fegen, Strümpfe stopfen, Wäsche bügeln, Teppiche klopfen, Blumen gießen, Fenster putzen. Am Abend drehte er ihr noch mit einer Brennschere die weißen Löckchen ein.
Wir hatten die Zimmer mit Mittagessen inklusive gemietet, mußten also essen, was auf den Tisch kam.
Er kochte, servierte, räumte ab.
Und wir konnten die unheimliche Dracula-Atmosphäre nur ertragen, weil wir das frohe Lachen unserer Jugend über die unvermeidlichen G'spaßetteln immer bereit hatten.
Ich warf einmal einen Spinatrest an die Decke. Pitschkleck, ein grüner Fleck! Am nächsten Tag kam Tomatensaft dazu, am dritten Eigelb.
Nicht nur, daß so nach und nach ein abstraktes Gemälde auf der Zimmerdecke entstand – wir hatten schließlich den kompletten Speiseplan unseres Wirtes wundermild über uns, der sich allwöchentlich wiederholte. Ein Blick nach oben: Heute ist Montag? Aha, es gibt heute Powidlknödel.
Mahlzeit!
Silvester 1939.
Wir hatten Gäste eingeladen, und unser Herbergsvater hatte nicht eingeheizt! Offiziell hieß es, die Zentralheizung wäre kaputt, aber wir waren überzeugt, er wollte nur die Heizkosten einsparen.
Was sollten wir tun?
Not macht erfinderisch. In stundenlanger Schwerarbeit schleppten wir alle vorhandenen Betten, Sofas, Matratzen in mein Zimmer, schlichteten sie so dicht nebeneinander, bis nichts anders mehr Platz hatte, häuften alle verfügbaren Handschuhe, Pelzmützen, Wollpullover und Wärmflaschen auf dieses riesige Lager und nannten den Abend »Silvester in der Charité« (zu deutsch »Haus der Barmherzigkeit«). Für Glühwein und heiße Grogs war vorgesorgt.
Der Weihnachtsbaum stand noch – wir ließen ihn immer bis

Pfingsten stehen. Es war nur ein einziger Ast mit Silber übergossen. Ich hatte die Schmückung des Baumes übernommen und überreichlich diesen einen Ast mit Lametta (»verchromtes Sauerkraut«) behängt, aber alle pflichteten mir bei: Dieser eine Ast war ein Werk von höchster Vollendung.

Nun hatte ich auch die übrige Dekoration des Raumes vorgenommen: Über zweihundert meiner nicht gerade dezenten Bühnenkrawatten hingen aneinandergereiht kreuz und quer über unseren Köpfen als sehr effektvoller Festschmuck.

Die zwölf Gäste kamen in dicken Wintermänteln. Unter ihnen Leute, die heute Rang und Namen haben, zum Beispiel Lois Egg, der Bühnenbildner des Wiener Burgtheaters, und Wolfgang Birk, der Filmproduzent.

Die Zimmertemperatur war unter Null, aber unsere Stimmung richtig aufgeheizt. Jeder hatte sich wie ein Eskimo in seinen »Iglu« eingegraben.

Ein uneingeweihter Beobachter dieser Silvesterfeier wäre überzeugt gewesen, hier bereite sich die sensationellste Gruppensexorgie vor. Aber alle, die dabeiwaren, versicherten uns oft, sie hätten nie mehr so einen fröhlichen, harmlosen, wirklich originellen Jahreswechsel erlebt.

Wir lachten stundenlang, und einsamer Höhepunkt dieser verrückten Silvesternacht war dann Punkt 24 Uhr: Langsam ging die Türe auf, und unser Quartiergeber erschien – als Vamp verkleidet! Grell geschminkt mit silberblauen Liddeckeln, mit einem Riesenhut am Kopf, mit Straußenfedern um den Hals und Netzstrümpfen an den dünnen Beinen. Er hatte einen glitzernden, ausgestopften Büstenhalter und einen Rock mit vielen Volants angezogen.

Außerdem war er mit Gablonzer Schmuck mehr behängt als mein Christbaum in der Ecke. Auf unsere Frage, ob das alles echt sei, meinte er nur herablassend: »Ach, das ist nur ein Teil meines Vermögens...!« Er war unendlich besoffen und hatte uns sein wahres Ich gezeigt.

In jener Nacht machte ich mir keine Gedanken mehr über unser seltsames Paar, sondern wußte schon ziemlich Bescheid über die Launen der Natur.
Das Leben hatte mich bereits aufgeklärt.

Zobel geht die Welt zugrunde

Zum künstlerischen Ensemble des Theaters in der Gauhauptstadt gehörten übrigens ein Kollege und eine Kollegin, die dadurch angenehm auffielen, daß sie immer so besonders nett zueinander waren. Sie lebten ohne Trauschein zusammen und waren für alle das Musterbeispiel, wie Paare miteinander durch das Leben gehen müßten: immer höflich, immer zuvorkommend und besonders rücksichtsvoll. Er: ein vollendeter Gentleman. Sie: eine wirklich große Dame.
Durch einen Zufall erfuhren wir von Theaterleuten, die auch dort einquartiert waren, die Wahrheit. Diese beiden lieben Menschen waren Meister der Perversität! Jede Nacht ohrfeigten sie sich vor Lust, prügelten sich mit Peitschen und Ruten, fesselten einander an die Bettpfosten und waren wilder zueinander als die sogenannten wilden Tiere!
Als unser Requisiteur dem männlichen Teil dieses strengen Paares einmal für eine Rolle eine Reitpeitsche beschaffen mußte, lächelten alle Wissenden maliziös und bedeutungsschwer.
Der Requisiteur, ein gewisser Hoschek, war ein Könner in seinem Fach. Er besorgte prompt und verläßlich alles, was für den Theaterbetrieb notwendig war: Degen, Gurkengläser, Pendeluhren, Alphörner, alte Grammophone, Autohupen, Spinnräder, Gasmasken, ausgestopfte Auerhähne, Gummireifen, Statuen des David aus Gips – und eben Reitpeitschen. Einfach alles.
Neben dieser aufreibenden Tätigkeit bot er den hungrigen Schauspielern bei jeder Gelegenheit sein leckeres Spezialgulasch

an, das von jedermann dankbar konsumiert wurde, besonders wenn sich Proben unanständig in die Länge zogen.
Auffallend war seine chronische, fast krankhafte Unausgeschlafenheit. Der alte Hoschek hatte eingefallene Wangen, dicke Ringe unter den Augen und eine gelblich-weiße Hautfarbe, die so gespenstisch zu seinem schwarzen Clothmantel kontrastierte, den er immer trug.
»Sagen Sie, Hoschek, schlafen Sie so wenig?« fragte einer von uns. Hoschek erwiderte gähnend: »Es is ja kein Wunder. Ich hab einen Nachtberuf! Vor viere in der Früh komm ich nie ins Bett!«
Eines Tages begab sich eine der Darstellerinnen in die Requisitenkammer zum alten Hoschek, um sich ein Schmetterlingsnetz zu beschaffen. Da blieb ihr entsetzter Blick plötzlich an der Wand hängen. Neben der Marmorbüste Nietzsches und dem Ölgemälde »Napoleon auf Elba« hing an der Wand – fein säuberlich auf ein Holzbrett gespannt – ein Katzenfell mit einer ganz markanten Zeichnung!
Die Kollegin sagte tonlos: »Das ist sie! Meine Minki! Ich erkenne sie an der Verletzung der linken Vorderpfote. Seit Wochen inseriere ich in der Zeitung ›Katze entlaufen! Suche dringend meine Minki!‹ Wie kommt das Fell zu Ihnen, Herr Hoschek?«
Der greise Requisitensammler wurde sehr verlegen, und dann mußte er, leicht verstört, zugeben: Sein »Nachtberuf« war es, herrenlose Katzen einzufangen und die »Dachhasen« (wie er sie nannte) zu verwerten, um seine kargen Bezüge aufzubessern.
Seit dieser Eröffnung hat niemand mehr beim alten Hoschek ein Spezialgulasch bestellt. Auch den Hungrigsten war mit einem Schlag der Appetit vergangen.
Von ihm gibt es noch eine andere Geschichte. Er hatte manchmal auch aushilfsweise das Amt des Herrengewandmeisters übernommen, das heißt, er mußte Kollegen bei raschen Umzügen auf der Bühne helfen.

Der fesche Operettentenor Albertini sollte im *Orlow* in einem eleganten Winterpelz auftreten. Einmal hat der Hoschek vor Übermüdung auf dieses Kleidungsstück vergessen. Im letzten Moment fiel ihm ein: »Um Himmels willen, wo ist der Pelz? Ach was, bevor ich in den zweiten Stock hatsche, ist der Auftritt schon vorbei...!«

Er flitzte durch eine eiserne Tür in die Publikumsgarderobe, in der die Besucher ihre Hüte und Mäntel abgegeben hatten, suchte sich flink ein passendes Modell aus, kam noch rechtzeitig auf die Bühne und zog dem verdutzten Tenor das Prachtstück an.

Albertini trat mit einem vornehmen Zobelpelz vor sein Publikum und schmetterte strahlend sein Lied. Finale. Pause.

Ein aufgebrachter Besucher meldete sich lautstark bei unserem Operettenliebling: »Sagen Sie, was fällt Ihnen ein? Wie kommen Sie dazu, meinen Zobel anzuziehen? Ich hab ihn gleich erkannt – der unterste Knopf ist mir bei der Herfahrt abgerissen! Geben Sie mir sofort meinen Pelzmantel zurück, Sie gemeiner Dieb!«

Da mischte sich seelenruhig der alte Hoschek in die erregte Diskussion der beiden Herren und sagte beruhigend zum Theaterbesucher: »Schau'n S, lieber Herr. Regen Sie sich Ihnen nicht so auf. Sind Sie lieber froh, daß Ihr Mantel einmal auf einer großen Bühne von so einem eleganten Menschen vorgeführt worden ist. Ihnen paßt doch so ein schöner Mantel gar nicht. Und außerdem hab ich Ihren abgerissenen Knopf wieder angenäht.«

Damit überreichte er dem aufgebrachten Pelzbesitzer den teuren Mantel und schob ihn freundlich, aber bestimmt aus der Herrengarderobe.

Der Herr hat sich dann noch über den unverschämten Vorfall bei der Direktion beschwert, aber man hatte damals schon andere Sorgen. Der Krieg hatte Weltformat angenommen. Und da zählte so eine Bagatelle kaum.

Karl Trabauer war ein Geschenk der Natur an das Theater. Fabelhafte Bühnensprache. Blendendes Aussehen. Sehr männliche Ausstrahlung. Mit einem Wort: Alle Intendanten des deutschen Sprachraums lechzen nach solchen jugendlichen Helden.

Er spielte bei uns den Rustan in Grillparzers *Traum ein Leben*, den Faust (mit Eva als Gretchen) und sollte noch viele klassische Traumrollen verkörpern. Er war als Star an das Deutsche Theater in Prag engagiert worden. Die tragische Geschichte ist rasch erzählt.

Trabauer meldete sich aus überschäumender Begeisterung als Freiwilliger in den häßlichen Krieg, entkam als Verletzter wie ein Wunder der Hölle von Stalingrad, mußte allerdings seinen rechten Arm dem wahnsinnigen Völkermord opfern und verfiel in furchtbare Depressionen. Wie sollte er jemals seinen geliebten Beruf wieder ausüben? Mit einem Arm! Als ihm die psychische Belastung zu schwer wurde, stürzte er sich aus dem Fenster des Lazaretts und war sofort tot.

Eva und Stumpi hatten ihm noch ein paar Tage vorher einen echten Freundschaftsbeweis gebracht. Sie waren von Prag nach Dresden gekommen, um ihm Mut zuzusprechen. Sie hatten die beschwerliche Reise gewagt, und sie dauerte zweieinhalb Tage! Die Züge gingen über Umwege und immer unregelmäßiger, da viele Geleise durch Bomben zerstört waren.

Am Ziel des Grauens angekommen, sahen sie in einem Wartesaal der Verzweiflung Verletzte, Sterbende – wahre Gespenster an Leid und Hoffnungslosigkeit. Und dann war da mitten darunter ihr Freund, bleich und abgezehrt, trostbedürftig.

Eva hatte noch nicht ihre Geschenke ausgepackt, da war auch schon Stumpi, der »Mister happy«, sogleich tief und fest eingeschlafen. Und er blieb die Dreiviertelstunde, die ihnen als

Besuchszeit erlaubt war, unansprechbar in süßem Schlummer.
Eva ermunterte den Niedergeschlagenen und riet ihm, auch ohne rechten Arm als Schauspieler weiterzumachen – der Tellheim wäre ohneweiters einarmig denkbar –, und bewies ihm ihre ehrliche Freundschaft durch ein gutes, tröstendes Gespräch.
Der alte Fant schnarchte dazu laut und vernehmlich. Er sah wie ein gesundes Baby aus in seinem Tiefschlaf des Gerechten.
Den Helden unserer tragischen Geschichte, Karl Trabauer, erheiterte dieser Anblick dermaßen, daß er schallend lachen mußte – vermutlich zum letzten Mal in seinem jungen Leben. Wahrscheinlich so befreiend und mitreißend wie schon seit Jahren nicht mehr.
Er rief im besten Bühnendeutsch beim Verabschieden: »Ach, ich will das Leben umarmen, als hätt ich zwei Arme!«
Stumpi wurde geweckt – er und Eva fuhren zurück, weil sie in Prag sofort wieder auf die Bühne mußten – und sah den Freund in strahlender Laune.
Ein guter Mensch vermag also auch durch extremes Passivsein beim andern Freude zu verursachen.
Das bißchen Lebensmut von Karl Trabauer erlosch erst, als er erfuhr, daß seine Freundin mit dem Herrn Gauleiter liiert war und vor Zeugen geäußert hätte: ein Einarmiger wäre doch nicht der richtige Lebenspartner für sie.
Vom Reichenberger Engagement gibt es nicht mehr viel zu erzählen. Ich spielte, was gut und teuer (»Zettel« im *Sommernachtstraum*), aber auch was billig und schlecht war, sogar Helden in schrecklichen Krampfstücken.
Als einziges Positivum verzeichne ich noch in meiner Lebensbilanz die Bekanntschaft mit Karl Dönch. Er ist jetzt Hofrat, Professor und Direktor der Wiener Volksoper. Damals war er schon ein reizender Mensch und hochbegabter Sänger und Schauspieler, der durch die überdurchschnittliche Gestaltung seines Beckmessers auffiel.

Er machte bei den Tingeleiabenden des Theaters in bester »Simpl«-Manier mit und wäre auch als Komiker sensationell gewesen.
Die Hauptpersonen in diesem Theaterjahr Reichenberg 1939/40 blieben aber eindeutig Eva und Stumpi. Und es machte uns auch gar nichts aus, daß Eva ihr Herz längst an ihren Karli verloren hatte. Der erste und einzige, vor allem der richtige Lebenspartner für sie. Nach vierzigjähriger, sehr glücklicher Ehe sagte er erst neulich zu mir in seiner wienerisch-charmanten Art: »Also, mir ham a Mordskarma g'habt miteinander, die Eva und ich!« Sie haben Kinder und Enkel und leben ein Leben der kreativen Schönheit. Sie malt eigenartig berührende Bilder, er schnitzt Heiligenfiguren, hat sich schon zwei Orgeln und eine Harfe selbst gebaut und erlernt im »Do-it-yourself«-Verfahren das Spielen auf seinen Instrumenten! Woher er als vielbeschäftigter Leiter eines Krankenhauses die Zeit nahm, seinen vielen Hobbys zu frönen?
Sie leben den Freunden vor, wie man sein bißchen Leben mit viel Freude erfüllen kann.
Der Kontakt zu Eva und die Bereitschaft, von ihr zu lernen, ist nie mehr abgerissen.

Bremen, das Tor zur Welt

Im allerhöchsten Schauspielerhimmel

»Hier Schaus-pielhaus Bremen! Ges-tatten, daß ich mich vorstelle, Direktor Wiegand!«
Ich dachte an den FANTOMAS, sagte lachend »Jaja« und hängte den Hörer wieder ein.
Nach zwei Minuten: »Hier Schaus-pielhaus Bremen! Möchten Sie nich zu uns als Schaus-pieler kommen?« Ich schmunzelte wieder, aber da sagte die S-timme mit der nordischen Melodei: »Frau Helene hat uns viel erzählt von Ihnen! Sie sind der richt' je Mann für uns! Wenn Sie ja sagen, ist morgen der Vertrach bei Ihnen!«
Da fuhr mir der Freudenschreck in die Glieder! Der große Wiegand von Bremen? Der den Heinz Rühmann, den Hans Söhnker, die Hannelore Schroth und viele, viele andere groß gemacht hat? Und Helene, meine hochverehrte Frau Direktor im ersten Jahr Reichenberg, hatte mich empfohlen!
Ja, stimmt: Sie hatte sich aus »Vernunftsgründen« von ihrem Mann getrennt (er war Jude, sie »Arierin«) und ist an das Schauspielhaus nach Bremen gegangen.
Ein Wunder war geschehen. Sonst geht einem Engagement ein längerer Briefwechsel voraus, ein persönliches Vorstellen, vor allem Vorsprechen der wichtigsten Repertoirerollen. Und diesmal nichts davon.
Ein freundlicher, gnädiger Wind wehte mich an die Waterkant.
Und ich erwies mich der Empfehlung würdig.
Ich gehörte diesem Theater von 1940 bis 1944 in bevorzugter

Stellung an. Und diese vier Jahre bedeuteten für mich einen künstlerischen Höhenflug sondergleichen.
Ich spielte das Fach der guten, dankbaren Rollen. Mehr noch, ich galt mit meinem sudetendeutschen Akzent dort oben als Prototyp des charmanten Wieners!
Der kleine Schauspieler aus dem Böhmerland lernte auf einmal großartige Regisseure kennen: Franz Reichert, der dann später am Wiener Burgtheater inszenierte, und Hannes Tannert, später Intendant in Baden-Baden.
Meine dortigen Kollegen Bernhard Wicki, Hans-Joachim Kulenkampff und Wolfgang Preiß sind inzwischen internationale Stars geworden. Preiß gefiel erst vor kurzem als Gegenspieler von Mastroianni. Und damals war er der »ungorischer Grof« in meinem sensationellen Antrittserfolg *Meine Schwester und ich*. Ich war als Truffaldino – wie alle Kritiker in seltener Einmütigkeit versicherten – der »Löwe des Abends« und somit im allerhöchsten Schauspielerhimmel.
Auch privat gewährte mir das Schicksal paradiesische Zuständ': Meine Frau Direktor von einst wurde meine Helene.
Wie das Leben so spielt.
Und ich fand deutlich bestätigt, daß die wirklichen Komödianten im Leben ganz, ganz anders sind, als man sie von der Bühne her zu kennen meint. Helene war für das Publikum immer die Grande dame, die Salonschlange, die Femme fatale oder die große Tragödin (Maria Stuart etc.).
Im Privatleben konnte sie richtig glücklich sein, wenn sie als einfache Hausfrau eine Küchenschürze umband, um einem willkommenen Gast ein gutes Mahl zu bereiten.
Schlicht, gerade und so ehrlich.
Wer hätte das gedacht?
Gestaltet das Leben nicht die seltsamsten Romane?
Harmonisch und disharmonisch ging es zu in dieser »love story«, von der bald ganz Bremen wußte. Wir konnten romantisch sein und – wenn es sein mußte – sogar richtig schön

kitschig. Wenn wir »unser« Lied am Grammophon spielten, heulten wir jedesmal in einer sentimentalen Glückswoge: »Komm zurück«, ein damals tausendfach abgenutzter Schmachtfetzen, entlehnt einer Opernstelle aus der *Madame Butterfly*.
Man müßte viel mehr von Damen plaudern, die einen durch dieses Leben begleitet haben, aber ...
Ich bin kein Casanova. So hieß mein zweiter großer Erfolg. Und ich begann, eigene Chansons in die Stücke einzubauen. Ich verkörperte in der Folge sämtliche »Benatzky-Bubis« von *Bezauberndes Fräulein* (mit den Original-Farkas-Coupletstrophen, aber das wußte nur ich) bis zum *Axel an der Himmelstür*.
»Axel« war diesmal übrigens nicht von Morgan, Schütz und Weigel, sondern von einem Viktor van Buren. Das war ein Zweimetermann mit interessantem, männlichem Profil, dem zur Weltkarriere nur eine Winzigkeit fehlte: Courage! Er war auch schon Partner der Zarah Leander gewesen, aber berühmt dafür, daß er vor Lampenfieber immer fast kaputtging. Wenn er ein Filmatelier nur von außen zu sehen bekam, wurde er blaß und seine Stimme rauh und kehlig.
Ob das der Grund war, daß er nun als Autor für Produktionen fungierte, die man als »arisch« tarnen mußte? Die neue Methode des Entlehnens war mir ja schon anläßlich meines Gastspieles am »Kleinen Theater« in Berlin vertraut geworden.
Das siebente Gebot im Dritten Reich – ein ergiebiges Thema für eine Doktorarbeit.

Hundert Jahre in der Badewanne

In Bremen gab es Bombenerfolge – auch tatsächliche Bomben kamen überreichlich von oben aus Flugzeugen, die das »perfide Albion« (Goebbels-Zitat) herüberschickte. Obwohl Göring geschworen hatte, er wolle Meyer heißen, wenn jemals wieder Luftangriffe über Deutschland stattfänden.

Und wie sie kamen.
Wir waren mitten im Krieg.
Und das Blatt hatte sich schon deutlich gewendet.
Rudolf Heß war über Großbritannien mit dem Fallschirm abgesprungen und wurde als geisteskrank bezeichnet.
Ich war zur deutschen Wehrmacht eingezogen worden und als ganz normal angesehen. Dabei war es eine schizophrene Situation: War ich nun Schauspieler und nebenbei Soldat? Oder war ich Soldat und nur nebenbei Schauspieler?
General Wagner, der oberste Herr von den Luftnachrichten, hatte mich persönlich für die Arbeit am Schauspielhaus freigegeben, aber ich mußte dafür, sooft es ging, Wehrbetreuung machen.
Das ging so vor sich: Es wurde ein sogenannter Zweimann-Bunkertrupp ins Leben gerufen. Ein Unteroffizier namens Otto Röder und ich besuchten mit Fahrrädern Flakstellungen, die so weit draußen stationiert waren, daß die Soldaten rund eine Stunde bis zur nächsten Straßenbahn gebraucht hätten – sie waren also praktisch abgeschnitten von jedem kulturellen Geschehen.
Wir kamen an. Otto packte sein Akkordeon aus, und wir befanden uns nun, meistens in einer Schlafbaracke, irgendwelchen Menschen gegenüber, von denen wir rasch herauszufinden hatten, auf welchem Niveau sie Unterhaltung begehrten.
Waren es einfache Heidebauern, sangen und schunkelten wir hirnrissige Karnevals- und Landserschlager vom »munteren Rehlein«, von einer Haselnuß, die angeblich schwarzbraun gewesen sein soll. Wir stellten die verblödetsten Fragen der Welt: »Wer soll das bezahlen?« oder »Warum ist es am Rhein so schön?« Und sie waren hochzufrieden.
Waren sie anspruchsvoller, bekamen sie Eugen Roth, Fred Endrikat und – natürlich ohne Angabe des Autors – sogar Fritz Grünbaum serviert. Ich hatte das Büchlein »Grünbaum contra Grünbaum« bei mir, in welchem er gegen sich selber Anklage

erhoben hatte, wegen Verbreitung schlechter Gedichte. Und wie gut die waren!

Dadurch bildete sich aber bei mir eine unerhörte Routine, da ich ja gezwungen war, praktisch jeden Geschmack im Laufe dieser Veranstaltung zufriedenzustellen.

Otto und ich hatten sogar ein intelligentes System ausgearbeitet, um herauszufinden, wie das Unternehmen »Betreuung der Landser« vonstatten gehen mußte.

Die ersten drei Minuten waren eine Art Intelligenztest für unsere Zuschauer. Ich sprudelte etwas schwierigere Scherze hervor, für die man eine eigene Antenne haben mußte, um lachen zu können.

> Schweregrad 1: »Ich will nicht auf die Regierung schimpfen – sie hat ja nichts getan ...«
> Schweregrad 2: »Es muß nicht immer der Wind sein, wenn der Strandkorb schaukelt ...«
> Schweregrad 3: (da waren sprachliche Minimalkenntnisse Voraussetzung! Man mußte zumindest eine Ahnung vom Lateinischen oder Französischen haben. Wenn einer zum Beispiel wußte, daß das Wort »Masseur« auf deutsch auch »meine Schwester« heißt, kam er bei uns schon auf eine höhere Wertungsskala als Nichtbegriffsstützіger.)

Wenn diese Dreiminutenprüfung von den meisten in unserem Publikum bestanden war, schienen sie uns wert zu sein, geistreichere Pointen geliefert zu bekommen.

Einmal kamen wir in einen Unterstand ganz weit draußen. Triste Atmosphäre. Moorlandschaft. Vermorschte Holzbaracke. Eine Handvoll Kameraden. Im grauen Ehrenkleid des Führers unterscheidet man ja nicht sofort den dumpfen Halbgebildeten vom hochsensiblen Intellektuellen.

Die Vorstellung begann, zwischen den Stockbetten und den Wehrmachtsspinden. Beim »Duft« der zum Trocknen aufgehängten Socken.

Die Dreiminutenhürde wurde mit schallendem Gelächter quittiert. Otto, wo waren wir da hingeraten? Die können lateinisch. Die können französisch. Jede noch so unterspielte heimtückische Knallerbse kommt an wie ein Kanonendonner!
Die Lösung des Rätsels: Das war ein sogenannter »Sanitätslehrgang«, und alle Teilnehmer waren Ärzte, Akademiker, zumindest Maturanten. Sie wurden für diese überdurchschnittliche Aufnahmebereitschaft mit einem Brillantfeuerwerk belohnt. Das ging bis hinauf zu Karl Kraus und Egon Friedell. (»1775 wurde die Badewanne erfunden, 1875 das Telephon. Das bedeutet, daß man 100 Jahre in der Badwanne sitzen konnte, ohne daß einen das Telephon gestört hätte!« Applaus! Otto, die haben zuhause eine Badewanne, sie haben zuhause ein Telephon!)
Selige Stunden künstlerischer Tätigkeit inmitten von Zwängen und Vorschreibungen! Nicht nur die Darbietungen selbst beglückten uns, sondern auch das Vorher und das Nachher, das Wissen, dieser häßlichen deutschen Militärknute in eine gewisse Freiheit entflohen zu sein.
Worpswede, die versponnene Kolonie der Künstler, Maler und der Individualisten verzauberte uns.
Ich lernte Manfred Hausmann persönlich kennen, den zartfühlenden Poeten dieser eigenartigen Landschaft. Und brachte meiner Helene sein Buch mit, in dem der glückselige Landstreicher Lampioon kleine Mädchen und junge Birken küßt.
Otto und ich nutzten die Zeit zu Sonnenbädern am Weserufer, zu gemächlichen, erholsamen Spazierfahrten mit unseren Fahrrädern, indes weniger vom Glück Begünstigte in der Sommerhitze zackig exerzieren mußten. Wir radelten dankbar dahin in der unendlichen Ebene, die sich wie ein großer, einladender Tisch des lieben Gottes ausbreitet, soweit das erlebnisfrohe Auge reicht.
Ich wußte, daß ich einen Schutzengel hatte, und nickte ihm insgeheim glücklich zu.
Wenn wir einmal keine Lust hatten zur Wehrbetreuung oder

kleine Mädchen und junge Birken uns von der Pflicht am Vaterlande abhielten, rief Otto einfach an: »Hier Unteroffizier Röder, Wehrbetreuung! Ich melde, daß der Zweimannbunkertrupp heute nicht bei euch zum Einsatz kommt, sondern erst morgen – oder, noch besser, übermorgen. Ende.« Und wir studierten lieber den seidigen Himmel über Fischerhude, der bekanntlich in jeder Minute Farben und Stimmungen wechseln kann. Das Super-Breitwand-Hobby des gütigen Himmelvaters.

Ein Garten Eden für den, der gelernt hat zu schauen und diese Kolossalgemälde der verschwenderischen Natur in sich als wertvolle Schätze aufnehmen und bewahren kann.

Kuli – narrisches

Bremen war eine merkwürdige Hansestadt und kaum geeignet für die Geschehnisse, wie sie uns von anderen großen deutschen Städten berichtet wurden.

Wir trafen Geschäftsleute, die ihr Leben lang mit London Handel getrieben hatten, und denen die Unterbrechung ihrer Aktivitäten durch den Krieg völlig zuwider war.

In der Schwachhauser Heerstraße (dem Nobelviertel) war ich oft bei einer Familie eingeladen, deren Mitglieder schwerreiche Inhaber von Teeplantagen auf Ceylon waren, die alle ungeduldig das Ende der ganzen, so lästigen Hitlerei herbeisehnten, damit sie wieder in die große Welt hinausfahren konnten. Die hatten ja überhaupt kein Interesse an diesem »Deutschland über alles in der Welt«!

Ich fand gottlob nur wenige überzeugte Anhänger des augenblicklichen, selbstzerstörerischen Regimes, und die gab's auf gar keinen Fall im Bremer Schauspielhaus.

Ich habe mich eigentlich sehr wohl gefühlt in diesem als kühl verschrienen nördlichen Klima.

Es kann natürlich auch sein, daß einem jede Stadt liegt, in der man Erfolg hat, aber diese besondere Weltoffenheit, das auf den ganzen Erdball hin Orientiertsein, hat mir an den Bremern imponiert.
Wie gering zählten da die Parolen des größenwahnsinnigen Herrn Führers, der bekanntlich in der Stadt Bremen nie recht ankam und sie auch nur selten besuchte.
Etwas hatte ich bisher noch nicht kennengelernt: Man konnte sich auf diese Menschen hundertprozentig verlassen! Wenn einer in Bremen Freunde findet, bleiben sie Freunde für das ganze Leben.
Hans-Joachim Kulenkampff zum Beispiel, damals noch jugendlicher Held, ist so einer. Ich hab ihn als strahlenden Gyges bewundert. Und seine Lockenpracht war so echt wie seine Begeisterung für den Schauspielerberuf.
Nach dem Krieg haben wir einmal beide in der Deutschlandhalle Berlin einen Monsterabend mit Caterina Valente, Vico Torriani und anderen conferiert – ich den ersten Teil und er den zweiten. Kuli drohte mir in der Pause mit dem Finger und meinte: »Du, deine blöden Witze hast du mir alle damals schon in Bremen erzählt. Und du hättest mir damit beinahe meinen Auftritt geschmissen!« Er sollte mit einem großen Monolog auf die Bühne treten und mußte sich derart das Lachen verbeißen über unsere Blödeleien, daß er beinahe ein bißchen böse auf mich war. Wir haben uns aber seither oft wieder versöhnt.
Ich hätte sein Angebot annehmen sollen, mit ihm gemeinsam ein großes Quizspiel im Fernsehen zu produzieren. Aber derartige Versäumnisse erkennt man im Leben immer erst dann, wenn es zu spät ist.
Eine nette Anekdote gibt es über den Kuli. Wenn sie nicht stimmt, ist sie gut erfunden. Bei einem seiner Geburtstage hatte er alle Kollegen eingeladen. Bombenstimmung. Beim allgemeinen Aufbruch wendet sich der Wirt des Lokales an den

prominenten Gast: »Wenn Sie gestatten, Herr Kulenkampff, streiche ich die Hälfte der Rechnung!« Seine angebliche Antwort soll gelautet haben: »Ich soll mich von Ihrer Großzügigkeit beschämen lassen? Herr Wirt, geben Sie her: ich streiche die andere Hälfte!«
Im Drama *Das kalte Herz* mußte er dem König eine niederschmetternde Meldung bringen, und der sollte daraufhin entrüstet ausrufen: »Wie? Das wagen Sie, mir ins Gesicht zu sagen?« Kuli, an jenem Abend leicht übermütig, extemporierte: »Wohin soll ich es Eurer Majestät denn sonst sagen?« Worauf die Majestät (Bernhard Wicki) eine Minute nach Fassung ringen mußte. Dann erst ging das Stück weiter.
Kulenkampff war immer ein zauberhafter Kollege. Und schon immer als Conférencier besonders einfallsreich. An einen kauzigen Satz, der Nestroy-Format hat, erinnere ich mich noch heute. Er sagte: »Haben Sie schon gehört? Die Zündhölzer sind jetzt billiger geworden. Dafür wurden die Generäle teurer. Ist ja auch ganz logisch: mit den Generälen kann man bedeutend mehr Feuer machen ...!«

Dichter und ... Bauer

Meine Begabung, stundenlang ohne Vorbereitung Leute zu unterhalten, sprach sich bis in meine Theaterdirektion herum. Gab es Spielplanschwierigkeiten wegen Erkrankung eines Ensemblemitgliedes, wurde sofort ein »Bunter Abend« improvisiert, an dem ich glänzen durfte. Ich versorgte auch am laufenden Fließband repertoireschwache Kollegen mit selbstgestrickten Couplets und Chansons. Ich hatte mit dem Kapellmeister Emilio Stolfa eine fruchtbare Text- und Musikwerkstatt errichtet. Der große Filmliebling Albrecht Schoenhals sang mit seiner Frau Anneliese Born oft unser Lied »Es geht ein Engel durch den Raum« ...

Ich horte zuhause in den Schubladen der Erinnerung über achtzig durchaus akzeptable Chansons aus jener Zeit.
Eine zündende Begegnung gab's bei den Luftnachrichten mit dem kleinen, aber hochbegabten Unteroffizier Hanns Bauer – heute Inhaber und Generaldirektor einer großen Schamotte- und Klinkerfabrik in Westdeutschland. Damals war er eher auf unsere »Klamotten- und Kinkerlitzchenwerke« versessen. Wir fanden in einem Gasthaus mit Klavier sofort Gefallen aneinander und schüttelten die Schlagereinfälle nur so aus dem Ärmel. Des Wirtes Töchterlein hieß Dörchen. Das inspirierte uns sofort zum »opus 1«: »Dörchen, ach Dörchen, ach sag mir was ins Öhrchen«. Hanns drosch in die Tasten, und alle Gäste sangen sofort mit. In der Folge wuchs eine ansehnliche Produktion von durchaus akzeptablen Schlagerliedern daraus, so daß wir einen gemeinsamen Abend im Theater geben konnten: *Blaue Stunde – schräge Musik*. Er fand Anerkennung, als wären wir der Robert Gilbert und der Ralph Benatzky gewesen. Da Hanns Bauer keinen Zivilanzug mithatte beim Dienst fürs Vaterland, mußte ich mir einen vom Theater ausleihen, vergaß dabei aber, seine Körper»größe« anzugeben – er wäre heute das ideale Plakatmodell für die Bewegung »small is beautiful«. Die Hosen waren viel zu lang, das Jackett schlotterte an ihm herum. Er konnte kaum Klavier spielen, weil die Ärmel viel zu lang waren. Ich konnte es mir nicht verkneifen, das Publikum eigens darauf aufmerksam zu machen: »Beachten Sie bitte bei unserem Komponisten den vornehmen Zuschnitt seiner Bühnengarderobe!«
Ein übereifriger Leutnant wollte gegen uns Anzeige erstatten, weil er die Darbietungen als »artfremde« Jazzmusik für einen deutschen Zuhörerkreis nicht geeignet hielt. Wir fanden aber unter Fachleuten Anerkennung und produzierten verschiedene heitere Sendungen für den Soldatensender Belgrad.
Bei diesem Stichwort – ein Wunder wär's gewesen, wenn es mir, dem Parodisten von Kindesbeinen an, nicht eingefallen wäre –

muß ich meine gelungene Lale-Andersen-Imitation erwähnen. Der Bremer Dichter Hans Leip hatte bekanntlich durch einen Zufallstreffer mit dem Gedicht von der gewissen Lili Marleen – die abends vor der Kasärrne ... – viel, viel, viel Geld verdient, während niemand – o Dichterschicksal! – nach seinen zahlreichen großen Dramen verlangte.
Apropos Dichter. Was für andere Städte der Fasching, der Karneval, was für Basel die Fasnacht, ist für Bremen der sogenannte Freimarkt, und zwar wenn sich die späten Nebel drehn, im Oktober! Wir brachten mit allen Kräften des Schauspielhauses eine große *Roland-Revue* heraus, deren Autor, Regisseur und Hauptdarsteller ich war.
Ein eigens erfundener neuer Sender führte einen vollständigen Sendetag vor, vom Frühkonzert bis zur Gutenachtsendung. Wie glänzend hat Wolfgang Preiß das Chanson gesungen:

»Beziehungen, sie sind das halbe Leben.
Beziehungen, soviel es nur gibt.
Beziehungen, die will ich jedem geben,
der mich in jeder Beziehung ... liebt!«

Wie hervorragend komisch war er, der so klar sprechen konnte, als Stotternder in einer *Stottererschule!* Man hätte in ihm den drastischen Komiker des Hauses vermuten können. Helene parodierte natürlich eine Hausfrauenstunde, alle miteinander waren wir im *Fröhlichen Kindergarten* als ungezogene Lausbuben und Lausmädchen vereint.
Einsamer Höhepunkt war dann eine Parodie auf die *Höhnende Wochenschau* mit ihren stereotypen Siegesmeldungen oder Lügen über Frontbegradigungen und so weiter. Auch hier wieder kabarettistisch sensationell Wolfgang Preiß und der ebenso lange wie komische Bremer Liebling Hanns Müller. Die beiden in einem *Boxkampf in Zeitlupe* hätte man für spätere Zeiten auf Zelluloid bannen sollen.
Die Kritik jubelte, mir gebühre nicht die Palme des Abends,

sondern ein ganzer Palmenwald. Ich erwähne das nicht aus Eitelkeit, sondern aus dramaturgischen Gründen. Dieselbe Zeitung verriß mich kurze Zeit später in Grund und Boden als »untragbar«!

Der Herr Baron im Séparée

Das Amt des Conférenciers war damals äußerst schwierig, denn nicht der war der Beste seiner Zunft, der die originellsten Einfälle hatte, sondern derjenige, dem noch etwas eingefallen ist, was erlaubt war zu sagen!
Von der Reichstheaterkammer war allen Kabarettisten und Ansagern des Großdeutschen Reiches ein Wisch zugesandt worden. Darauf stand, was sie alles ab sofort *nicht* mehr sagen dürfen! Den lieben Ostfriesen durfte keiner mehr mit feiner Ironie geistige Minderbemitteltheit andichten, die lieben Ostmärker durfte man nicht mehr mit schlampert und gmüatlich der Lächerlichkeit preisgeben. Vor allem die Sachsen! Die Sachsen durften deshalb ab sofort nicht mehr als komische Figuren dargestellt werden, weil sie aus ihrer Mitte den glorreichen Gauleiter Mutschmann der Welt geschenkt hatten! Na, ist das nicht ganz logisch? Ich sagte damals dem Publikum: »Ich hätt Ihnen gern einen sächsischen Witz erzählt, aber da *mutsch man* jetzt sehr vorsichtig sein!« So holte ich mir doch noch meine Erfolgserlebnisse.
Das Theater brauchte mich als dümmlichen Schäfer in Shakespeares *Wie es euch gefällt* (Hans Kraßnitzer vom Volkstheater Wien war damals bei uns der edle Orlando), und im *Götz von Berlichingen* spielte ich den... nicht, was Sie jetzt denken..., den »Hofnarren«. In *Frauen haben das gern* von Walter Kollo war ich – wie gewohnt – als Lachlokomotive eingesetzt.
Und im Singspiel *Veilchenredoute* war ich wieder einmal ein weanerischer Graf-Bobby-Typ. Und in dieser Aufführung

bekam ich zum erstenmal nach langer Zeit wieder einmal einen Strafzettel.
Es gab eine Bühnensituation, die dringend nach einem lausbübischen Streich verlangte. Der erste Akt spielte im Hotel Sacher – damals in der guaten olten Zeit. Der alte Oberkellner – gespielt vom Bremer Lieblingskomiker Justus Ott – versuchte mit seinem Waterkantdeutsch auch weanerisch zu sprechen. Das allein schon war Zwerchfellreiz von höchster Eindringlichkeit.
Situation: Die junge Komtesse Nannerl ist verliebt, betritt frohlockend das Sacher, fragt den alten Ober: »Bittschön, is der Herr Baron da?« Oberkellner bejaht und holt den Baron (mich) aus dem Séparée. Ich trete elegant im Frack mit Monokel fragend auf, und sie hat mir zuzujubeln: »Stell dir vor, Ferry, er liebt mich!« Darauf soll sie mich umhalsen und mit mir einen seligen Walzer tanzen, eben die Titelmelodie »Veilchenredoute ... Veilchenredoute ...«. Musik schwillt an. Vorhang.
Ich weiß nicht, was mir an jenem Abend eingefallen ist – auf alle Fälle wieder einmal ein richtiger Blödsinn. Ich wurde vom alten Sacher-Ober gerufen, daß mich die Komtesse Nannerl dringend zu sprechen wünscht, und komme, eher unwillig über die Störung, aus dem Séparée mit einer umgebundenen Serviette, in der einen Hand ein Messer, in der anderen eine Gabel und auf der Gabel ein angebissener großer Knödel. Und genüßlich kauend, schmatzend frag ich sie à la Qualtinger uninteressiert: »Wos is?«
Die Darstellerin des Nannerl, Elisabeth Vehlbehr, war so fassungslos über den taktlosen, verfressenen »Baron«, daß sie das ganze Finale geschmissen hat. Sie brachte nur noch heraus: »Stell dir vor ...«, und dann kam nur noch heiße Luft und wieherndes Gelächter. Der anschwellende Walzer wurde von den Musikern des Theaterorchesters sehr disharmonisch musiziert, da sie alle Tränen in den Augen hatten und keine Noten mehr sehen konnten.
Der erste Strafzettel in Bremen war zu Recht ausgeschrieben worden.

Der Anfang vom Ende

Wie ich meine Bühnentätigkeit mit meinem Gastspiel bei der deutschen Wehrmacht vereinen konnte, ist mir heute noch ein Rätsel.

Nach der rauschenden Premiere von *Veilchenredoute* mit Blumensträußen beladen, mit dem donnernden Applaus in den Ohren mußte ich mich sehr beeilen, damit ich noch rechtzeitig vor dem Zapfenstreich in der Kaserne war. Ich sollte am nächsten Morgen befördert werden. (Warum weiß ich nicht – wahrscheinlich, weil das Jahr um war und jeder automatisch Gefreiter wurde.)

Um sechs Uhr: schriller Pfiff und ungewohnte Emsigkeit der anderen Jungmannen. Kaffee holen. Stube ausfegen. Antreten marsch-marsch! Ich erhielt einen Gefreitenwinkel. Kompaniechef: »... wenn auch sein Dienst anders geartet ist als der unsere, soll er nicht benachteiligt werden ...« Na schön. Aber nun will ich mich endlich ausschlafen, Herr Kompaniechef! Ich hatte ein Nobelzimmer in der Stadt und sonst immer Zivilerlaubnis.

Da kam so ein pfiffiger, neuer Spieß auf mich zu, fixierte mich lange mit seinem Raubvogelgesicht. Er hatte gerade die anderen eingeteilt zum Kartoffelschälen, zum Kohleabladen am Bahnhof etc. Dem war das verdächtig, daß einer einen so ganz anderen »Dienst« versehen durfte, irgendeiner ihm unbekannten Tätigkeit oblag, bei der ich Untermensch seinem Machtbereich so völlig entschwunden war.

Ich meldete mich stramm ab, wie immer, wenn mich ein heiterer Zufall an der Kaserne vorbeiführte: »Gefreiter Böhm! Wehrbetreuung!«, und wollte schon verschwinden. Da winkte er mich zurück und blieb hartnäckig: »Sag'n Se ma, wo jeh'n Se nu hin?« Ich wieder habacht: »Gefreiter Böhm! Wehrbetreuung!« – »Nee«, sagte er, »ick meene, wat Se nu mach'n, vastehste?« Und er pflanzte sich drohend vor mir auf.

Bei plötzlichen Gefahrenmomenten war ich immer voll da:

»Melde Herrn Hauptfeldwebel, ich bereite die Weihnachtsfeier für die Kompanie vor!« Es war September – etwas Blöderes hätt mir nicht mehr einfallen dürfen.
Der Raubvogel bohrte weiter: »Nee, ick meene, jetzt in diesen Oogenblick – wohin jeh'n Se jetzt! Jetzt!?« Ich treuherzig: »Zum Ortsbauernführer!« Mein Feind, lauernd: »Wat mach'n Se beim Ortsbauernführer? Sie Knalltype!« Ich mit plötzlichem Einfall: »Der Weihnachtsmann, Herr Hauptfeldwebel, muß seine Gaben auf einem Esel hereinbringen. Und ich hole mir vom Ortsbauernführer die Genehmigung zur Benutzung eines Esels!«
Er ließ mich ungläubig staunend noch einmal ziehen. Ich legte mich endlich in mein ziviles Bett und geruhte bis mittag zu ruhen.
Einen Monat später mußte ich die Kompanie wieder aufsuchen wegen einer Gesundenuntersuchung oder so was Ähnlichem.
Der lästige Spieß mit dem Raubvogelcharme wurde sofort meiner ansichtig und wollte nun ganz genau wissen, ob der Ortsbauernführer... ob der Esel vom Weihnachtsmann... und wohin ich jetzt, jetzt, jetzt hinginge und überhaupt...
Da wurde ihm von einem vorgesetzten Schutzengel bedeutet, daß es ausdrücklicher Befehl vom General Wagner wäre, mich einfach in Ruhe arbeiten zu lassen.
Noch hatte ich ein schönes, fast sorgloses Leben.
Ich war in dreifacher Hinsicht ausgelastet: erstens als Soldat der glücklosen deutschen Wehrmacht, zweitens als vielbeschäftigter Schauspieler des glückhaften Bremer Schauspielhauses und drittens als Liebhaber der glücklich-unglücklichen Helene, die durch meine zahlreichen anderen Beschäftigungen sicher viel zu kurz kommen mußte.
Und wie im klassischen Drama kam es unausbleiblich zur großen »Schicksalswende«.
Erstens: Bei meiner Kompanie wurden durch die allgemeine miserable Lage und die verheerende politische Entwicklung den gewissen »Lieblingen« immer seltener Extrawürste gebraten.

Ich wurde Leiter einer Wehrmachtsbühne in Heidenau (genau zwischen Hamburg und Bremen). Die riesige Kantine des Durchgangslagers bot zweitausend Landsern Platz, und ich hatte die Aufgabe, zwischen den beiden Großstädten zu pendeln und geeignete Mitwirkende zu engagieren. Noch meinte es der Himmel gut mit mir. Noch hatte ich ziemlich freie Hand im Bereich des Möglichen: Als Gefreiter ein eigenes Kabinett als Wohnraum und Büro, Nachturlaubsschein bis 8 Uhr früh, aber dafür ganz, ganz kurze Haare – der vorgeschriebene military look hat mich am meisten gestört.
Zweitens: Ich spielte zwar noch den Peter Peter in der zauberhaften Komödie *Ingeborg* von Curt Goetz, aber das Theater mußte mich auf Befehl von oben immer mehr für die notwendige humorvolle Wehrbetreuung der immer mürrischer werdenden Soldaten einsetzen. Diese Einsatzveränderung sollte dann auch den tragischen Tiefpunkt meiner Laufbahn herbeiführen.
Und drittens?
Meine Romanze mit Helene.
Ich war ein paarmal vor ihr geflüchtet!
Immer mußte ich das Gefühl haben, daß ich mit meiner verminderten Zuwendung ihren Ansprüchen nicht mehr genügen würde.
Aber kaum hatte sie unsere Platte *Komm zurück* aufgelegt, folgte ich dem musikalischen Ruf und kam zurück.
Beim vorletzten Versuch war ich schon bis Prag gekommen. Ich hatte während eines überraschenden Heimaturlaubes die Freunde Eva und Stumpi besucht.
Wir lagen des Nachts auf dem Hradschin in einem Park auf drei Bänken, starrten in den Nachthimmel zu den überwältigenden Sternenwundern empor.
Und jeder erzählte den andern beiden von seiner Liebe.
Ich phantasierte von Helene und ihren Grübchen und ihrem mitreißenden, vitalen Lachen.
Eva hatte ihren Karli nun ganz gefunden und war selig.

Dem Stumpi war eine Anni an einen Chinesen abhanden gekommen – ein typisches Prager Schicksal.
Am nächsten Tag kam statt eines normalen Telefonates aus Bremen nur eine Musik aus dem Hörer »Komm zurück! Ich warte auf dich, denn du bist für mich all mein Glück!« Ich hörte mir die Platte bis zum Ende an und rannte zum nächsten Zug nach Bremen.
Erst später im Harz kam der Abschied. Sie hatte an ein anderes Theater abgeschlossen. Wir lebten in Lufthütten und aßen Haselnüsse (22 Stück haben den gleichen Brennwert wie ein halbes Kilo Fleisch, schärfte uns der leitende Arzt Dr. Küchler ein). Das ganze nannte sich »Jungborn« und war eine »Schule für natürliche Lebensweise«. Ein idealer Urlaub für Naturfreunde mit FKK und Bioernährung und täglichem Einbuddeln in die heilende Erde.
Unsere Liebesbeziehung wurde nicht geheilt. Wir reichten uns als gute Freunde zum letztenmal die Hände.
Beim letzten Spaziergang blieb Helene lange Zeit vor einer wunderschönen, hellen Birke stehen und sagte dann: »Ich bin genauso wie dieser Baum – so flirrend und voll Unruhe. Ich fühle mich ihm so verwandt und ich möchte, wenn ich einmal tot bin, als Birke wieder auf die Welt kommen ...«
Ich fühlte den endgültigen Abschied von Helene fast wie einen körperlichen Schmerz und sprach mir innerlich selber Trost zu: »Warum sind die großen Liebespaare der Weltgeschichte die großen Liebespaare geblieben? Eben weil sie einander nicht bekommen haben!«
Und es war, wie es immer war: In wichtigen, großen Momenten meines Lebens formen sich in meiner Seele Worte zu einem Gedicht, zu einem Chanson. Und ich sagte mir immer wieder vor:

»Das ist der große Augenblick,
wo zwei Menschen auseinandergeh'n,
ein namenloses Leidgescheh'n im gehetzten Getriebe.

Man fühlt in diesem Augenblick
vor dem letzten Auseinandergeh'n:
wie einsam sie im Leben steh'n
mit der sterbenden Liebe...«

Unmittelbar nach dem Ende des großen Krieges hörte ich von ihrem Tod. Seither kann ich an einer Birke nur vorübergehen, indem ich leise zum Baum hin grüße: Verzeih mir, Helene! Und ich pfeife, ihr zu Ehren, eine ganz und gar kitschige Melodie dazu: »Komm zurück! Ich warte auf dich...«

Am 20. April 1944 ertönt in meiner Lebenssymphonie, mit Dissonanzen vermischt, der härteste Paukenschlag.

An diesem Tag habe ich vom Herrn Gauleiter vom Gau Weser-Ems, Paul Wegener, wegen »Zersetzung der Wehrkraft« ein Rede- und Auftrittsverbot für ganz Großdeutschland bekommen und war praktisch mit einem Schlag als Schauspieler erledigt.

Im Opernhaus zu Bremen fand ein großer Galaabend statt. Die zwanzigtausendste Veranstaltung »Kraft durch Freude« wurde als Fest der Goldfasane aufgezogen. Im Parkett saßen sechs Generäle, vier Admiräle und viele hohe Tiere mit güldenen Spangen und Orden.

Der Abend gefiel sehr gut. Auch bei einem Sketch, den ich mit Hans-Joachim Kulenkampff darbot, war man noch ganz auf meiner Seite. Aber dann nahm das Unheil seinen Lauf:

Bei meinem Solovortrag war ich offenbar zu waghalsig, besser formuliert: der ständige Erfolg hatte mich zu blind und zu taub gemacht, um die Signale der rauhen Wirklichkeit zu begreifen.

Kurz gebeichtet:

Ich hab denen da unten durch eine kleine freche Pantomime gezeigt, welche Wahnsinnsmethode dahinter steckt, aus Menschen Roboter zu machen, willenloses Werkzeug.

Und da wurden sie auf einmal sehr böse.

Doppelconférence im Himmel, zweiter Teil

Karl Farkas – Maxi Böhm

Böhm: Also, was sagen Sie, Herr Farkas?

Farkas: Wozu?

Böhm: Zu meinen Memoiren.

Farkas: Lob ich Sie, werden Sie mir hier im Himmel noch größenwahnsinnig, schimpf ich, werden Sie auf mich bös sein.

Böhm: Also, was tun Sie?

Farkas: Ich bin beleidigt!

Böhm: Warum?

Farkas: Weil ich in Ihrem Buch unterrepräsentiert bin. Erstens komm ich viel zu selten vor – und wenn ich schon vorkomm, dann negativ ...

Böhm: ... unter diesen Umständen müssen Sie doch froh sein, daß Sie selten vorkommen! Nun aber ganz im Ernst: Damals in Marienbad war Ihnen der Grünbaum halt überlegen – und was Ihre spätere Bedeutung für das Kabarett und meine Wenigkeit betrifft, war es mir leider nicht vergönnt, diese zu Papier zu bringen. Der liebe Gott hat mich eben zu sich berufen, als ich beim Abfassen des Jahres 1944 war. Was soll ich machen? Über Sie hätte ich später noch so viel erzählen können.

Farkas: Positives?

Böhm: Auch!

Farkas: Zu blöd! *Den* Teil hätt ich gern gelesen. Was werden Sie jetzt tun?

Böhm: Ich hätt da eine Idee ... bei mir im Haus, auf der Josefstädter Straße, wohnt ein Schriftsteller, ein gewisser Markus, der hat schon die Memoiren vom Hörbiger, vom Moser, von der Schratt geschrieben ...

Farkas *(unterbricht ihn)* ... hier heroben lauter gute Bekannte von mir ...

Böhm: ... und dieser Markus soll meine Memoiren fertig schreiben.

Farkas: Markus, Markus? Den kenn ich doch?

BÖHM: Natürlich, der hat ja bei uns im »Simpl« gearbeitet.

FARKAS: Ich weiß schon. Wollte Kabarettist werden, ist aber über die Rollen von Polizisten und Liftboys nicht hinausgekommen. Na, und schreiben kann er besser als Theater spielen?

BÖHM: Hoffentlich!

FARKAS: Also gut:

Schau'n wir uns das an!

Dieses Buch bedingt neben einem Vorwort auch ein

Zwischenwort

Drei Wochen bevor Max Böhm starb, hatte er mir den ersten Teil seiner Memoiren überreicht. Wie er seinem kongenialen Partner Karl Farkas in der vorangegangenen »Doppelconférence im Himmel« soeben erläutert hat, waren wir in den letzten sechs Jahren tatsächlich Wohnungsnachbarn. Er bewohnte den ausgebauten Dachboden des Hauses Josefstädter Straße 9 – ein aus der Gründerzeit stammendes Gebäude schräg gegenüber vom gleichnamigen Theater –, ich lebe in der darunterliegenden Wohnung.

Es war also Anfang Dezember 1982, als er – wie so oft nach einer Vorstellung – bei mir anläutete und fragte: »Trink ma an Kamillentee mitananda?« Sein ihn ein Leben lang quälendes Magenleiden (zu wenig Säure) hatte dieses Kraut zu seinem bevorzugten Getränk werden lassen. Wie immer in solchen Fällen hatte Max Böhm ein Stück Brot, etwas Käse und einen Yoghurtbecher in der Hand.

Seine vor- bis nachmitternächtlichen Besuche waren mir in den vergangenen Jahren zur lieben Gewohnheit geworden. Er konnte phantastisch erzählen. Aus einer Zeit, in der's noch einen Grünbaum, einen Farkas, einen Armin Berg gegeben hat – aber darüber haben Sie ja gerade in seinen (unvollendeten) Memoiren gelesen. Ich genoß seine farbigen Schilderungen.

An diesem Abend im Dezember – wer konnte ahnen, daß es unser letzter sein würde – hatte er also neben seinem kärglichen Nachtmahl auch ein Manuskript unterm Arm. In einer roten Mappe lagerten die ersten 172 Seiten dieses Buches.

Bereits seit Monaten plauderte er, wann immer wir uns trafen –

sei es im Lift, beim Bäcker, auf der Straße oder in einer unserer Wohnungen – von dem geplanten Buch. Da eine Geschichte aus Reichenberg, dort eine aus Prag oder Marienbad – und beim Plaudern fiel ihm oft noch eine Anekdote vom Grünbaum oder vom Kulenkampff ein, die er sich schnell auf einen seiner berühmten tausend Zettel notierte – oder einfach auf eine ihm von mir nebst Kamillentee zur Verfügung gestellte Papierserviette.

»Ich bitt dich, lies dir's durch und sag mir, ob's dir gefällt«, forderte er mich freundschaftlich auf – und ich wollte ein kritischer Freund sein. Wir kannten einander schon seit vielen Jahren – er war auch Trauzeuge meiner ersten Ehe –, lange bevor bei mir im Haus eine Wohnung frei wurde, die ihm so gut gefiel, daß er sie mietete. Da meine Wohnung genau unter der seinen liegt, begrüßte er mich stets scherzhaft: »Servas, Unter-Mieter«.

Ich las also seine Memoiren – und war von Anfang an gefesselt. Die Geschichten, die ich zum Teil aus seinen Erzählungen kannte, waren ebenso köstlich oder ergreifend – je nach Inhalt – von ihm zu Papier gebracht worden. Ich freute mich wirklich schon auf die zweite Hälfte.

Am 22. Dezember 1982 hatte er, vis-à-vis im Theater in der Josefstadt, Premiere. Er spielte den Striese im *Raub der Sabinerinnen.* Eine Bombenrolle – eine Rolle, für die sein Herz vielleicht zu schwach war. Er hatte tagtäglich vielstündige Proben und abends Vorstellung an den Kammerspielen. Jeden Abend fiel er erschöpft ins Bett.

Das war auch der Grund, warum wir uns in diesen letzten drei Wochen seines Lebens nicht mehr sahen. Und, obwohl ich vom Manuskript seiner Memoiren begeistert war, wollte ich ihn in diesen für ihn so anstrengenden Tagen nicht stören. Ich dachte mir, nach der Premiere ...

Ich mache mir, seit er tot ist, immer wieder zum Vorwurf, daß ich ihm meine Begeisterung nicht trotzdem mitgeteilt habe;

denn ich weiß, wie sehr ihm an der Veröffentlichung der Geschichten und G'schichterln seines Lebens gelegen war. Und er hätte sich gefreut, wenn ich, der Profi-Schreiber, ihm, dem Profi-Schauspieler, gesagt hätte, daß er ein nahezu ebenso talentierter Autor wie Komödiant ist.

Vier Tage nach der Premiere war Max Böhm tot. Als nach der Beerdigung seine Familie mit der Frage an mich herantrat, ob ich die Memoiren fertigschreiben würde, überlegte ich keine Sekunde. Material hatte er – neben dem fix und fertigen Manuskript seiner ersten Lebenshäfte – auch sonst zur Genüge hinterlassen: Ich selbst habe ihn im Lauf der letzten Jahre einige Dutzend Male für Zeitungen und Zeitschriften interviewt, ich erlebte die erwähnten »Tee-Geschichten« um Mitternacht, ich kenne seine Witwe Huberta, seinen Sohn Michael, seine Schwiegertochter Uschi seit ebenso vielen Jahren wie ihn selbst. Seine Freunde sind in vielen Fällen auch die meinen.

Sie alle begann ich nun, kurze Zeit nach seinem Tod, für die zweite Hälfte dieses Buches zu interviewen. Sie konnten mir viel aus der Zeit nach 1944 erzählen. Weiters stellte mir Max Böhms Familie sein umfassendes Archiv zur Verfügung. Hunderte Zeitungsartikel, Kritiken, Bänder mit Radio- und Fernsehinterviews sowie viele seiner berühmten »Zettel«, die er sich selbst als Gedächtnisstütze für die geplanten Memoiren angelegt hatte. Und – ich übertreibe nicht – Tausende Fotos (von denen zur Illustration des vorliegenden Buches eine Auswahl veröffentlicht wird).

Ein gütiges Schicksal hat die skrupellosen Einbrecher, die Max Böhms Wohnung am Tag seines Begräbnisses plünderten, daran gehindert, sein wertvolles Archiv mitzunehmen.

Sicher, ich kann Max Böhms Memoiren nur mit unvollkommenen Mitteln fortsetzen. Aber ich bemühe mich, dies in seinem Sinn zu tun.

Georg Markus
Wien, im Jänner 1983

Folgende Persönlichkeiten stellten sich dem Autor freundlicherweise für Auskünfte über Max Böhm zur Verfügung: Alfred Böhm, Huberta Böhm, Michael Böhm, Uschi Böhm, Gerhard Bronner, Heinz Conrads, Vilma Degischer, Fritz Eckhardt, Martin Flossmann, Ernst Haeusserman, Eva Maria Haybäck, Peter Hey, Ossy Kolmann, Cissy Kraner, Hans-Joachim Kulenkampff, Peter Loos, Heinz Marecek, Lilo Mrazek, Elfriede Ott, Sepp Prager, Marianne Schönauer, Erich Schrom, Josef R. Sills, Franz Stoß, Peter Wehle, Hans Weigel, Hugo Wiener.

»Mach mit mir, was du willst...«

Strafversetzung und Kriegsende

»Und da wurden sie auf einmal böse.« Das waren die letzten Worte, die Max Böhm in seiner Autobiographie niederschrieb. Gemeint waren die Nationalsozialisten – doch er konnte den Grund für sein weiteres Auftrittsverbot nicht mehr schildern.

Hans-Joachim Kulenkampff, der an diesem Abend gemeinsam mit Böhm auf der Bühne stand, erinnert sich noch ganz genau an die Vorkommnisse jenes 20. April 1944 in Bremen. »Max hatte im Programm unseres Galaabends ein Lied zu singen, dessen Refrain lautete: ›Mach mit mir, das du willst, mir ist alles egal.‹ Er sang von allerlei komischen Begebenheiten, und am Schluß baute er dann eine Strophe ein, die sich ganz deutlich gegen die Wehrmacht richtete. Er schilderte einen Spieß, der ihn fürchterlich schikanierte. Und dann wieder der Refrain: ›Mach mit mir, was du willst, mir ist alles egal...‹ Der Intendant und die Presse machten dem Maxi daraufhin fürchterliche Schwierigkeiten.«

Tatsächlich ist in den »Bremer Nachrichten« vom 23. April nachzulesen:

> »Max Böhm betätigte sich als Ansager, der freilich in der Wahl seiner Mittel nicht immer gerade glücklich war. Manche der von ihm zu Gehör gebrachten Scherze hatten einen häßlichen Beigeschmack, der dem zweifelhaften ›Stil‹ eines heute nicht mehr angebrachten Ansager-Jargons einer verflossenen Periode entsprach.«

Der Berichterstatter bezog sich hier auf jüdische Kabarettisten

– immerhin ist Max Böhms Refrain eindeutig dem bekannten Chanson des Emigranten Armin Berg »Mir ist schon alles ganz egal« entlehnt.
Harte, gefährliche Worte der »Bremer Nachrichten«, wenn man bedenkt, daß es in dieser Zeit ja kaum »Kritik« im heutigen Sinn gab, sondern nur sogenannte »Kunstbetrachtungen«. Noch deutlicher, noch politischer waren die Angriffe des zweiten Lokalblatts, der »Bremer Zeitung«, die in ihrem Bericht über den »Kraft durch Freude«-Galaabend anmerkte:

> »Es zeigt sich, wer von unseren Künstlern der ernsten und heiteren Muse über ein Lippenbekenntnis und Kammermitgliedschaft hinaus erfaßt hat, welcher Geist bei uns weht, oder wer in Kunsttempeln, die mit dem Hakenkreuz beflaggt sind, dreist den alten liberalistischen Amüsierbetrieb der Rotter, Nelson und Konsorten aufwärmt [auch hier sind wieder jüdische Conférenciers angesprochen, Anm. d.A.]. Es ist doppelt schlimm, wenn das mit der Begabung und Intelligenz eines Künstlers wie Max Böhm geschieht. Man kann die bei Gelegenheit des bunten Programms beliebten Themen der jungen Liebe, Ehe und des Kinderkriegens auch anders als grob instinktlos und als gemeingefährlich behandeln. Auch der von schnoddriger Chuzpe erfüllte Schweijk-Soldat Siegfried Arnos und Felix Bressarts braucht nicht im Jahre 1944 auf unseren Bühnen Ordnungsübungen zu machen. Unsere Kunst sei nicht Klamauk im Sinne seichter Operetten, exekutiert von fachlich virtuosen Leuten, die aber politisch Säuglinge oder Salonbolschewiken sind, die nur sich in ihrer Hemmungslosigkeit sehen oder bewußt zersetzen wollen. Unsere Kunst sei vielmehr die kostbare Gabe von Könnern, die sich bewußt sind, daß Vor-dem-Volke-Stehen verpflichtet...«

Nach diesen beiden Artikeln blieb dem Bremer Intendanten nichts anderes übrig, als Max Böhm zu feuern. Und mit der

Theaterkarriere war's natürlich – solange es das »Tausendjährige Reich« noch geben sollte – vorbei.
Er wurde nach Budapest geschickt.
In seinem sonnigen Gemüt bezeichnete Max Böhm später die Zeit, die er durch die Strafversetzung nach Ungarn erlebte, als »den schönsten und romantischsten Sommer meines Lebens«. Er lernte die »leichtsinnige Zauberstadt Budapest kurz vor ihrem Hinsterben«, im Mai 1944, kennen und lieben. Der Anblick der Margareteninsel, die Brücken, Rakoczy, Erzsébet – alles noch unzerbombt, alles noch heil – beglückte ihn. Als dann der Krieg vorbei war, trug er in sein Tagebuch ein: »Lächelnd und wissend ging die Stolze, Vornehme und Schöne [Stadt] ihrem unvermeidlichen Schicksal entgegen.«
Er wurde einer Telegrafenbaukompanie zugeteilt. »Ich hab gleich gemerkt, das ist nichts für mich, das Schleppen von Telefonkabeln, Masten, hundert Meter langen Kupferdrähten.« Geistlose Tätigkeiten haßte er, wo doch sein Intelligenzquotient »viel zu hoch für einen Komiker« war, wie er selbst einmal sagte, »aber sehr gut zu brauchen als Soldat, der nicht gerne Kabel schleppen will«.
Also setzte er seinen »IQ« ein, um beim Kompaniechef vorzusprechen. »Bitte melden zu dürfen«, stellte er sich vor ihn hin, »melde gehorsamst, ich bin nicht meinen Fähigkeiten entsprechend eingesetzt. Ich meine zum Wohl der Kompanie.« Platt- und senkfüßig wie er war, entsprach er tatsächlich keineswegs dem Idealbild des »deutschen Soldaten«, aber reden konnte er. Und überreden. Er legte dem Kompaniechef dar, daß er bis dato in der Wehrbetreuung tätig war und daß er auf jedem anderen Gebiet besser taugen würde – als auf dem Sektor des Kabelschleppens.
Der Offizier war einsichtig, und drei Tage später hatte der Gefreite Böhm eine neue Aufgabe: »Bewachung eines wertvollen Telefongeräts«, hieß seine Tätigkeit, und sie bedeutete für ihn »das Paradies auf Erden«. Auf einem Weinberg am Stadtrand

von Budapest war in einem winzigen Gartenhaus ein großer Apparat untergebracht, »gebrummt hat er, viele Lichter waren dran, etliche Hebel. Das Ganze war furchtbar geheim, keiner durfte etwas wissen« – es handelte sich um eine Telefonzentrale, von der aus die Gespräche zwischen Debrezin und Budapest vermittelt wurden, und Böhm war für deren Bedienung verantwortlich. Max hatte nicht viel zu tun, er führte ein prächtiges Leben, konnte bis zehn Uhr schlafen. Begeisterter Maler, der er war, bemalte er die kahlen Wände der Holzhütte mit feudalen Möbeln: Clubfauteuil, Bücherschrank – »und in dieser imaginären Bibliothek standen lauter verbotene Bücher, die am Index zu finden waren«. Auf dem gemalten Tabernakel hatte er eine Büste gepinselt, die seinen Kompaniechef darstellte, dem er all das zu verdanken hatte.

In dieser Schrebergartenhütte mit »Luxuseinrichtung« saß er also den ganzen Tag und genoß sein Leben. Er notierte: »Kein Geschrei, keine Uniform, kein Weckruf, kein Zapfenstreich, kein Vorgesetzter, kein Exerzieren. Vollkommen allein, wunderbar. Nur mit Büchern, Weintrauben, Büchern, verzauberten Mondnächten, Büchern...« Die Mahlzeiten nahm er in der Dorfcsárda ein.

Eines Tages erhielt er Besuch eines Kompaniekameraden. Dieser war begeistert vom paradiesischen Dasein des Gefreiten Böhm und brachte ihn auf die Idee, dieses Leben noch paradiesischer zu gestalten: »Sei nicht deppert, besorg dir ein paar hundert Meter Kabel, da kannst du dein Telefon durch den Garten schleppen.« Gesagt, getan, die Telegrafenbaukompanie verfügte natürlich über Unmengen von Drähten, und so verbrachte Böhm, während andere in den Krieg zogen, diese Zeit im sonnigen Weingarten.

Die Idee ließ sich ausbauen: Er schleppte seine Telefonanlage auch in die nahegelegene Csárda, wo er von nun an die Abende verbrachte. »Ich war der Liebling vom ganzen Weinberg«, erzählte er. Böhm wäre nicht Böhm gewesen, hätte er nicht

sämtliche Sprachbarrieren überwunden. Er studierte eine Pantomime ein und verstand es, die Ungarn auf das beste zu unterhalten. »Das Telefon hab ich immer unterm Tisch gehabt, und im größten Trubel haben die gewußt, wenn's läutet, müssen sie ruhig sein, ganz mäuschenstill, weil jetzt meldet sich die deutsche Wehrmacht und die versteht keinen Spaß.«
Max Böhm unterhielt sozusagen ein von der Telegrafenkompanie der deutschen Wehrmacht gefördertes Einmann-Kabarett.
Eines Abends läutet das Telefon. Die Burschen und Mädchen vom Dorf sind sofort ruhig, der Maxi-Bácsi hat einen Anruf. Unterm Tisch meldet sich ein Oberstleutnant Sowieso: »In Debrezin ist ein Gewitter«, der Gefreite Böhm solle »den Hebel 28 auf irgendwas umstellen«, so schilderte er das später.
»Jawohl, Herr Oberstleutnant, selbstverständlich, wird sofort gemacht.«
Max Böhm rast zu seinem Gartenhaus, das Telefon unterm Arm, er fällt infolge Alkoholeinwirkung unterwegs mehrmals hin.
Fragt der Offizier am anderen Ende: »Sagen Sie, was ist denn da los, warum dauert das so lange?«
»Entschuldigen Sie, Herr Oberstleutnant, ich bin mit dem Fuß gegen das Kabel gestoßen ... und da muß ... die Batterie hat gewackelt.«
Doch der vorgesetzten Dienststelle war das Gestotter nicht ganz geheuer, und so wurde am nächsten Tag ein Kontrollorgan zum »fröhlichen Weinberg« geschickt. Gottseidank hatte Böhm nach dem letzten Csárda-Telefonat mit so einem Besuch gerechnet. Er war »zu Haus« geblieben, hatte den Spind aufgeräumt, das kurze Originalkabel wieder angeschlossen. Böhms Telefonspaziergänge flogen nicht auf.
Einen freien Tag verbrachte Max Böhm in Budapest – und traf seinen ehemaligen Direktor Paul Barnay auf der Straße. »Zuerst ist er erschrocken, als er mich gesehen hat. Er hatte den gelben Stern. Ich war in Uniform und hätte natürlich nicht mit ihm

reden dürfen.« Doch Böhm ließ sich nicht einschüchtern. »Herr Direktor, was machen denn Sie da?« fragte er seinen ehemaligen Chef. Tags darauf fand sich Böhm in Barnays Unterkunft mit mehreren Paketen Zigarren ein.
Barnay, der in dieser Zeit nur Böses erlebte, war Böhm für diesen mutigen Freundschaftsdienst sein Leben lang dankbar. Er hat ihm die Zigarren auch wirklich nie vergessen – und als er zwei Jahre nach dem Krieg die Direktion des Deutschen Volkstheaters in Wien übernahm, war Max Böhm der erste Schauspieler, der bei ihm einen Vertrag unterschrieb.
Aber noch war es nicht so weit. Am Ostermontag des Jahres 1945, um halb fünf Uhr nachmittag, wollte der Gefreite Böhm ins Kino des benachbarten Dorfes gehen (die Karte hat er sein Leben lang aufgehoben). *Große Freiheit Nr. 7* mit Hans Albers stand auf dem Programm – »doch zu dem Kinobesuch kam es nicht mehr, denn um viertelfünf marschierten die Russen ein«.
Die ganze Kompanie begab sich nach Österreich. Eine Nacht verbrachte Böhm schlafend am Fußboden des Bürgermeisteramtes von Gänserndorf – und vierundzwanzig Stunden später war man in Oberösterreich, das noch einen Tag lang »Oberdonau« heißen sollte.

Ein Nachttopf als Geßlerhut

Linzer »Eulenspiegeleien«

Der Tag, der allerletzte Tag des »Tausendjährigen Reichs«, ging schnell vorbei. Auf einer Wiese in Summerau bei Linz hörte Böhm die erlösenden Worte: »Der Krieg ist aus, rette sich wer kann!«

Im nahegelegenen Schenkenfelden mietete er sich bei einem Fleischhauer ein, dessen Tochter er für Kost und Quartier Englischunterricht erteilen sollte. Das einzige Problem war nur: »Ich hab so gut wie gar nicht englisch können. How do you do, Good evening – zu viel mehr Konversation hat's nicht gereicht. Aber dem Fleischermeister und seiner Tochter konnte er – Komödiant, der er war – eine Art Englisch vorspielen, und mit Hilfe eines Wörterbuchs verhalf er dem Fleischertöchterl und sich selbst zu leidlichen Fremdsprachkenntnissen. »Die Unterrichtsstunden waren jedenfalls sehr nahrhaft«, erzählte er später.

Seine Schülerin beherrschte auch die Kunst des Nähens – und änderte seine Uniform mittels weniger Stiche in einen Trachtenanzug: Grüne Revers verzierten den Kragen und zwei Lederflecken die Ärmel.

Bekleidet mit dieser »Wehrmachtstracht« wanderte Max Böhm eines Tages nach Linz. Er wollte wieder auftreten. Egal wo. Der arbeitslose Schauspieler betrat die »Metropol«-Bar, ein Mekka für Schwarzhändler, und stellte sich als Conférencier vor. Tatsächlich wurde Max Böhm für den nächsten Abend zum Probesprechen bestellt. Sofort bastelte er eine witzige Conférence.

Er machte sich darin über die Lächerlichkeit des »Ausmerzens«

von Fremdworten in der eben vorübergegangenen Nazi-Ära lustig. Und das klang auf der winzigen Bühne des »Metropol« ungefähr so: »Wir durften als Wehrmachtsangehörige kein einziges Fremdwort gebrauchen. Danach haben wir uns gerichtet. Statt Rendezvous sagten wir erotische Bastelstunde, das Korsett nannten wir Stütze der Hausfrau, der Portier wurde zum Volksempfänger, der Kollege zum Neidhammel, der Pensionär zum Mitesser.« Worte wie Eintopfgerichtsvollzieher – für den Exekutor – wurden erfunden, und da das Wort Nase aus dem Lateinischen kommt, machte Böhm ein »Niesrohr« draus.
So ging's weiter, und Herr Eckersdorfer, der Besitzer der »Metropol«-Bar fand, daß dieser junge Mann bestens geeignet wäre, für unterhaltsame Abwechslung zwischen den verschiedenen Zigaretten- und Alkoholtransaktionen zu sorgen.
Der Barchef stellte nur eine Bedingung: Herr Conférencier Böhm braucht einen dunklen Anzug: »So können S' bei mir net auftreten!«
»Da spielte mir das Schicksal einen Menschen in die Arme, der nichts anderes gehabt hat als – einen dunklen Anzug«, erzählte Böhm. Ihm unterbreitete er einen Vorschlag. »Wir teilen uns die Abendgage, macht vierzig Schilling für jeden, und du borgst mir dafür den Anzug!«
Das Geschäft war perfekt. Sein Geschäftspartner verbrachte wochenlang jeden Nachmittag zu Hause im Pyjama – auf Böhms fesche »Wehrmachtstracht« verzichtete er –, und Max konnte zum erstenmal in Friedenszeiten wieder als Conférencier auf einer Bühne stehen – oder als was immer die Bretter des »Metropol« zu bezeichnen waren. Das Programm begann um 17 Uhr und endete um 20 Uhr – zwischen 21 Uhr und 6 Uhr früh herrschte Ausgangssperre.
Für eine Wohnungsmiete reichten seine Einkünfte vorläufig noch nicht. Max Böhm logierte in einem abgestellten Viehwaggon des Linzer Güterbahnhofs. Da das Bahnnetz kaputt war und es sowieso kein Vieh zu transportieren gab, bestand

zunächst keine Gefahr, daß ihm die Bleibe »davonfahren« könnte.

Conférencier Böhm hatte im »Metropol« unter anderem einen ehemaligen Schauspieler des Linzer Landestheaters anzusagen – sein Name: Peter Hey. Dieser war in der Vorkriegszeit am Wiener »Simpl« und in der »Literatur am Naschmarkt« aufgetreten und wollte jetzt in Linz eine Mischung aus diesen beiden Kabaretts aufziehen: unterhaltend mit politisch-bissigem Engagement. Hey mietete den Gasthaussaal des »Grünen Baum« in der Bethlehemstraße Nr. 4 – und das Kabarett »Eulenspiegel« war geboren.

Max Böhm schien der richtige Mann für sein junges künstlerisches Unternehmen. Innerhalb von sieben Wochen erstellten die beiden ihre erste Revue, *Frischer Wind in Austria,* und im Oktober 1945 eröffneten sie dann ihre Kleinkunstbühne. Heys Ehefrau, die Kabarettistin Relly Gmeiner, war die einzige weibliche Stütze.

Böhm übersiedelte mittlerweile auf Einladung seines neuen Kabarettdirektors vom Viehwaggon in die Dienstwohnung der Familie Hey, die ihr immer noch vom Linzer Landestheater zur Verfügung gestellt wurde.

Das Kabarettprogramm Gmeiner-Hey-Böhm wurde ein Erfolg. Sie produzierten insgesamt fünfzehn Revuen – später auch unter der Mitwirkung von Kurt Nachmann als Autor und Erne Seder als Darstellerin.

> Aus einer Max-Böhm-Conférence in der Linzer Zeit: »Wir hier heroben auf der Bühne sind Menschen, die den Krieg überlebt haben, ihr im Publikum seid auch Menschen, die den Krieg überlebt haben. Wir frieren, ihr friert. Mir knurrt der Magen, euch knurrt der Magen. Aber wir wollen euch optimistisch stimmen. Versuchen wir's: Alles wird teurer! Aber ich als Optimist sage: Im Jänner wird alles an 31 Tagen teurer – aber im Februar nur an 28 Tagen!«

Die meisten Ideen für solche Conférencen stammten noch aus den

goldenen Kabarettzwanzigerjahren in Wien, und damals waren sie wiederum von ungarischen Komikern früherer Generationen entlehnt worden. Aber Böhm meinte: »Der Ausdruck ›alter Witz‹ ist für mich ein Gütezeichen – denn schlechte Witze sind noch nie alt geworden.« Und seine Devise lautete: »In unserem Beruf gibt es ja kein siebentes Gebot – du sollst nicht stehlen.«
Aber das ist am Kabarett »branchenüblich«, und die Größten dieses Genres waren geniale Brecher besagten siebenten Gebots. Karl Farkas führte einmal im »Simpl« eine Nummer auf, in der er sich selbst darüber lustig macht.

Mitten in einem Sketch steht ein Herr im Zuschauerraum auf und sagt: »Wie kommen Sie dazu, meinen Sketch zu spielen, den ich 1940 geschrieben habe?«

Eine Dame, ebenfalls im Publikum sitzend, mischt sich ein: »Regen Sie sich nicht auf, meine Herrschaften, was der Herr da behauptet, stimmt nicht!«

Ein Schauspieler auf der Bühne: »Ich weiß es. Was wir hier im ›Simpl‹ spielen, ist alles von Farkas ...«

Die Dame: »Das stimmt *auch* nicht. Die Szene stammt von meinem Vater und wurde 1932 in Berlin im Kabarett der Komiker aufgeführt.«

Aufregung auf der Bühne, ein Kabarettist holt Farkas aus seiner Garderobe.

Farkas: »Die betroffene Szene ist weder von Ihnen, mein Herr, noch von Ihrem Vater, gnädige Frau ...«

Der Herr im Publikum: »... sondern?«

Farkas: »Von Maupassant.« *(zieht ein Reclamheft aus der Tasche)* »Hier ist das Original!«

Dieser Sketch stammt von Farkas. Oder demjenigen, der vor ihm obige Idee gehabt hat.
Peter Hey heute über seinen Co-Autor Max Böhm im Linzer »Eulenspiegel«: »Für seine Beiträge hab ich eher Finderlohn als Tantiemen gezahlt.« Aber damit war Böhm ja in bester Gesellschaft.

Das »Eulenspiegel«-Programm *Demarkation auf allen Linien* erzeugte den Unmut der Amerikaner. Die jungen Kabarettisten zogen die Besetzer auf der Bühne durch den Kakao. In einer *Wilhelm-Tell*-Parodie wurde Geßler als Amerikaner dargestellt – der berühmte Geßlerhut war durch einen Nachttopf ersetzt worden! Den »ansonsten ganz gemütlichen Amerikanern, die diese Art von Kabarett überhaupt nicht gekannt hatten« (Hey), gingen die Späße zu weit. Sie legten dem Ensemble die sofortige Absetzung des Erfolgsprogramms nahe – ansonsten wäre ihr »permit«, die Spielgenehmigung, abgelaufen.

»Demarkation auf allen Linien« – nach wenigen Tagen abgesetzt

Das Ersatzprogramm *Aus dem Ärmel geschüttelt* mußte innerhalb von fünf Tagen erstellt werden, die Kritiker Arnolt Bronnen und Edwin Zbonek zerrissen die Revue (»zu Recht«, wie sich Peter Hey heute erinnert) in der Luft. Das absolute Ende des »Eulenspiegel« war noch trauriger: Die Kleinkunstbühne ging am 8. November 1947 in Flammen auf. Waren die Pointen zu heiß gewesen? Ein Brandanschlag wurde vermutet – die Spur, welche die Polizei verfolgte, verlor sich jedenfalls in Urfahr, am Schlagbaum der russischen Zone...

Vom Max zum Maxi

Es »quizelt«

Eines Tages, als der »Eulenspiegel« noch in seiner Glanzzeit war, saß im Zuschauerraum ein Herr namens John Mayer. Er war der von den Amerikanern eingesetzte Radiooffizier mit Sitz in Linz, wo die Besatzungsmacht eine Niederlassung ihres Senders »Rot-Weiß-Rot« betrieb. John Mayer hatte eine Idee. Er wollte das in Amerika längst so beliebte Quiz auch in Österreich populär machen. So etwas gab es damals in ganz Europa nicht – daß einer auf der Bühne steht und Leuten aus dem Publikum Fragen stellt.

Die Geburtsstunde des Senders »Rot-Weiß-Rot« hatte bereits im Frühjahr 1945 geschlagen, also noch vor Kriegsende. Und das kam so: Die Abteilung Unterhaltungsmusik des von den Nationalsozialisten betriebenen »Reichssenders Wien« wurde – wegen andauernder Bombengefahr – von Wien ins Ausseerland transferiert. Der bekannte Wienerlied-Komponist Emmerich Zillner (»Es steht ein alter Nußbaum«) erhielt den Auftrag, den Unterhaltungssender in Aussee neu aufzubauen – einer seiner Mitarbeiter war der Journalist Andreas Reischek, der stets seine halbjüdische Freundin als »U-Boot« mitführte. Der »Freiheitssender Ausseerland« nahm seine Produktionstätigkeit nie auf, denn als wenige Wochen nach seiner Gründung die Amerikaner einmarschierten, kamen ihnen Zillner, Reischek und Co. mit wehenden Fahnen entgegen.

Die Befreier beauftragten diese wiederum, in Salzburg einen Sender namens »Rot-Weiß-Rot« zu gründen. Gesagt, getan, die Radiostation, deren Name den neuen, alten Landesfarben entstammte, nahm wenige Tage nach Kriegsende ihre Tätigkeit auf. Kurze Zeit später wurde eine Linzer »Filiale« eröffnet, die John Mayer leitete, in Wien wurde der Amerikaheimkehrer Ernst Haeusserman als Radiooffizier eingesetzt.

Take it or leave it und *Twenty Questions* hießen die erfolgreichen Quizsendungen in Amerika – und diese beiden dienten John Mayer als Vorbild. Ein erster Versuch, den Grazer Schauspieler und Doktor der Philosophie Anton Lehmann als Quizmaster einzusetzen, schlug fehl: Er war in den letzten Kriegsmonaten von den Nazis gezwungen worden, aus dem »Gauleiter-Befehlsbunker« die Kampfparolen zu verlesen (dem sensiblen Künstler war diese Tätigkeit dermaßen verhaßt gewesen, daß er nach so einer Sendung einen Nervenzusammenbruch erlitt). Von derselben Stimme wollte die Bevölkerung jetzt, da alles vorbei war, kein Unterhaltungsprogramm vorgesetzt bekommen. Beim Linzer Sender hagelte es Proteststürme.

Nun wurde dem Radiooffizier ein gewisser Max Böhm als Rätselonkel empfohlen. Der wäre so lustig und schlagfertig. Also ging das kleine »Rot-Weiß-Rot«-Team eines Abends in den »Eulenspiegel«. Unter den Mitarbeitern der Rundfunkstation befand sich ein junges, ausnehmend gutaussehendes Mädchen namens Huberta Schauberger. Sie erinnert sich: »Mayer war von Max Böhm sofort begeistert. Er ließ ihn für eine Probesendung ins Studio kommen – und schon war Böhm engagiert.«

Versuche dein Glück hieß die Linzer *Twenty Questions*-Version, und *Radioonkel Max* war von Anfang an ein Bombenerfolg. Lustig, schlagfertig, quirlig, charmant – genau das war in dieser schweren Zeit gefragt, um vergessen zu können.

Es hat ja damals, knapp nach dem Weltkrieg, kein Fernsehen gegeben, das Radio war die einzige Massenunterhaltung, die geboten werden konnte. Und Böhms *Versuche dein Glück* wurde binnen weniger Wochen zum Straßenfeger – jeden

Samstagabend, wenn seine Sendung lief, waren die Straßen der oberösterreichischen Ortschaften leer.
Später wurden dann andere Bundesländer angeschlossen, auch im angrenzenden Ausland sprach sich die »neumodische Erfindung aus Amerika«, das Quiz, sehr schnell herum. Max Böhm war Europas erster Quizmaster – noch vor Kulenkampff, Frankenfeld und Lembke.
Österreich war im Quizfieber. Und im Max-Böhm-Fieber.
Einen Radioliebling erkennt man zuallererst an der Intensität des Posteinlaufs. Max Böhm erhielt Liebesbriefe. Sie wurden in Waschkörben gesammelt. »Ich bin verliebt in Deine Stimme, Max, ich möchte Dich kennenlernen...« – »Max wie schaust Du aus, ich will Dich sehen.«
Besagte Huberta Schauberger war nicht nur mit der Zusammenstellung der Quizfragen beschäftigt, sie hatte auch die Aufgabe, die eingehende Post zu sichten. »Ich habe mir damals gedacht, ich weiß nicht, was die Leut an dem finden, er ist zwar sympathisch, aber etwas Außergewöhnliches hab ich an ihm bisher nicht entdeckt.«
Bisher. Denn wenige Monate später war Huberta Schauberger, Tochter des bekannten Forschers und Erfinders Viktor Schauberger, Max Böhms Frau. Es hatte zwischen den beiden gefunkt, als Johnny Mayer im Linzer Landhaus – dort war der Sender untergebracht – eine Party aus Anlaß seines Geburtstags gab. Belegte Brötchen wurden gereicht, man tanzte.
Neben den Liebesbriefen hatte die Post auch gewaltige Briefmassen ganz anderer Art zu bewältigen, da in jeder Sendung sogenannte »Heimhörerfragen« gestellt wurden. Aus Wien kam die Beantwortung so einer Hörerfrage, und ein Teilnehmer schrieb noch ein paar Zeilen dazu: »Lieber Herr Böhm! Sie stellen so viele Fragen, einmal möchte auch ich Ihnen eine Frage stellen – eine Frage, die für die Zukunft Ihres ganzen Lebens entscheidend sein wird. Eine Frage, die man nur mit ›Ja‹ beantworten kann.«

Er war Standesbeamter und hieß Doleschal. Max Böhm war durch die rasch wachsende Popularität nicht hochnäsig geworden – er beantwortete die einlaufende Post, soweit er es schaffte. Herrn Doleschal schrieb er zurück: »Niemals! Ich bin eingefleischter Junggeselle.«
Ein halbes Jahr später schleppte der »eingefleischte Junggeselle« seine Huberta vom Sender »Rot-Weiß-Rot« zum Standesamt auf dem Wiener Amerlingplatz. Ein Beamter nahm die Trauung vor, beglückwünschte das junge Paar und sagte dann: »Sehen Sie, Herr Böhm, ich hab Ihnen doch noch die Frage stellen können.« Es war – durch einen reinen Zufall – genau jener Standesbeamte Doleschal.
Max Böhm wurde immer populärer. Die weiblichen Fans ließen sich nicht einschüchtern, auch nach der Trauung rissen die Liebesbriefsendungen nicht mehr ab. Längst schrieb man nicht mehr an den Max, sondern an den »Maxi«. Und als eines Tages der Radiosprecher (und spätere oberösterreichische Radiointendant) Alfred Schwetz Böhms Sendung mit den Worten ankündigte: »So, jetzt kommt wieder unser lieber Maxi«, da war's um den Vornamen gescheh'n. Max Böhm wehrte sich: »Ich heiß Max und nicht Maxi. Ich bin doch kein kleines Buberl mehr in kurzen Hosen...« Doch der Sprecher baute seinen Scherz weiter aus: »Ja, ja, unser lieber Maxi...«
Es gab keinen Max Böhm mehr. Von nun an hieß er Maxi. Und niemand in ganz Österreich ließ es sich nehmen, ihn so zu nennen. Andere Kabarettisten wurden zum Professor ernannt – Böhms Ehrentitel blieb ein »i« am Ende seines Vornamens.
Der große Erfolg veranlaßte die Amerikaner, Maxi Böhm mit seiner Sendung nach Wien zu holen. Trotzdem blieb *Versuche dein Glück* eine »Wandersendung«, sie wurde jede Woche aus einer anderen Ortschaft im amerikanisch besetzten Gebiet übertragen. Max Böhms Wiener Programmdirektor war Josef Sills, heute in der Unterhaltungsabteilung des Österreichischen Fernsehens beschäftigt. »Die Fragen waren damals gar nicht so

leicht«, erinnert sich Sills. Von einem Kandidaten wollte Böhm wissen: »Von wem stammt das Zitat: ›Es gibt mehr Dinge im Himmel und auf Erden, als eure Schulweisheit sich träumt‹, und aus welchem Stück ist es?« Sills: »Der Kandidat stockte – und in diesem Moment wurde selbst der hochgebildete Böhm unsicher, er raste während der Live-Sendung hinter die Bühne und fragte mich: ›Herr Direktor, ist das wirklich aus *Hamlet*?‹«

Es kam auch zu peinlichen Situationen. Böhm setzte natürlich immer seinen Charme ein und begann nicht sofort die Quizfragen zu stellen, sondern verwickelte den jeweiligen Kandidaten zuerst in ein persönliches Gespräch. Einen alten Bauern fragte er während einer Sendung in Mondsee: »Na, Vater, wie geht's uns denn?«

»Danke, guat.«

Und dann rutschte Böhm die Frage heraus: »Und, war ma bei der Partei?«

Worauf der Alte fast stolz, jedenfalls aber mit größter Selbstverständlichkeit antwortete: »Ja, natürli!«

Maxi Böhm stürzte sich mit ungeheurem Elan in seine Aufgabe, er genoß die neue Popularität und er wollte sein Publikum niemals enttäuschen. Darum setzte er seine ganze Kraft ein, um die Menschen zu Hause und im Saal zu unterhalten. Josef Sills erinnert sich an das Ende einer Quizsendung, die aus dem überfüllten Großen Wiener Konzerthaussaal übertragen wurde: »Er war von oben bis unten schweißgebadet. Unter tosendem Applaus verließ er die Bühne, hinter den Kulissen hat er sich das triefende Hemd vom Leib gerissen. Bei allen Wartenden entschuldigte er sich dann, ging duschen und zog sich komplett um. Darum«, weiß Sills, »wurde er so geliebt, er gab wirklich alles. Die Sendungen hatten ja keine großen Einlagen, sie lebten nur von Maxis Schlagfertigkeit und seinem unerhörten Schwung.«

Und Peter Hey in seinen Erinnerungen: »Im Laufe der Jahre sah ich Max oft zusammenbrechen, wenn ihn sein Magenleiden plagte – er wand sich in Krämpfen –, aber wenn es hieß: Raus auf die Bühne, vor's Mikrophon, dann riß er die Leidensmiene (sichtbar) von seinem Gesicht, der fröhliche Lausbub kam zum Vorschein und nicht gespielt, nein, mit wahrer Herzlichkeit sauste er hinaus auf die Bretter, vor sein Publikum, dessen Freude, dessen Lacher ihm alles war. Ein heißer Pointenjäger ohne Hemmungen, hinter dem Lachen her wie der Teufel hinter der armen Seele. Oft bis an die Grenzen des Möglichen gehend, und manchmal leider auch darüber. Er kannte keine Bremse, wenn er die Menge da unten spürte, er gab nicht auf, ehe er sie nicht mit Lachen bis zum Haar angesteckt hatte. So wirkte er als Quizmaster Nr. 1 in Österreich. Und zwar *nur* vor Publikum – nie im kalten Studio, steril, einsam vor dem Mikrophon, das war nicht Maxens Art. Er *brauchte* Publikum, von allem Anfang an.«

Böhm selbst erinnerte sich Jahre später in einem Interview an diese Zeit: »Man kann sich heute nicht mehr vorstellen, was die Menschen damals anlockte. Aber die Gewinne wurden tatsächlich noch in Naturalien ausbezahlt. Ein Sack Kohle, Senf, Waschpulver, ein Kilo Äpfel – das waren die Schlager dieser Sendung. Diese Produkte gab es ja nirgendwo zu kaufen.«

Dementsprechend auch seine damaligen Conférencetexte:

»Die Lebensmittelpunkte stehen im Lebensmittelpunkte«, oder: »Haben Sie schon von Ihrem frischentmilchten Rahmwasser gekostet?« Aus Stockerau erhielt er einmal das Schreiben eines Lehrmädchens des dortigen Delikatessengeschäfts Jarowetz. »Lieber Maxi«, begann ihr Brief, ebenso wie tausend andere, »frag doch einmal in Deiner Sendung, woher der beste Schinken der Welt kommt. Ob die Leute wissen, daß er aus Prag ist? Wenn Du einmal in Stockerau vorbeikommst, kannst auch bei mir ein Stückerl Schinken kriegen. Deine Mitzi.«

Das war, in der damaligen Zeit, die dem Normalbürger nichts als Wirsingkohl, Polenta, wurmige Erbsen und Trockenei bot, ein einmaliges Angebot. Tage später war Max wieder auf Sendung. Und wie's der Zufall wollte, kam ein Kandidat aus Stockerau.

Der quirlige Quizmaster schaltete schnell, und seine letzte Frage bezog sich tatsächlich auf den Prager Schinken.
Der folgende Satz war dann nur als kleine Überleitung gedacht: »Na, wenn Sie aus Stockerau kommen, dann gehen Sie dort einmal zum Fräulein Mitzi in die Delikatessenhandlung Jarowetz, sagen Sie ihr schöne Grüße von mir, und sie soll Ihnen die paar Deka Schinken geben, die sie mir versprochen hat.«
Maxi Böhm hatte mit diesen paar Worten eine mittlere Katastrophe angerichtet. Böhm später in einem Interview: »Ich hätte das damals nicht tun sollen. Stockerau glich in jenen Tagen einem Ameisenhaufen, die Hauptstraße war schwarz von gestikulierenden, erregten Menschen; mit Koffern, Aktentaschen, Pappkartons und riesigen Kisten waren sie erschienen. Sie schleppten sie mit Pferden, auf Leiterwagen oder Fahrrädern. Keiner wollte zu spät kommen, das wütende Knurren von Hunderten Mägen pochte drohend an die Tür des Delikatessenhändlers. Erschütternde Szenen auch im Ladeninneren. Ein einziger wilder Aufschrei war zu hören: ›Wir wollen auch Schinken haben.‹ Herr Jarowetz war verzweifelt, ich mußte mich in der nächsten Sendung entschuldigen und sagen, daß es keinen Schinken mehr gibt.«
Versuche dein Glück wurde nach einiger Zeit von der Sendung *Freu dich nicht zu früh* abgelöst, die Böhm gemeinsam mit Peter Hey präsentierte. Die beiden Quizmaster nahmen ihre Kandidaten in einer Art Doppelconférence in die Zange. Zur beliebtesten Quizsendung wurde aber Maxi Böhms *Große Chance*. Jedem Österreicher, der diese Zeit bewußt erlebt hat, ist die Melodie noch im Ohr (sie wurde übrigens von Gerhard Bronner komponiert): »Die große Chance, sie klopft an deine Tür...«
Die Zeitschrift »Radio-Woche« stellte im Jahre 1950 ihren Lesern folgende Frage: »Wer ist der populärste Mann Österreichs?« Und die Reihung sah so aus: Platz 1: Maxi Böhm (49 Prozent der Einsendungen), 2. Außenminister Dr. Karl Gruber, 3. Bundes-

präsident Dr. Karl Renner, 4. Bundeskanzler Ing. Leopold Figl. Die weiteren Plätze nahmen Hans Moser, Franz Lehár, Vizekanzler Dr. Adolf Schärf und Ex-Kanzler Kurt von Schuschnigg ein.

Der beliebteste Radiomoderator neben Maxi Böhm war – damals wie heute – Heinz Conrads. Maxi war von den Amerikanern eingesetzt, er quizelte jede Woche und bot daneben eine Vielzahl von Bunten-Radio-Abenden, er war – wie er selbst sagte – »der radioaktivste Mann Österreichs«. Conrads fragte jeden Sonntagmorgen über »Radio Wien«: *Was gibt es Neues?*

Gemeinsam erhielten die beiden Radiolieblinge aus der Hand von Bundeskanzler Julius Raab das Goldene Verdienstzeichen der Republik Österreich. Hätte Max Böhm jemals darauf Wert gelegt, ins *Buch der Rekorde* zu kommen – er hätte es spielend geschafft. Denn mit seiner Sammlung von mehr als achtzigtausend Witzen und Definitionen ist er sicherlich weltweit unschlagbar. Beim Stichwort »Orden« findet man: »Das bewährteste Mittel, menschliche Eitelkeit mit geringsten Kosten für den Staat zu befriedigen.« Trotzdem – Böhm freute sich sehr, ein staatlich ausgezeichneter Komödiant zu sein. Da der Bayerische Rundfunk und der Schweizer Richtfunk sehr bald seine Sendungen übernahmen, war Böhm auch schon im benachbarten Ausland bekannt. Die »Schweizer Illustrierte« brachte nach der Ordensverleihung Maxi Böhm und Heinz Conrads als Titelbild: »Ist das nicht liebenswert, die Österreicher zeichnen zwei Menschen aus, weil sie Humor haben.«

Keine Frage, daß Böhm und Conrads, sobald der Werbefunk eingeführt war, zu den begehrtesten Werbeträgern zählten. Der Unilever-Konzern sponserte von Anfang an *Die große Chance*, die nach dem Vorbild des amerikanischen *Double or Nothing* entstanden war. Der Gewinn – Bargeld hatte mittlerweile die Naturalien abgelöst, daneben gab es nach wie vor Waschpulver – wurde mit jeder richtigen Antwort verdoppelt, aber die Fragen wurden immer schwieriger. Ein Beispiel:

Böhm: »An welchem Fluß liegt Wien?«
Kandidat: »An der Donau.«

Es folgte Maxis berühmtes »Gewonnen, gewonnen, gewonnen!« Der Kandidat erhielt zwanzig Schilling.

Böhm: »An welchem Fluß liegt Prag?«
Kandidat: »An der Moldau.«
»Gewonnen ...« Der Kandidat erhielt vierzig Schilling.
»An welchem Fluß liegt Madrid?«
Der Kandidat wußte es nicht – und hatte alles verloren.

»Doppelt oder nichts« war eben das Prinzip. *Die große Chance* gab es insgesamt acht Jahre lang. Nachdem sich Böhm eine Pause gegönnt hatte, kam es in den sechziger Jahren zu einem Remake. Das Prinzip damals war, daß jede Frage an die vorhergehende anschloß. Also:

»An welchem Fluß liegt Wien?«
»Donau.«
»Wo entspringt die Donau?«
»Im Schwarzwald.«
»Wer komponierte die Operette *Schwarzwaldmädel*?« usw.

Zwischen den eigentlichen Quizfragen erheiterte Maxi Böhm sein Publikum durch Witzfragen, die er zum Teil selbst »erfunden« hatte. So etwa: »Vier in einem Büro – aber nur einer arbeitet. Wer ist das?«
Antwort: »Drei Beamte und ein Ventilator.«
Weitere Nonsensfragen: »Welchen Härtegrad hat Erdäpfelpüree?« oder »Wann läutet der Großglockner?« beziehungsweise: »Wann ist das Tote Meer gestorben?« oder: »Wie lange muß

man die Arbeitslosenunterstützung beziehen, bis man pensionsberechtigt ist?«

Er lieferte in seiner *Großen Chance* aber auch sketchartige – sehr wohl vorbereitete – Beiträge. Zum Beispiel: Ein Kandidat betritt die Bühne, zweitausend Zuschauer im Wiener Konzerthaus.

BÖHM: »Was sind Sie von Beruf?«
KANDIDAT: »Müde.«
BÖHM: »Wie alt sind Sie?«
KANDIDAT: »Fünfundzwanzig.«
BÖHM: »Was wollen Sie werden?«
KANDIDAT: »Sechsundzwanzig.«
BÖHM: »Zur ersten Frage. Wie groß ist das menschliche Gehirn?«
KANDIDAT: »Meinen Sie Ihres oder meines?«
BÖHM: »Weder Ihres noch meines, sondern das eines ganz normalen Menschen.«

Es war wie eine Seuche, ganz Österreich wartete auf Maxi Böhm und seine Sendungen. Humorbegabte Lehrer unterrichteten nur noch à la Maxi Böhm. Statt zu prüfen, veranstalteten sie Quizfragen, statt Waschpulver oder Bargeld gab's Radiergummis, Bleistifte oder gute Noten »zu gewinnen«.

»Auch der alte Kaiser war ab halb zehn Uhr leiser«

Bädertourneen, Silvester und die Schratt-Villa

Wenn Maxi Böhm für seine Quizsendungen unterwegs war, gab es keinen auch noch so kleinen Ort, in dem er nicht mit seinem »Studebaker« stehenblieb, um irgend jemanden auf der Straße anzusprechen: »Wo ist euer größter Saal und wie viele Menschen faßt er?« War er für mehr als dreihundert Personen zugelassen, kam er bereits auf die »Sommerliste«. Denn Maxi Böhm war jetzt so populär, daß sein Name Säle füllen konnte. Und in den Monaten Juli und August ging er auf »Bädertourneen«.

Das war eine durchorganisierte Sache, bereits Wochen vorher hatte er gemeinsam mit Gattin Huberta einen strategisch bis ins kleinste Detail vorbereiteten Plan entwickelt. Rund sechzig Vorstellungen in diesen beiden Monaten, jeden Tag auf der Bühne. Maxi Böhm unternahm diese Bädertourneen auf eigenes Risiko und engagierte sporadisch bekannte und weniger bekannte Künstler. Zu den bekannten zählten Hugo Wiener, Cissy Kraner, Fritz Imhoff, Hermann Leopoldi, Helly Möslein, Ossy Kolmann, Wondra und Zwickl...

Die zuständigen Kurverwaltungen waren bereits im Frühjahr davor angeschrieben, der Saal gemietet worden. Da ging's kreuz und quer durch Österreich. Pörtschach, Velden, Villach, Klagenfurt. Oder Ischl, St. Wolfgang, Goisern, Altaussee, Strobl, St. Gilgen.

In der Praxis sah das dann so aus: Man kam sagen wir in Badgastein an, Huberta Böhm ging zur Kurverwaltung, um sich nach dem Kartenvorverkauf zu erkundigen. Max baute inzwischen die Bühne auf. War der Verkauf gut, konnte man sich entspannen. Ließen die Kartennachfragen zu wünschen übrig ... an so einen Fall erinnerte sich Maxi Böhm in einer Radiosendung:

»Wir waren also in sämtlichen Sälen aufgetreten, die es überhaupt gibt. Unsere Programme hießen meist *Hitze, Witze, Geistesblitze* oder so ähnlich. Einmal nannten wir's *Böhms Tierleben* – Inhalt der Sketche, Conférencen und Chansons waren keineswegs Geschichten um echte Tiere, sondern um Ballettratten, Amtsschimmeln, Pleitegeier, Friedenstauben, Salonlöwen ... Wir kommen nach Velden, sämtliche Hotels ausgebucht, Tausende Urlauber. Wir freuen uns schon; im Hotel Möslacher sagt uns der Kellner aber: ›Leider, das wird nichts mit heute abend. Die Plakate sind nicht fertig geworden in der Druckerei. Kein Mensch weiß, daß Sie heute abend Programm haben. Dementsprechend auch der Kartenverkauf: Nullkommajosef!«

Aufgeben, die Vorstellung platzen lassen? So schnell gab sich ein Maxi Böhm nicht geschlagen. Er fuhr in Richtung Villach, mietete beim erstbesten Bauern einen Esel und bemalte ein Plakat mit folgender Aufschrift: »Ich bin ein Esel, denn ich habe noch keine Eintrittskarte für heute abend. Programm von Maxi Böhm. Böhms Tierleben.«

Der kleine Bub des Bauern erhielt noch ein paar Schilling und durchwanderte die umliegenden Wörtherseestrände. Mancher Urlauber fragte sich: »Was heißt das, sind wir jetzt Esel, weil wir nicht hingehen zu diesem Blödsinn?« Velden war in Aufruhr – aber der Saal fast ausverkauft.

War ausnahmsweise einmal ein Abend vorstellungsfrei, war Böhm unglücklich. Man tingelte gerade zwischen Badgastein und Hofgastein. In der Nähe liegt St. Veit im Pongau – und dort gibt's ein Kino. Die Urlaubssaison war bereits vorbei, da wollte unsere kleine Bädertournee-Truppe einen Abend für Einheimische geben. »Die große Chance« für Maxi Böhm also, den

vorstellungsfreien Abend conférieren zu können. Doch der Kinobesitzer winkt ab: »Keine Chance, auch nur eine einzige Karte am heutigen Abend zu verkaufen – bei uns ist Erntezeit, alle sind auf ihren Feldern. Wie soll man den Leuten sagen, daß heute Vorstellung ist?
Maxi Böhm löste auch dies. In seiner Truppe befand sich ein Verwandlungskünstler namens Barzinsky, der im Laufe eines Abends jeweils als Kaiser Franz Joseph, Johann Strauß, Viktor Adler, Karl Lueger ... auftrat.
»Du, Barzinsky, hol deinen Franz Joseph heraus, nimm dir den Bart – wir gehen auf Propagandafahrt.« Dann fuhren sie die Felder mit ihrem Automobil ab, aus dem der leibhaftige Monarch winkte. Und via Lautsprecher tönten Maxi Böhms Worte: »Achtung, Achtung, Seine Majestät, Kaiser Franz Joseph, heute abend um zwanzig Uhr im Tonkino von St. Veit ...« Immerhin: der Abend war gerettet, das Kino halbvoll.
Aber zurück zu den Sommertingeleien. Fritz Muliar erinnert sich in seinen Memoiren *Streng indiskret* an seine eigenen Bädertourneen: »Unterwegs begegneten wir häufig einem grell bemalten Auto, aus dem ein Mann mit Strohhut nach links und rechts grüßte, Kußhände warf und unaufhörlich lachte. Das war kein ausländischer Potentat, das war Maxi Böhm, als Reklamefahrer in eigener Sache unterwegs. Er gab im Nachbarort einen Bunten Abend, und so etwas bereitete er gründlich vor.«
War der Kartenvorverkauf – teilweise unter Einsatz obiger Mittel – erledigt, war Maxi Böhm in seiner Garderobe anzutreffen. Frau Böhm saß dann wie immer persönlich an der Abendkassa und verkaufte die Eintrittskarten. Wenn die Vorstellung begann, sperrte sie die Kassa zu, zog sich um und stand mit ihrem Mann bereits im zweiten Sketch auf der Bühne – und das, obwohl sie nie im Leben Schauspielunterricht erhalten hatte. Nach der Vorstellung erledigte Huberta Böhm dann die Abrechnung und zahlte die engagierten Künstler aus.
Was Maxi Böhm als Conférencier auszeichnete, war sein unge-

Bis ins kleinste Detail organisiert: Maxi Böhms Bädertourneen. In den Monaten Juli und August hatte er bis zu sechzig Vorstellungen, aber auch in der Vor- und Nachsaison »tingelte« er übers Land. Jeder Abend, der nicht beruflich ausgefüllt war, machte ihn unglücklich. Berühmte Kollegen wie Hugo Wiener, Cissy Kraner, Fritz Imhoff, Hermann Leopoldi, Helly Möslein, Ossy Kolmann oder Wondra und Zwickl waren mit ihm unterwegs.

heures »G'spür« fürs Publikum. Er wußte sich mitten im Satz auf das Niveau, den Geist, den Humor der jeweiligen Gäste im Saal einzustellen. Die ersten Späße waren ein Probegalopp, nach ein paar Lachern wußte er genau, worauf sie reagierten. Dann konnte er diesen Menschen mit maßgeschneiderten Pointen entgegenkommen. Ossy Kolmann erinnert sich an eine Situation, die besonders schwierig war.

Die Sommertourneen führten sie manchmal auch ins Ausland, einmal sollten Böhm, Kolmann, Else Rambausek und einige andere die Teilnehmer eines Ärztekongresses in Grado unterhalten. »Der Maxi hatte die Einführungsconférence«, weiß Ossy Kolmann noch, »er ist hinausgegangen, hat angefangen. Ein Witz, noch ein Witz – aber das gewohnte Lachen des Publikums blieb aus. Eiseskälte kam ihm entgegen. Was ist los? Er hat sein ganzes Repertoire durchprobiert – und das war sehr groß. Feiner Humor, derbere Witze, weniger anzügliche, Ärztewitze, ein bißl was zum Nachdenken, dann wieder ganz was Biederes. Statt der geplanten fünf Minuten hat er zwanzig Minuten conferiert – aber dann hat er sie gehabt. Er war ungeheuer ehrgeizig, hat einfach nicht locker gelassen. Die Leute mußten einfach lachen.« Und sie haben gelacht, der Maxi hat's noch jedesmal geschafft.

Einen anderen Auftritt hatte Maxi Böhm im Bamberger Hof in Nürnberg. Geblödelt wird auch hinter der Bühne. Der andere Conférencier ist ein alter Freund von Böhm, und der hatte die Idee: »Du, wir haben heute einen Komiker im Programm, einen sogenannten Buntkomiker, der davon lebt, daß die Leute schon aufschreien, wenn er die Bühne betritt. Er hat eine rote Nase und ist furchtbar komisch. Wir werden den Leuten sagen, daß er leider taub ist.«

So war's dann auch. Böhms Conférencierkollege auf der Bühne: »Meine Damen und Herren, unsere nächste Nummer bringt ein wahnsinnig witziger Mann. Nur leider – er ist vollkommen taub, also den Applaus kann er gar nicht hören. Tun Sie ihm den Gefallen, ihm Ihre Freude zu *zeigen*.«

Der »Buntkomiker« kommt ganz knapp vor seinem Auftritt von einem anderen Engagement im nahen Apollo-Varieté, er betritt die Bühne. Absolute Ruhe. Er war gewohnt, daß die Leute brüllen, sich auf die Schenkel hauen – aber, absolut nichts. Er schaut, ob er seine Maske vergessen hat, ob die zu weiten Hosen gut – also schlecht – sitzen. Alles da – und doch: kein Laut aus dem Publikum. Er beginnt mit seinem Programm, schießt sich mit einer Pistole ein Loch in die Hose – nichts! Statt dessen winken die Leute nur mit ihren Taschentüchern.
»Hauptgeschäftstag« für jeden Conférencier ist Silvester. Maxi Böhm zählte in den fünfziger und sechziger Jahren neben Fritz Muliar, Ernst Waldbrunn und Peter Hey zu den »Weltmeistern« dieser Nacht. Der Grund für die Tingelaktivitäten so vieler Kabarettisten, Zauberkünstler und Conférenciers lag darin, daß Kinobesitzer, Gastronomen und Ballveranstalter große Steuervorteile genossen, sobald sie ihren Gästen »künstlerische Programme« boten. Bis zu sechzehn Auftritte hatte Maxi Böhm pro Silvester. Die ersten begannen am späten Nachmittag, der letzte endete irgendwann am Morgen. War während der Sommertourneen jede Stunde verplant, so war es in dieser Nacht jede Minute. Frau Böhm erinnert sich: »Ein Taxi wartete bei jeder Veranstaltung mit laufendem Motor vor der Tür, die größte Katastrophe war Glatteis, denn das konnte den ganzen Terminplan durcheinanderbringen.« Huberta Böhm war immer dabei – in drei Silvesterfällen hochschwanger; ausgerechnet so hatten sie sich's eingeteilt: Der erstgeborene Max kam im März (1949), Michael im Jänner (1951), Christine im Februar (1954). »Um drei Uhr früh sind wir dann in jeder Silvesternacht total erschöpft in irgendeinem Restaurant gelandet, um unser Frühstück einzunehmen.« Sechzehn Auftritte lagen hinter ihnen.
Auch später, als Maxi Böhm dann am »Simpl« engagiert war, »tingelte« er gerne weiter. Nicht nur Silvester, er fehlte bei keiner Muttertagsfeier, conférierte an Weltspartagen, bei Firmenkränzchen und Modeschauen. Nachmittags vor der Vor-

stellung und spätabends nach Ende der »Simpl«-Revue. »Farkas hat immer gesagt«, erinnert sich Hugo Wiener, »der Maxi muß in jeder Szene beschäftigt sein – wenn der fünf Minuten nichts zu tun hat, tritt er schnell woanders auf.«

Maxi Böhm genoß diese Zeit, er genoß seine immer größer werdende Popularität, und er genoß es, Geld zu verdienen. Und er verdiente nicht schlecht. Trotzdem lebte die Familie Böhm relativ bescheiden. Zuerst in einem Untermietzimmer in der Siebensterngasse, dann bei der Kunstreiterin einer Zirkustruppe auf der Alser Straße. (Max Böhm erzählte: »Da sind die Tauben durch die Wohnung geflogen, und in jedem Zimmer saß ein Affe.«) Und als die Familie heranwuchs, in einer schönen Wohnung am Brahmsplatz auf der Wieden.

In seiner Rolle als Vater von drei Kindern ging er voll auf. »Ich habe damals eigentlich vier Kinder gehabt«, erinnert sich Huberta Böhm, »mein Mann war das größte Kind. Er hat nur Unsinn im Kopf gehabt, wollte seine eigene, versäumte Jugend nachholen. Er war der Anführer der Böhm-Bande.«

Seine Kinder zu unterhalten, war ihm die größte Freude. Weihnachten war ein Fest, das er wochenlang vorbereitete. Er schmückte die Wohnung, den Christbaum, wickelte Dutzende Pakete – entsprechend glücklich waren die beiden Buben und das Mädchen.

Und zu lachen hatten sie auch genug. Das Leben war Jux und Tollerei. Er blödelte auf der Bühne – und zu Hause. Der 1. April war gefürchtet. Es gab Wettbewerbe innerhalb der Familie, wer den anderen am besten in den April zu schicken vermochte. Keine Frage – der Vater war's jedesmal.

Zum Beispiel: Michael, eben vierzehn Jahre alt, besuchte den Konfirmationsunterricht in der Wiener Dorotheergasse. Der Papa sollte ihn von dort abholen. Aber – wer steht vor der protestantischen Kirche? Ein Polizist! »Entschuldigen, sind Sie der Michael Böhm?«

»Ja.«

»Es tut mir leid, ich muß Ihnen mitteilen, daß Ihr Vater volltrunken bei uns in der Wachstube sitzt. Bitte kommen Sie mit, Sie tragen die Verantwortung.«

Bleich vor Schreck folgte der junge Gymnasiast dem Ordnungshüter aufs Kommissariat. Was sich ihm dort bot, war ein Bild des Schreckens: Sein eigener Vater lag grölend auf einer Bank und lallte – von mehreren Polizisten umgeben – Wienerlieder. Ein Wachmann überreichte dem verzweifelten Vierzehnjährigen die Autoschlüssel seines Vaters. Michael, entsetzt: »Aber, ich darf doch noch gar nicht ...«

Der nächste Gedanke des verantwortungsbewußten Sohnes: »In einer Stunde muß der Papa im ›Simpl‹ sein, er kann doch unmöglich auftreten in diesem Zustand – ich muß den Farkas anrufen.« Als sein Junior zum Telefon griff, erhob sich Maxi Böhm – der nüchternste Mensch der Welt. Er hatte die April-Wette wieder einmal gewonnen – für ein möglichst perfektes Gelingen hatte er die Polizisten des Kommissariats »engagiert«.

Einige Jahre später, 31. März. Michael hatte mittlerweile ein kleines Moped bekommen. Er wollte es zum Service bringen, wartete auf den Anruf der Werkstätte, um zu erfahren, wann er es bringen sollte. Der »Anführer der Böhm-Bande« wußte dies und rief den Sohn mit verstellter Stimme an: »Sie müssen morgen um halb sechs Uhr kommen, sonst gibt's keinen Termin mehr.«

Der begeisterte Frühaufsteher Michael verließ am nächsten Morgen um fünf Uhr, noch schlaftrunken, das Haus am Brahmsplatz. Vor der Tür stand das Moped. Darauf hing ein Zettel: »April, April. Papa.«

Auch während der übrigen Zeit des Jahres war für eine Hetz' gesorgt. Er war ungeheuer erfinderisch, wenn es darum ging, die Kinder zum Lachen zu bringen. Da gab es kleine Luftballons, die er eines Abends jedem Familienmitglied unter die Teller legte. Mittels eines Schlauchs waren diese Ballons mit einem

Blasbalg verbunden. Plötzlich wackelte das ganze Geschirr. Die Kinder jaulten vor Freude. »Die Mutter weniger«, erinnert sich Huberta Böhm ob ihrer verzweifelten Versuche, dem Nachwuchs eine ernsthafte Erziehung angedeihen zu lassen.
Er war auf seine Kinder derart stolz, daß sie alle bald in seinen so geliebten Beruf integriert wurden. Max Junior war bereits als Zweijähriger Star einer vom Herrn Papa conférierten Kindermodenschau im Wiener Konzerthaus, Christine agierte mit fünfeinhalb als Prinzessin in einem Fernsehspiel, und mit dreizehn spielte sie unter der Regie von Karl Farkas am Raimundtheater die Schwester der Kaiserin in Fritz Kreislers Operette *Sissy*.
Auch als Familienvater blieb Maxi Böhm in seinem Beruf ungeheuer fleißig. Was machte er mit dem Geld, das er verdiente? Als er einmal im Salzkammergut auftrat, flüsterte ihm Huberta schüchtern zu: »Du Max, ich hab gehört, die Schratt-Villa ist zu verkaufen.«
»Die Schratt-Villa – schön und gut – aber was sollen wir damit?«
»Könnten wir's uns nicht anschauen?«
»Wozu, ich bin doch kein Hochstapler!«
Sie sahen sich das traditionsreiche Haus an – und Max war begeistert. »Die Villa hat ihn so sehr an den ›Französischen Hof‹ in Teplitz erinnert.« Besitzer des Landhauses, in dem einst Kaiser Franz Joseph seine »Kathi« zum täglichen Frühstück besucht hatte, waren zu diesem Zeitpunkt die Erben des bekannten Librettisten Dr. Fritz Löhner-Beda (»Ausgerechnet Bananen«), der die Texte etlicher Lehár-Operetten verfaßt hatte. Löhner-Beda war 1942 im KZ Auschwitz ermordet worden, und seine in Amerika lebende Familie schrieb jetzt die Villa samt dem zwanzigtausend Quadratmeter großen Grundstück zum Verkauf aus.
Maxi und Huberta Böhm kauften – auf Raten. »Ich werd keine Nacht mehr schlafen können«, fürchtete er. Doch er hatte auch

weiterhin keine Schlafstörungen. Er tingelte brav weiter und zahlte die Schulden ab. Fünfzehn Jahre führte die Familie das Haus als Frühstücks-»Pension der guten Laune«. Dementsprechend sah auch Maxi Böhms »Hausordnung« aus – hier ein Auszug:

»Fühlen Sie sich so zu Hause, wie Sie sich nicht einmal bei sich zu Hause ›zu Hause‹ fühlen.

Beim Betreten unserer Eingangshalle werden Hüte, Mäntel, Regenschirme, Vorurteile und Rangunterschiede abgelegt.

Wenn Sie die Gewohnheit haben, Ihre Zigarettenasche in Kaffeetassen abzustreifen, machen Sie uns bitte vorher davon Mitteilung – wir werden Ihnen gern den Kaffee im Aschenbecher servieren.

Versuchen Sie bitte mit feuchten Händen die Badezimmerbeleuchtung erst anzudrehen, *nachdem* Sie Ihre Rechnung beglichen haben.

Das Anbringen von Gucklöchern ins Nebenzimmer hat auch dann zu unterbleiben, wenn die Nachbarin sehr hübsch ist.

Die Abnützung unserer zahlreichen Parkbänke ist im Zimmerpreis inkludiert. Nehmen Sie also unbesorgt Platz, damit Sie auch einmal ›etwas auf der Bank‹ haben.

Und zum Thema Zimmerlautstärke: ›Auch der alte Kaiser
War ab halb zehn Uhr leiser.‹«

Als die oftmaligen Reisen von Wien nach Ischl zu anstrengend wurden, verkaufte er die Schratt-Villa. Dafür übernahm die Familie eine andere Frühstückspension – und zwar am Semmering in der Nähe von Wien. Maxi Böhm war ein begeisterter »Hobby-Innenarchitekt« und richtete die zahlreichen Domizile seines Lebens immer mit sehr viel Liebe ein. War eine Wohnung, ein Haus dann fix und fertig, dachte er schon wieder an einen Ortswechsel. Er wollte wieder einmal einrichten.

Das Gastgewerbe an sich lag ihm nicht besonders. Als einmal Herr Weissenböck, der Geschäftsführer seiner Parkvilla am Semmering, im nahen Gloggnitz Besorgungen erledigte, ließ dieser den »Chef« mit seinen Gästen allein im Haus. Plötzlich kam ein Ehepaar ins Speisezimmer und verlangte nach dem ihm zustehenden Frühstück. Maxi Böhm war verzweifelt – er wußte nicht einmal, wo im Haus der Kaffee zu finden war. Also setzte er sich in seinen Wagen, fuhr zur Paßhöhe und ließ sich im Café »Erzherzog Johann« zwei komplette Frühstücksportionen anrichten. Das ganze servierte er dann dem Ehepaar in der Parkvilla.

Seine Gäste glauben vermutlich heute noch, der berühmte »Wirt« hätte für sie ein Frühstück gebraut.

Kabarettungslos verloren

»Simpl«

Zwischen Quizspielen, unzähligen Bädertourneen und sonstigen Auftritten in ganz Österreich gab es noch Zeit für ein fixes Engagement. Paul Barnay, der mittlerweile Direktor des Deutschen Volkstheaters in Wien geworden war, hatte ihm die »Zigarrenbeschaffung« während der Nazizeit in Budapest nicht vergessen – und holte Max Böhm an seine Bühne. Mit seinem ersten Auftritt dort kam er nicht an. Böhm spielte – neben Annie Rosar und Oskar Wegrostek – die Rolle des Stationsvorstehers Sylvian Caporal in dem Marcel-Achard-Lustspiel *Die ganze Welt spricht davon.* Nicht nur er – das ganze Stück fiel bei Publikum und Presse durch.

Wenige Tage später wurde eine »Notpremiere« eingeschoben, um den Mißerfolg vom Spielplan streichen zu können. Unter der Regie Barnays wurde Shakespeares *Was ihr wollt* aufgeführt. Mit Susanne Almassy, Inge Konradi, Grete Zimmer, Egon von Jordan und Max Böhm. Gerhard Bronner, der in einer Vorstellung war, erinnert sich, daß Böhm »als Junker Bleichenwang hinreißend« gewesen sei.

Nach einem Jahr verließ er das Volkstheater wieder, um sich der wesentlich besser dotierten Quizmeisterei intensiver widmen zu können. Zwischendurch war er noch – bereits als Star – am Boulevard-Theater im »Casanova« engagiert.

Peter Loos inszenierte damals das französische Lustspiel *Die Großfürstin und der Zimmerkellner* von Alfred Savoir.

»Ich hatte Böhm nie zuvor als Schauspieler auf einer Bühne gesehen«, erinnerte sich Loos, »aber als Conférencier einer

Vom Quizmaster zum Liebhaber: Maxi Böhm im »Casanova«. Dort besuchte ihn der große Karl Farkas in der Garderobe und fragte: »Sie wissen, daß Sie jetzt zu mir an den ›Simpl‹ kommen?«
Böhm antwortete: »Ja, das weiß ich seit meinem elften Lebensjahr, seit Sie 1926 in Teplitz-Schönau gastiert haben. Seit damals weiß ich, daß ich zu Ihnen kommen will.«

CASANOVA

TELEFON R 27136/46

MAXI BÖHM

EVA SANDOR
ELFIE WEISER
KARL BACHMANN
MAX BROD
WILHELM HUFNAGL
RAOUL RETZER
AUGUST KEILHOLZ

TÄGLICH 20 UHR
IM FRANZÖSISCHEN
LUSTSPIEL VON
ALFRED SAVOIR

DIE GROSSFÜRSTIN
UND
DER ZIMMERKELLNER

KARTENVORVERKAUF AN DER THEATERKASSE UND IN ALLEN KARTENBÜROS

Rätselsendung hat er mich mit seinem bescheidenen Charme und seiner Ausstrahlung des Positiven dermaßen beeindruckt, daß ich ihn ins Casanova geholt habe.« Böhm spielte eine Liebhaberrolle.

»Ein guter Griff von Peter Loos«, las man in der Kritik, »war es, Maxi Böhm aus seiner Conférenceroutine herauszuholen und in eine richtige Theaterrolle zu stecken. Er wußte seine ›große Chance‹ wohl zu nützen, und das Lachen des Publikums blieb ihm auch als linkischer Kellner und schüchterner Liebhaber treu.«

Bei einem weiteren Auftritt im Casanova saß Karl Farkas im Zuschauerraum. Er besuchte Böhm in seiner Garderobe: »Sie wissen, daß Sie jetzt zu mir an den ›Simpl‹ kommen?«

Böhms Antwort: »Ja, das weiß ich seit meinem elften Lebensjahr, seit Sie 1926 in Teplitz-Schönau gastiert haben. Seit damals weiß ich, daß ich zu Ihnen kommen will.«

Hier am »Simpl« waren vor dem Krieg neben Farkas und Grünbaum noch Komiker wie Armin Berg, Hermann Leopoldi, Szöke Szakall, Paul Morgan, Roda Roda und Gisela Werbezirk aufgetreten. Hans Moser brachte seine berühmte Ordinationsszene, Egon Friedell seinen Goethe-Sketch. Aber auch Größen wie Raoul Aslan und Albin Skoda hatten hier gastiert. Pianisten waren keine Geringeren als Robert Stolz und Ralph Benatzky.

Für Maxi Böhm ging ein Lebenswunsch in Erfüllung. Komiker am »Simpl« zu sein! Am »Simpl«, dem renommiertesten und ältesten deutschsprachigen Unterhaltungskabarett. »Ein paartausendmal bin ich in diesen verstunkenen, geliebten Keller hinuntergegangen«, sagte Böhm, der siebzehn Jahre fast jeden Abend in diesen Mauern auf der Wollzeile in der Innenstadt verbrachte. Mauern, in denen, wie Karl Farkas es ausdrückte, »fünfzig Jahre Lachen stecken – und das kann man ihnen nicht nehmen. Auch der Rauch und die schlechte Luft gehören dazu, die schaffen erst die Atmosphäre«.

Die Definition des Wortes Kabarett lautete à la Farkas so: »Ein künstlerisches Unternehmen, welches so lange Programme von hohem Niveau im tiefen Keller produziert, bis es ihm gelungen ist, trotz schlechtester Ventilation und durchschnittlicher Weinqualität den höchsten Betrag an Vergnügungssteuer – schuldig zu bleiben.« Mit Vergnügungs- und anderen Steuern mußte sich Farkas glücklicherweise nicht herumschlagen – er war der künstlerische Leiter des Wollzeilenkellers. Besitzer und kaufmännischer Direktor war Baruch Picker.
Karl Farkas. Das war der Mann, der die große Tradition des Wiener Unterhaltungskabaretts der Zwischenkriegsjahre in unsere Zeit hinüberrettete. Karl Farkas. Das war – wie Maxi Böhm es später einmal sagte – »Das Lachen des Jahrhunderts«.
Als Sohn eines ungarischen Schuhfabrikanten und einer Österreicherin war Farkas am 28. Oktober 1893 in Wien zur Welt gekommen. Auf Wunsch des Vaters hätte er Jus studieren sollen – doch nach wenigen Wochen verließ er bereits die Universität; es drängte ihn zur Bühne.
Bevor er aber noch spielen durfte, mußte er in den Krieg ziehen. Der junge Mann mit dem ungarischen Namen rückte bei den Honveds ein. Mit einer Verwundung und fünf Auszeichnungen verließ er 1918 als Leutnant das nicht mehr kaiserlich-königliche Heer und konnte sich endlich dem Theater widmen. Lange bezeichnete er sich noch als »alter Soldat«.
In Olmütz erhielt er sein erstes Engagement, seine erste Rolle war der Franz Moor. Über Mährisch-Ostrau ging's nach Linz, wo er Goethes *Faust* inszenierte und selbst den Mephisto spielte. Die Kritiker erkannten in ihm »eine dämonische Ausstrahlung«, was ihn freilich nicht daran hinderte, eine Komikerkarriere einzuschlagen.
1922 übersiedelte Karl Farkas nach Wien. Obwohl er hier, an der Neuen Wiener Bühne, sowohl als Regisseur als auch als Charakterdarsteller verpflichtet war, kam Farkas mit seiner

Gage nicht aus – die Inflation beherrschte das Land. Und das war der Grund, weshalb er zum Kabarett ging. Wie so viele Schauspieler mußte auch er sich um Nebenverdienstmöglichkeiten umsehen.
So sah in dieser Zeit ein Arbeitstag von Karl Farkas aus: Tagsüber Proben und Texte schreiben. 19 Uhr 30: Auftritt in der »Komödie«. Nach Ende des ersten Aktes raste er in die Neue Wiener Bühne, wo er glücklicherweise nur eine kleine Rolle hatte, sonst wäre er nämlich zum nächsten Engagement nicht zurecht gekommen: ein kurzes Auftreten als Bonvivant an den Kammerspielen. Dann kam er in der »Hölle«, einem renommierten Kabarett, dran, in dem er den zweiten Teil des Programms zu conférieren hatte. Und abschließend eine Solonummer im Kabarett »Leopoldi-Wiesenthal«.
Mittlerweile war es drei Uhr früh geworden. So nebenbei gastierte er auch noch am Apollo- und am Bürgertheater. Doch auch all diese Beschäftigungen brachten dem jungen Ehemann immer noch zu wenig Geld.
Hugo Wiener, der schon sehr früh für das Kabarett »Femina« Revuen schrieb, erinnert sich, daß Farkas in dieser wirtschaftlich so schwierigen Zeit nach einem mißglückten Inkassoversuch bei einem Theaterdirektor ins Café Dobner kam und sagte: »Ich bin eigentlich kein Schauspieler mehr – ich bin ein geschminkter Gläubiger.«
Farkas las ein Inserat in der Zeitung: »Das Cabaret ›Simpl‹ sucht junge Nachwuchskomiker.« Die Aufnahmsprüfung sah so aus: »Simpl«-Direktor Egon Dorn fragte den Stellenbewerber: »Was können Sie?«, worauf ihn Farkas aufforderte: »Bitte rufen Sie mir zwanzig, dreißig Worte zu, x-beliebige Worte, was Ihnen gerade einfällt.« Dorn tat es, und Farkas verarbeitete die Worte zu einem pointierten Fünf-Minuten-Gedicht. Er wurde auf der Stelle als Schnelldichter engagiert. Am »Simpl« begegnete Farkas dann Fritz Grünbaum, mit dem er die ersten Doppelconférencen schmiedete. Zum Beispiel:

»Fritz, kannst du Rätsel lösen?«

»Sehr gut sogar.«

»Also, hör zu. Du gibst es mir heute, und ich geb's dir nächste Woche zurück. Was ist das?«

»Nicht ein Schilling.«

Der Schriftsteller Friedrich Torberg verehrte Farkas schon als Gymnasiast. Über Grünbaum, der mit seinem Vater befreundet war, wollte er sein Idol kennenlernen. Doch Grünbaums Kommentar bezüglich des geliebt-verhaßten ewigen »Konkurrenten« war nur: »Wenn der Bub noch lang den Farkas verehrt, wird nix aus ihm.«

Schnell, sehr schnell, machte sich Karl Farkas einen Namen. Als der große Max Reinhardt – der selbst immer wieder in den Wollzeilenkeller auf Talentsuche ging – einmal gefragt wurde, ob er nicht auch einmal am »Simpl« Regie führen wollte, soll er geantwortet haben: »Hier versagt meine Kunst. Das können doch der Farkas und der Grünbaum viel besser als ich.«

Fritz Grünbaum und Karl Farkas schufen einen eigenen, von ihrer jüdischen Herkunft geprägten Kabarettstil. Farkas-Zeilen aus den zwanziger Jahren:

»Pflückt ein Mädel Ribisel,
Zwickt man sie ins Knie bissel.
Pflückt das Mädel Orchideen,
Kriegt sie häufig Storchideen.«

Er selbst hingegen pflückte in der Wirtschaftskrise am liebsten:

»Tausendguldenkraut –
Weil's mir vor den Schulden graut!«

In einem anderen Chanson besingt Farkas seine weitverzweigte Verwandtschaft mit kabarettistischer Grandezza:

»Ich hab eine Tante in Peking,
Von der ich als Säugling schon wegging.
Das war eine brave, zufriedene,
Charmante, süperbeste – Jiddene...«

Nach weiteren »Peking«-Reimen:

»... durch alle Glieder mir ein Schreck ging
Es gibt mehr keinen Reim auf Peking.«

Also hatte er auch:

»Eine Tante in Nanking,
Die einst im Oktober noch blank ging...«

Und die Verwandtschaft in der näheren Umgebung:

»Ich hab einen Onkel in Kritzendorf,
Der leider das Bad nie – benitzen dorf...«

Hubert Marischka holte Farkas als Direktor an sein Stadttheater, das daraufhin ungeahnte Erfolge erlebte. Die Farkas-Revue *Wien lacht wieder* wurde siebenhundertmal aufgeführt, ebensooft wie das *Weiße Rößl* mit Farkas als Schönem Sigismund. Danach die Revue *Die Wunderbar*, die später, in viele Sprachen übersetzt, ein Welterfolg wurde. Farkas als Autor des Erfolgsstückes war ein gemachter Mann.

1938. Fritz Grünbaum wird nach Dachau verschleppt, wo er den Nationalsozialisten zum Opfer fällt. Selbst im Konzentrationslager liefert er noch Beweise seines bissigen Humors. Als ihm ein Aufseher die Seife verweigert, kommentiert er: »Wer für Seife ka Geld hat, soll sich keine KZ leisten.« Farkas flieht mit dem letztmöglichen Zug über die Tschechoslowakei, Frankreich, Spanien und Portugal in die Vereinigten Staaten. Doch bald nach Kriegsende kehrt er zurück.

Hier hatte der »Simpl« mittlerweile recht und schlecht den Krieg überdauert. Der Cafétier Fierlinger erwarb Ende der vierziger Jahre das traditionsreiche Etablissement in der Wollzeile und bot Sensationelles: Namen wie Fritz Imhoff, Ernst Waldbrunn, Heinz Conrads, Cissy Kraner und Hugo Wiener, Fritz Heller, Karl Hruschka, Wondra und Zwickl tauchten auf – dreimal auch Maxi Böhm. Als Kritiker des Programms *Wir heizen ein* erkannte Hans Weigel Anfang 1950 in der »Welt am Montag«: »Maxi Böhm ist im Begriff ein Conférencier der Spitzenklasse zu werden.« Und »Der Abend« berichtete: »Wenn auch die Qualität der neuen Revue nicht immer das gleiche Niveau hat, gibt es ein paar Höhepunkte, die schwächere Nummern vergessen lassen. So hat sich Maxi Böhm zu einem wirkungsvollen und scharf pointierten Conférencier entwickelt.«

Trotz der vielen Namen schlitterte Fierlinger in die Pleite. Erstens trat ein Großteil »seiner« Künstler – bei niedrigeren Eintrittspreisen – auch im Flottenkino auf, und zweitens hatte er so viele teure Stars engagiert, daß er selbst bei ausverkauftem Haus die Spesen nicht hätte abdecken können. Fierlinger hatte es zu gut gemeint.

Nun suchte der ehemalige Tänzer Martin Klein-Viggo einen Finanzier, um den »Simpl« übernehmen zu können. Er begab sich zu diesem Behuf ins nahe Café Prückl und wollte vom Ober wissen: »Kennen Sie jemanden, der a Geld hat?«

Der Kellner deutete Richtung Spielsalon und fixierte einen unscheinbaren Mann: »Der dort!«

Fierlinger ging auf ihn zu und fragte: »Wollen Sie Theaterdirektor werden?«

»Was muß ma da machen?«

Dann erklärte ihm Klein-Viggo, daß es sich um den »Simpl« handelte. Der jüngste Theaterdirektor Wiens hieß Schwarz. Die erforderliche Summe von 30000 Schilling ließ er sich von seinem Onkel, einem Spenglermeister namens Baruch Picker, geben. Bald machte sich der Spengler Sorgen um die Retournierung des von ihm zur Verfügung gestellten Darlehens, und so wurde er höchstpersönlich der nächste »Simpl«-Direktor. Und blieb es ein Vierteljahrhundert lang.

Die Kabarett-Chefs berieten: »Was mach ma jetzt?« Klein-Viggo wußte Rat: »Wir brauchen ein Ensemble.«

»Holen wir uns den Farkas!«

Dem war die Sache zunächst suspekt. Er zeigte zwar seine Bereitschaft, Buch und Regie einer neuen Revue zu erstellen, doch sein Name dürfte nicht aufscheinen. Auch sonst gab es keine Prominenten, denn eine andere Farkas-Bedingung lautete: »Niemand, der beim Fierlinger war, darf hier auftreten!«

Da die gesamte Komikerelite Wiens bei Fierlinger engagiert gewesen war, konnte Farkas diesem Grundsatz nicht lange treu bleiben. Vorerst wandte er sich an Hugo Wiener, den er noch aus der Vorkriegszeit kannte. Vor allem aus dem Gerichtssaal, denn die beiden waren einander wegen diverser Urheberrechtsstreitigkeiten immer wieder in die Haare geraten. Farkas zu Wiener: »Schauen Sie, wir haben uns vor dem Krieg immer bekämpft. Wenn wir zusammengehen, kann uns niemand gegeneinander ausspielen.«

Dienst am Kunden hieß das erste Programm, in dem der Name Farkas – gemeinsam mit Hugo Wiener – wieder auf dem Programmzettel zu finden war. Premiere war am 17. Oktober 1950, und die »Fierlinger-Garde« kam nun doch zum Einsatz: Waldbrunn, Heller, Kraner. Die Musik stammte von Peter Wehle.

Maxi Böhm »tingelte« inzwischen. In der »Melodies«-Bar in der Annagasse bescheinigte ihm »Der Abend«, daß er im Programm *Wunderkerzen* ein Conférencier mit Geist und Witz sei.

Mittlerweile war das »Simpl«-Team um die Namen Heinz Conrads und Fritz Muliar erweitert worden. In Wien gab es kaum einen Komiker, der nicht von Farkas entdeckt worden oder zumindest durch seine Schule gegangen wäre. Wobei Irrtümer nicht ausgeschlossen sind. Ein junger Nachwuchskünstler spielte in dem Programm *Kolumbus entdeckt Amerika* eine Nebenrolle. Fritz Muliar war Kolumbus, das junge, aufstrebende Talent sein Steuermann Pedro. Da sollte der hübsche Jüngling ein paar Takte singen. Farkas unterbrach ihn während der Probe und gab Muliar die Anweisung: »Singen Sie das selber, unser junger Kollege hat leider keine Stimme.«

Aus dem »jungen Mann ohne Stimme« ist mittlerweile ein Plattenmillionär geworden. Er heißt Peter Alexander.

Nachdem Heinz Conrads den »Simpl« verlassen hatte, suchte Farkas einen würdigen Ersatz. Er fragte Hugo Wiener: »Glaubst du, können wir uns den Maxi Böhm leisten?«

Und so kam es dann zum Engagement. Maxi Böhm betrat den

»Simpl«. Das Duo Farkas-Waldbrunn hatte inzwischen die Tradition der Doppelconférence fortgesetzt. Fritz Heller war Figl-Imitator, ein Höhepunkt jedes Programms waren immer noch *Die Vier im Jeep* – obwohl die Besatzungsmächte bereits kurze Zeit vorher Österreich verlassen hatten. Farkas als Amerikaner, Muliar als Russe, Heller als Engländer und – neu im Ensemble – Maxi Böhm als Franzose.

Der »Neue« hatte es anfangs schwer, sich durchzusetzen. Die Kritiken nach seiner ersten Revue *Nie wieder Frieden* waren niederschmetternd für den Erfolgsgewohnten: »Maxi Böhm«, schreibt etwa der »Bild-Telegraf« am 9. März 1957, »bleibt bei aller Anerkennung von Charme, Können und Routine ein Fremdkörper. Seine Reklameparodie wird recht adagio gesprochen und klingt trotzdem nach Presto.« Doch schon nach Böhms zweiter Revue im September meldet dieselbe Zeitung: »Maxi Böhm, gegenüber dem Vorjahr eine Klasse verbessert, bietet als ›g'stellter Nepomuk‹ ein Glanzstück von Kleinkunst.« Und von da an rissen die Huldigungen nicht mehr ab: Von hinreißend bis großartig, von urkomisch bis einmalig, von lachmuskelreizend bis zwerchfellerschütternd sollte es in den nächsten fünfundzwanzig Jahren an keinem lobbringenden Adjektiv mehr fehlen.

Neben Farkas, Waldbrunn, Muliar, Kraner und Wiener traf Böhm hier am »Simpl« auf Komiker wie Gunther Philipp, Karl Hruschka, Alfred Böhm, Otto Schenk und Oskar Wegrostek. Etwas später kam dann Ossy Kolmann dazu.

Aber fast alle von ihnen benutzten den »Simpl« und ihren genialen Lehrmeister Farkas als Sprungbrett, um dann an den großen Wiener Bühnen Karriere zu machen. Die »Burg« rief, die Volksoper, die Josefstadt, das Volkstheater. Nur einer blieb Farkas und dem »Simpl« treu: Maxi Böhm – obwohl es auch ihm an verlockenden Angeboten nicht mangelte.

Rudolf Weys schreibt in seinem Buch *Cabaret und Kabarett* über diese Situation: »Nur einer, so scheint es, bleibt farkastreu bis in die Knochen: Maxi Böhm, dessen sanguinisches Temperament jeden boshaften Witz in Wohlgefallen auflöst, dessen breit entfaltete Komik der ›Simpl‹ kaum noch entbehren könnte. Man ehre ihn als Kronprinzen im Hause Farkas und neben ihm die Prinzessinnen Elly Naschold und Henriette Ahlsen, die treuer zum ›Simpl‹ stehen als die meisten Männer.«

Für Farkas war es gar nicht so leicht gewesen, namhafte Komiker an sein Kabarett zu verpflichten. Die Gagen waren nämlich keineswegs »berühmt«. (Es ist bekannt, daß der Altmeister in einigen Fällen aus eigener Tasche Gehälter jüngerer Kollegen »aufbesserte«.) Einmal wollte er neben Maxi unbedingt auch Alfred Böhm verpflichten. Unter dem Motto »Böhm und Böhm gesellt sich gern«, wie er sagte. Doch Alfred war damals bereits fest an der Josefstadt engagiert und mußte an den Kammerspielen täglich auftreten. Alfred Böhm wunderte sich, Farkas mehrmals nach seiner Vorstellung am Bühnentürl der Kammerspiele anzutreffen.

Immer wieder versuchte er Alfred Böhm zu überreden, in der nächsten »Simpl«-Revue mitzuwirken. Doch der Schauspieler führte jedesmal an, daß er doch Abend für Abend an den Kammerspielen aufzutreten hätte. Farkas ließ nicht locker: »Dann kommen Sie doch nach der Vorstellung auf an Sprung vorbei, da geht sich noch ein Sketch oder eine Conférence aus!« Alfred Böhm überlegte lange hin und her – einerseits würde er sich freuen, neben Farkas und den anderen ersten Komikern Wiens »blödeln« zu dürfen, andererseits war er nach jeder Vorstellung in den Kammerspielen abgekämpft und müde. Schließlich wurde er von Farkas doch überredet, mitzumachen.

Waldbrunn fragte Farkas: »Ich hab gelesen, daß du den Fredi Böhm engagiert hast?«

Darauf Farkas: »Er hat mich solang sekkiert, bis ich ihn genommen hab!«

Maxi Böhm am »Simpl«, am Ziel seiner Träume, er war – wie er

es selber ausdrückte – »kabarettungslos verloren«. Und natürlich fielen ihm auch gleich Definitionen für dieses Kabarett ein: »Im Jahre 1912 kam ein gewisser Egon Dorn nach Wien, nahm eine Unmenge Rauchs und schlechter Luft, baute vier Wände rundherum und nannte das ganze Bier-Cabarett Simplicissimus«. Die winzige Bühne bezeichnete Böhm als »größenwahnsinnig gewordenes Nudelbrett«.
Aber hier ließ sich's spielen. Farkas bot ihm jede Gelegenheit, sein komödiantisches Talent unter Beweis zu stellen. Er kam in die große Zeit dieser Wiener Institution hinein. Und als Waldbrunn den »Simpl« zugunsten der Josefstadt verließ, wurde Böhm der Doppelconférence-Partner von Farkas. Er war im siebenten Kabaretthimmel.
Im Lauf der siebzehn Jahre, die er am »Simpl« spielte, trat Maxi Böhm in Hunderten Szenen auf. Er spielte, parodierte, sang, tanzte. Auf einen Nenner gebracht, war sein »Fach«: »Der Blöde«. Da Farkas von Anfang seiner Karriere an immer der Gescheite war – Grünbaum und Waldbrunn hatten »blöd« zu sein –, blieb Maxi Böhm gar keine Rollenwahl. Eva Maria Haybäck beschreibt in ihrer Dissertation *Der Wiener Simplicissimus* seine Charakteristika in den Ensembleszenen: »... ist besonders Maxi Böhm zu erwähnen, der in diesen Szenen meist eine gelungene Personenparodie des Grafen Bobby, der Reichsgräfin Triangi oder Armin Bergs brachte.«
Für Farkas war Böhm anfangs »zu wenig blöd«. Seine Gesichtszüge erinnerten den Kabarettaltmeister eher an die eines Mittelschulprofessors als an die eines Dummen, der im Kaffeehaus-Sketch Paravent mit Parapluie oder Parvenü zu verwechseln hatte. Böhm: »Ich hab alles probiert, versuchte mehrere, besonders blöde Frisuren, kaufte mir die verschiedensten Augengläser – sogar Kindersonnenbrillen waren darunter –, aber ich war Farkas immer noch zu gescheit.«
Durch Zufall fand er dann das Rezept für erfolgreiche Bühnenblödheit: »Während einer Szene mit Farkas fielen mir, da ich

Aus der Glanzzeit des »Simpl«: Programm mit Farkas, Maxi Böhm, Muliar, Kolmann, Cissy Kraner, Hugo Wiener, Karl Hruschka, Elly Naschold ...

wieder einmal eine neue, besonders ›verwegene‹ Frisur ausprobiert hatte, die Haare ins Gesicht. Mit einer umständlichen Handbewegung versuchte ich sie aus der Stirn zu wischen.« Die Leute brüllten vor Lachen – und Maxi Böhm hatte ein Markenzeichen, das ihm bleiben sollte.

Der Kritiker Kurt Kahl über seine »Dummen«: Maxi Böhm »äußerte Gescheites, Witziges in der Maske der Begriffsstutzigkeit. Er spielte den Dummen mit solcher Perfektion, daß man sicher war: Der kennt die Menschen«.

Wenn ein paar geniale Blödler auf einem Haufen vereinigt sind, hinterlassen sie der Nachwelt natürlich eine Unzahl von Anekdoten. Einige aus dem »Simpl«-Gewölbe sollen hier wiedergegeben werden. Zunächst einmal: Farkas, der die schwere Zeit der Inflation und später die Emigration hatte erleben müssen, war zum sparsamen Mann geworden. Er fuhr per Straßenbahn – und nach der »Simpl«-Vorstellung liebte er es, von einem Kollegen zu seiner Wohnung in der Neustiftgasse Nr. 67 geführt zu werden. Jeder erfüllte ihm diesen Wunsch gerne, sehr oft war Maxi Böhm »dran«.

Einmal, so erzählte Böhm, hatte weder er Zeit, noch fand sich ein anderes Ensemblemitglied, Farkas nach Hause zu fahren. Da bot sich Walter Stern, der Schwiegersohn des alten Picker, an, Farkas nach Hause zu bringen. Der Altmeister des Wiener Humors stieg in den Wagen ein; Stern fragte: »Wie fahren wir?«, und Farkas sagte nur: »Geben Sie Gas, ich sag Ihnen schon, wie's weitergeht. Da vorne fahren Sie rechts, ... jetzt geradeaus über die Kreuzung drüber, ... hier biegen Sie nach links ein ...« Bei der Spinnerin am Kreuz, weit draußen am Stadtrand, fragte Stern schüchtern: »Entschuldigen Sie, Herr Professor, ich dachte, Sie wohnen in der Neustiftgasse.«

»Ja, ja«, ließ sich Farkas nicht aus der Fassung bringen, »aber am Samstag fahr ich immer nach Edlach an der Rax.« Sprach's, ließ sich genüßlich zurückfallen und zu seinem Wochenendhaus, hundert Kilometer von Wien entfernt, chauffieren. Dort wartete

bereits seine Ehefrau Anni, und hier pflegte er mit ihr den spielfreien Sonntag zu verbringen.
Nannten wir Karl Farkas sparsam, so war er immer noch die personifizierte Verschwendungssucht, stellten wir ihm seinen kaufmännischen Direktor Baruch Picker gegenüber. Fritz Muliar erinnert sich noch ganz genau daran, daß besagter Direktor Picker die Nägel aus den alten Kulissen ziehen ließ, um sie mit eigenen Händen geradezuklopfen, und zur Weiterverwendung in Zeitungspapier wickelte.
Berühmt war auch Pickers Sparsamkeit bei der Ausschank – im »Simpl« herrschte damals Konsumationszwang. Die Qualität des Weines stand in diametralem Gegensatz zu seinem Preis. Ein Gast beschwerte sich damals beim Ober: »Ich hab aber schon einmal einen besseren Wein getrunken!«
Darauf der Kellner – ständige Farkas-Nähe macht schlagfertig: »Bei uns nicht!«
Direktor Picker betrieb neben dem »Simpl« noch ein Kaffeehaus in der Innenstadt, war aber auch nach wie vor Spenglermeister. Als die Spenglerinnung einmal im Wiener Messepalast eine Versammlung hatte, engagierte Picker seinen Starkomiker Böhm als Conférencier. Dem verschlug's ganz plötzlich gerade nach der Mitternachtstombola die Rede. Denn genau während der Conférence wanderte ein eleganter Herr im Smoking mit einer Klosettmuschel unterm Arm durch den Festsaal. Er hatte das gute Stück bei der Tombola gewonnen.
Zurück zum »Simpl«. Eines denkwürdigen Abends kommt Herbert von Karajan in den Wollzeilenkeller. Direktor Pikker sitzt persönlich an der Abendkassa, da die Kassierin mit dem tatsächlichen Namen Karla Knienieder ihren dienstfreien Tag hat. Karajan verlangt nach zwei Eintrittskarten für denselben Abend.
Picker: »Leider, wir sind ausverkauft. Da müssen S' in drei Wochen wiederkommen.«

»In drei Wochen«, murmelt Karajan etwas verärgert, »in drei Wochen dirigiere ich die Berliner Philharmoniker in Tokio!«
Unverrichteterdinge geht der Maestro vondannen.
Farkas erfährt von dem Vorfall und eilt zu Picker. »Wissen Sie nicht, wer das war, den Sie da eben fortgeschickt haben? Das ist der größte lebende Dirigent!«
Darauf Picker, ohne jegliche Regung zu zeigen: »Bei mir hat er noch nicht dirigiert!« Und damit war der Fall für ihn erledigt.
»Generalstabsbesprechungen« fanden meist im gegenüberliegenden Café Windhaag oder im »Prückl« statt. Da saßen Farkas, Hugo Wiener, Böhm und die anderen Hauptdarsteller und besprachen, noch vor den Proben, die kommende Revue. Waldbrunn kam trotz seines Josefstadt-Engagements immer wieder als Gast an den »Simpl« zurück, um mit dem Altmeister weiterhin Doppelconférencen zu drechseln.
Einmal saßen Böhm und Waldbrunn im »Prückl«. Böhm wartete noch bis zum Beginn der »Simpl«-Vorstellung, der alte Freund – noch aus den Franzensbader Tagen – eilte in die Kammerspiele. Waldbrunn verabschiedete sich artig von Böhm und ging Richtung Drehtüre. Dort wandte er sich noch einmal dem Tisch seines Kollegen Maxi zu und rief so laut, daß sämtliche »Prückl«-Gäste ihre Zeitungen beiseite legten und aufhorchten, quer durch das Lokal: »Beeeeehm!« zog er den Namen des Freundes lange dahin, damit's nur ja keiner überhören konnte, »Beeeeehm! Sag deiner Schwester, sie soll nicht morgen zum Fußbodenreiben kommen, ich hab schon jemanden!« Sprach's und verschwand in der Drehtür.
So mancher »Prückl«-Besucher wunderte sich ob der Herzlosigkeit des berühmten Maxi Böhm, der es sich doch wirklich hätte leisten können, seiner Schwester das Fußbodenreiben zu ersparen.
Unnötig zu betonen, daß Böhm nie eine Schwester hatte, geschweige denn eine, die Waldbrunns Fußböden zu reinigen gehabt hätte.

Komikerscherze!
Farkas hatte – hinter der Bühne – eine eigene Sprache. Und in dieser Sprache taxierte er sein Publikum. Es gehörte zur Tradition, daß er nach seiner ersten Conférence den Kollegen in der Künstlergarderobe mitteilte, wie »die da draußen« sind. Lachte das Publikum lauthals, applaudierten sie andauernd, sagte er: »Sturm über Asien«; war das Publikum nicht ganz so enthusiasmiert: »Sturm über Kleinasien«. War es »soso-lala«, meinte Farkas: »Nicht mulz und nicht malz.« Waren die Zuschauer *ganz* »schlecht«, hat er gesagt: »Heut schenk ich sie euch«. Und die Kollegen reagierten im Chor: »Wir nehmen sie nicht!«
Witze, Pointen, Scherze nannte Farkas »Flocken«, viele Pointen bildeten ein »Flockengestöber« (in seiner Abwesenheit nannten die meisten Ensemblemitglieder Farkas nur »Flockinger«). Hier ein paar »Flocken«, gescheite, bissig-witzige Definitionen, die er wie kein anderer in Conférencen zu streuen verstand.

Also: »Ein Politiker muß mit der Zeit gehen, sonst muß er mit der Zeit gehen.«

Oder (Farkas anno 1958): »Im Jahre 1980 werden die Sowjetbürger alles kostenlos haben: Wohnung, Kleidung und die U-Bahnkarten. Sie werden also am Ende ihres Lebens sagen können: ›Wir haben umsonst gelebt‹.«

Aus einer anderen Conférence: »Kaum ist man über den Berg, geht's schon wieder bergab.«

Und: »Die Reiselust der Deutschen macht sie wieder zur gefürchteten Nation.«

Als es im Nahen Osten zu brodeln begann: »Öl war bisher eine Salatwürze, heutzutage ist es ein Kriegsgrund.«

Berufliches: »Protektion nennt man jene Karriere, bei der selbst Intelligenz kein Hindernis ist.«

Politisches: »Koalition stellt den geglückten Versuch dar, den linken Schuh auf den rechten Fuß zu ziehen – und umgekehrt.«

Oder: »In der Politik kann man es keinem recht machen. Der

eine sagt: ›Ich bin für den Frieden‹, der andere sagt: ›Ich bin gegen den Krieg‹. Und schon ist die schönste Rauferei im Gang.«

Nachbarliches: »Österreich ist ein Land, das sich von Deutschland vor allem durch die gemeinsame Sprache – unterscheidet.«

Literarisches: »Die guten Bücher sollte man verbieten, damit sie auch gelesen werden.«

Sexuelles: »Das Schönste am Seitensprung ist der Anlauf.«

Pekuniäres: »Beim Denken ans Vermögen leidet oft das Denkvermögen.«

Eheliches: »Keine Frau ist so schlecht, daß sie nicht die bessere Hälfte eines Mannes sein könnte.« Sowie: »Im Gegensatz zur Vielehe, die Polygamie genannt wird, heißt die Einehe – Monotonie.«

Und noch einmal Politik: »Öffentliche Meinung nennt man jenen Lärm, der entsteht, wenn die Bretter zusammenschlagen, die unsere Funktionäre vor dem Kopf haben.«

Ironisch konnte Farkas freilich auch Kollegen gegenüber sein. Als Fritz Muliar neu an den »Simpl« kam, klopfte ihm der Altmeister, während das Publikum tosend applaudierte, auf die Schulter und sagte: »Sehr gut sind sie, mein Lieber, sehr gut.« Am nächsten Abend wieder: »Sehr gut sind sie, mein Lieber, sehr gut.« Das ging einige Tage so, und eines Abends bedankte sich Muliar für die lobenden Worte. Farkas reagierte: »Aber ich habe doch nicht Sie gemeint. Sehr gut sind sie, mein Lieber – die da unten im Publikum.«

Für »Simpl«-Kenner: es herrschte »Sturm über Asien«.

Und Farkas hatte auch ein gerüttelt Maß an Selbstironie. Seine Zuhörer munterte er auf: »Lachen Sie, meine Damen und Herren, lachen macht schön. Schauen Sie mich an, ich hab in meinem Leben sehr viel gelacht. [Pause] Ich hab's auch notwendig.« Oder: »Als Marilyn Farkas bin ich hier nicht engagiert – und für den Mister Wollzeil bin ich schön genug.« Und über

seine nicht eben zu klein geratene Nase erheiterte er das Publikum mit den Worten: »Ich bin der einzige Komiker Wiens, der unter der Dusche rauchen kann.«
Der einstmalige Schnelldichter war natürlich auch für seine Schlagfertigkeit berühmt. Als Farkas während einer Conférence den »Simpl«-Besucher Hans-Joachim Kulenkampff im Zuschauerraum entdeckte, fiel ihm ein: »Ich weiß nicht, meine Damen und Herren, wie es Ihnen geht. Aber ich hab lieber einen kulen Kampf als einen kalten Krieg.«
Ein Gast erwies sich einmal als Farkas-ebenbürtig. Der Altmeister entdeckte, daß dieser Herr Teile seiner Conférencen mitschrieb. Fragte er ihn von der Bühne herab: »Sie schreiben mit die Witze. Sprech ich zu schnell?« Worauf der Mitschreiber zurückschoß: »Nein, nein, Herr Farkas, ich komme sehr gut mit. Ich schreib ja nur die guten auf.«
Da die Eingangstüre des Zuschauerraums – im Gegensatz zu allen anderen Theatern der Welt – im »Simpl« direkt neben der Bühne plaziert ist, konnte es sehr unangenehm sein, wenn ein zu spät kommender Besucher mitten in eine Conférence hineinplatzte. »Idealerweise« so, daß die Tür genau dann zuschlug, wenn der jeweilige Kabarettist eine Pointe anzubringen versuchte. Da hieß es schlagfertig sein, ein paar Worte dazuerfinden, damit die Pointe erst nach Zuschlagen der Tür serviert wurde.
In den ersten Minuten des Programms war es besonders unangenehm aufzutreten, denn da deponierten die Besucher in dem kleinen Saal ihre Bestellungen beim Ober. Es konnte schon vorkommen, daß ein Gast mitten in einen zündenden Spaß so laut »Zwei Viertel Wein und ein Paar Würsteln« bestellte, daß jeder Gast im Saal zwar diese Order, kein Mensch aber die Farkas-Pointe verstehen konnte. In der Pause wurden die Konsumationen beglichen, was Farkas zu dem Reim inspirierte: »Begleichen Sie jetzt unverdrossen, was Sie und Ihre Genossen genossen.«

Auch Verkühlungserscheinungen des Publikums sind für den Komiker unangenehm. Die besten Pointen können durch Niesen und Schneuzen verdorben werden. Fritz Muliar unterbrach einmal einen Sketch und wandte sich an einen, der besser im Bett hätte bleiben sollen: »Ihr Husten hat sich wesentlich gebessert. Das letzte Mal haben Sie noch die ganze Vorstellung durchgehustet, jetzt nur noch in die Pointen!«
Cissy Kraner wiederum, erzählte Böhm, haßte es, wenn einer während ihres Chansonvortrags im Programmheft blätterte. Sie unterbrach sich einmal, beugte sich zu dem Gast hinunter und meinte: »Bitte, die Nationalbibliothek ist ganztägig geöffnet. Jetzt sollten Sie lieber auf mich schauen.«
Mitte der sechziger Jahre verließen Cissy Kraner und Hugo Wiener den »Simpl«, nachdem es mit Farkas bereits des öfteren Meinungsverschiedenheiten gegeben hatte. Farkas war jetzt alleiniger Autor, weiterhin Hauptdarsteller und Regisseur.
Und er galt als besonders strenger Regisseur. Nachwuchstalente fürchteten ihn. »Dabei«, erzählte Maxi Böhm, der ihn lange genug kannte, »hat er diese Strenge meist nur gespielt. Er war gar nicht so hart, er hat aber gewußt, daß für diesen Beruf eiserne Disziplin notwendig ist.« Böhm untermauerte dies mit einer Geschichte: »Ich habe ihn einmal mit dem Auto ins Raimundtheater geführt, wo er neben der täglichen ›Simpl‹-Arbeit noch eine Inszenierung des *Weißen Rößl* leitete. Wir haben uns unterwegs Witze erzählt, geblödelt und gelacht – aber als wir dann in die Nähe des Theaters gekommen sind, hat er zu mir gesagt: ›So, jetzt müssen wir aufhören mit den Witzen, sonst kann ich dann nicht den Strengen spielen‹.«
Apropos Witze. Jeder wird sich schon einmal gefragt haben: Wie entsteht eigentlich ein Witz, wer kommt auf die Idee, einen Witz zu erfinden? Nun, Maxi Böhm war auf diesem Gebiet ein echter Spezialist. Es gibt nicht viele, die Witze erfinden können. Farkas war natürlich einer von ihnen, Waldbrunn lieferte viele, Peter Wehle – und eben Maxi Böhm. »Während einer Tournee

durch die Schweiz waren wir in Arosa«, erzählte Böhm. »Wir machten einen Ausflug, und da sagt ein Mann in der Seilbahn zu uns: ›Schaun Sie, da drüben ist die Baumgrenze.‹ Darauf Peter Wehle zu mir: ›Kommt ein kleiner Baum zur Baumgrenze, und der Zollbeamte fragt: ‚Haben Sie etwas zu verzollen?'‹ Die Baumwitze waren geboren.«

Gleich darauf lieferte Maxi Böhm einen Beitrag: »Ein kleiner Baum kommt zu spät in die Baumschule zum Unterricht. Sagt er zum Lehrer: ›Bitte um Entschuldigung, ich war nämlich beim Zahnarzt wegen einer Wurzelbehandlung.‹«

Soviel also zum Thema »Wie entsteht ein Witz?«

Anfang der siebziger Jahre wurde Karl Farkas krank. Sehr krank. Professor Karl Fellinger diagnostizierte Darmkrebs. Eine schwere Operation wurde notwendig. Doch »Zirkuspferd« Farkas, der vom wahren Ernst der Situation nichts wußte, verschob den Termin des Eingriffs auf die Sommermonate – in jene Zeit, da sein geliebtes Kabarett Saisonsperre hatte. Farkas' Tod wurde durch die Operation hinausgezögert – aber langsam ging es dem Ende zu. Trotzdem trat er jeden Abend im »Simpl« auf. Eine Zeitlang fühlte er sich so elend, daß er tagsüber stationär im Allgemeinen Krankenhaus untergebracht werden mußte. Doch abends bekam er »Ausgang«, wurde mit der Rettung auf die Wollzeile geführt, mit der Bahre in den geliebten Keller hinuntergetragen. In seiner Künstlergarderobe saß ein alter, gebrochener, schwerkranker Mann und schminkte sich. Doch kaum lugte seine signifikante Nase durch den dunkelroten Vorhang, hörte er den Applaus, den er durch seine Worte »Meine Lieben...« unterbrach, war er wieder »der Alte«. Er stand auf der Bühne, conférierte, sang, spielte in Sketches. Nach der Vorstellung wurde wieder ein alter, gebrochener, schwerkranker Mann von der Rettung abtransportiert. Aber die zweieinhalb Stunden merkte kein Mensch im Zuschauerraum etwas vom nahenden Ende des Humor-Altmeisters. Der Applaus, sein Publikum hielten ihn aufrecht.

Maxi Böhm erinnerte sich daran, daß es Farkas – er war mittlerweile wieder aus dem Spital entlassen worden – einmal während der Vorstellung so schlecht ging, daß ihn alle Kollegen anflehten: »Herr Professor, gehen Sie nach Hause, wir übernehmen Ihre Rollen!« Farkas muß sich tatsächlich miserabel gefühlt haben, denn er ließ sich in der Pause nach Hause führen. Nach der Vorstellung fuhr Böhm zufällig durch die Neustiftgasse – und glaubte seinen Augen nicht trauen zu können: Vor dem Haus Nummer 67 lehnte Karl Farkas an der Eingangstür. Erschrocken blieb Böhm stehen und fragte: »Herr Farkas, was machen Sie denn, Sie sind doch extra früher nach Haus gefahren.«

»Schauen Sie«, sagte Farkas, »seit zwanzig Jahren bin ich keinen Abend vor elf nach Haus gekommen. Was glauben Sie, was sich meine Frau für Sorgen macht, wenn ich einmal um zehn daherkomm.«

Diese Worte sprach er nur auf der Bühne: »Wie glücklich könnte ich mit meiner Frau leben, wenn ich sie nie kennengelernt hätte.«

Privat war er – wie es Anni Farkas ausdrückte – »der beste Ehemann der Welt«. Und das achtundvierzig Jahre lang.

Farkas sagte einmal: »Die Menschen nehmen das Leben ernst. Wie kann man schon etwas ernst nehmen, von dem man nicht einmal weiß, wie es endet.«

Seines endete am 16. Mai 1971. Er war achtundsiebzig Jahre alt geworden.

Friedrich Torberg in einem Nachruf:

> »Überhaupt waren seine Conférencen keineswegs so harmlos, wie man sie in den letzten Jahren zu etikettieren liebte. Er durchschaute den General de Gaulle sehr bald als den einzigen Politiker, der Europa vom Westen her angreift. Und mit Bemerkungen wie: ›Jetzt haben wir schon wieder eine neue Regierung, wo wir doch die alte kaum gebraucht haben‹, oder: ›Ein Minister kann bei uns nur sehr schwer zurücktre-

ten, weil der nächste, der auf seinen Posten wartet, so dicht hinter im steht‹, hat er die innenpolitische Szene heller beleuchtet als mancher lichtvolle Leitartikel.

Um es nun klar und möglichst kurz zu sagen: Karl Farkas war viel gescheiter, als er sich's anmerken ließ. Er hat sich immer ein wenig unter seinem Wert verkauft und ist immer ein wenig unter sein Niveau gegangen, nur ein wenig, gerade weit genug, um jenen, die seines Niveaus entrieten, nicht zu hoch zu erscheinen und den anderen nicht zu billig. Auf diese Art ist ihm das einmalige Kunststück gelungen, beim ›breiten Publikum‹ ebenso beliebt und erfolgreich zu sein wie bei den Intellektuellen. Auf diese Art hat er sich's auch leisten können, bis zum Schluß ›altmodisches‹ Kabarett zu machen, und darin bestand eine weitere Einmaligkeit, mit der nur noch er aufzuwarten wußte, im weiten Rund nur noch er allein.

Die ganze Glanzzeit des großen Kabarettstils von einst, der ganze Glanz der großen Kabarettisten, die er noch zu Partnern gehabt hat, war in Karl Farkas eingegangen wie in eine Sammellinse. Er war der einzige, der diesen Glanz noch ausgestrahlt hat, der einzige und unwiderruflich letzte. Jetzt ist es endgültig vorbei.«

Max Böhm hielt die Trauerrede am Grab des »unwiderruflich Letzten« und sprach tiefbewegt über den Verlust des großen Freundes und Lehrmeisters die Worte: »Das Lachen des Jahrhunderts ist verstummt.«

Aber – der »Simpl« mußte weitergeführt werden, auch wenn »der unwiderruflich Letzte« dahingegangen war. Schließlich war da einer, der ihn in allen Poren studiert, seinen Stil beibehalten und dabei doch seine eigene Linie gefunden hatte: Maxi Böhm. Gemeinsam mit dem »Simpl«-Heimkehrer Hugo Wiener und Peter Hey bildete er ein Triumvirat, das den Altmeister beerben sollte. Böhm als künstlerischer Leiter, Hauptdarsteller und Conférencier, Wiener als Autor, Hey als Regisseur. Auch

Cissy Kraner kehrte nach sechs Jahren Pause als weitere Attraktion in die Wollzeile zurück.
»›Simpl‹ ohne Farkas« lautete die Schlagzeile eines »Kurier«-Berichts: »Im ›Simpl‹ fand seit genau zwanzig Jahren die erste Premiere ohne Altmeister Karl Farkas statt«, hieß es hier, »›Simpl‹ ohne Farkas, das gibt's doch nicht, meinen vielleicht viele seiner Fans, der Farkas war doch die Personifizierung des ›Simpl‹. Kenner des Metiers hörten diese Worte nicht zum erstenmal. Als Farkas 1950 die künstlerische Leitung dieser Wiener Institution übernahm, hieß es vielfach: ›Simpl‹ ohne Fritz Grünbaum? Unmöglich! Grünbaum hatte zu Beginn seiner Karriere die gleichen Probleme. Das neue Ensemble glaubt daher fest an den Weiterbestand des Kabaretts. Der ›Simpl‹ scheint unsterblich zu sein.«
Über eines war sich das Team natürlich im klaren: einen Ersatz im eigentlichen Sinn gibt es für Karl Farkas nicht. Er war der Patriarch, der alles in der Hand hatte – daher jetzt das »Triumvirat«. Maxi Böhm damals in einem Interview: »Bei den Proben hab ich mich des öfteren dabei ertappt, daß ich mich gefragt habe, ob Farkas das auch so angelegt hätte. Auch der Stil des ›Pointenservierens‹ bleibt bei uns der gleiche. Farkas sprach von der ›Geometrie des Lachens‹. Nichts, was auf der Bühne geschieht, ist dem Zufall überlassen, jedes Stichwort muß in der richtigen Sekunde kommen, es gibt fast keine Improvisation.« Farkas hatte das so ausgedrückt: »Die beste Improvisation ist die Vorbereitung.«
In der Spielsaison des Jahres 1972 feierte das Ensemble den Geburtstag seines Kellers. *60 Jahre jung* hieß das Programm, Höhepunkt war eine Parodie Maxi Böhms auf Armin Berg mit seinem Chanson »Schau ich weg von dem Fleck, ist der Überzieher weg«.
Während der Sommersperre des »Simpl« ging Maxi Böhm nach *60 Jahre jung* gemeinsam mit seinem Kollegen Fred Weis für die Kabarettgruppe »Wiener Werkel« auf Israel-Tournee. Kabaret-

»Simpl« ohne Farkas: Man feierte den Geburtstag des ältesten Kabaretts.

tistisch verlief nicht nur das von den dortigen Alt-Österreichern bejubelte Programm, sondern auch ein Bummel durch Jerusalem. »In der Altstadt, bei den vielen Basars, kamen ein paar Buben auf mich zu, die alle Fremden anbettelten«, erzählte Böhm. »Um die Kinder von mir abzulenken, hab ich auf Fred Weis, der ein paar Schritte vor mir gegangen ist, gezeigt und gesagt: ›This is the son of Mr. Rothschild.‹ Die zehn, zwölf Buben ›vermehrten‹ sich blitzartig, und nach wenigen Augenblicken umlagerten den armen Fred Weis an die vierzig Kinder und flehten um Geld. Fred blieb nichts anderes übrig, als in irgendeine Kirche zu fliehen. Und ich hatte ihn aus den Augen verloren. Überall bin ich verzweifelt herumgerannt, um ihn zu suchen, wir sollten ja abends gemeinsam auftreten. Endlich kam ein kleiner Bub auf mich zu, der die ganze Geschichte beobachtet hatte. ›Du suchen Mr. Rothschild? Gib mir zwei Pfund, ich werde dir zeigen, wo er ist.‹«

Böhm zahlte – und wurde tatsächlich zu »Mr. Rothschild« gebracht.

Zurück nach Wien. Das Experiment »›Simpl‹ ohne Farkas« schien zu gelingen. Das Kabarett war weiterhin jeden Abend ausverkauft, wie in besten Farkas-Zeiten. Kein Geringerer als Ephraim Kishon, der ja wissen muß, wie schwer es ist, Humor zu verbreiten, attestierte dem neuen Team anläßlich eines »Simpl«-Besuchs: »Ich weiß, daß es gar nicht so einfach ist, so ein Kabarett heutzutage am Leben zu erhalten. Aber Hugo Wiener und Maxi Böhm schaffen das gemeinsam mit ihren Kollegen auf jeden Fall.«

Doch eine unglaubliche Pechsträhne kommt über den »Simpl«. Zuerst stirbt Fred Weis, eine große Stütze des Wollzeilenkellers. Cissy Kraner erkrankt an der tückischen Hongkonggrippe. Und zu guter Letzt verfällt Maxi Böhm in schwerste Depressionen.

Sein Familienleben. Die Kinder waren erwachsen geworden. Töchterchen Christine war drauf und dran, eine vielversprechende Karriere als Schauspielerin zu machen. Michael hatte als

Hotelkaufmann Wien und damit die elterliche Wohnung verlassen. Und Max junior studierte Welthandel, auch er wechselte sein Domizil. Alle drei waren außer Haus, die gewohnte, geliebte Atmosphäre zerstört. »Zwischen uns kam es zu immer größeren Spannungen«, erinnert sich Huberta Böhm.

Maxi Böhm zog von zu Hause aus. Mietete sich zuerst eine kleine Wohnung im fünften Bezirk, später eine größere in der Josefstadt. Das Alleinsein bekam ihm nicht. »Der Zerrissene«, als der er sich selbst bezeichnet hatte, kam immer wieder durch. Familienmensch und doch – ein Einzelgänger. Es gab keinen Ausweg aus dieser Situation. Er wollte Kinder, Frau und doch – allein sein.

Der »Witzepräsident«, der Mann, der den Humor gepachtet zu haben schien, der »Maxi von Österreich«, den man nur lachend kannte, saß allein in seiner Wohnung und war todernst. Langsam ging's wieder aufwärts. Sehr langsam. Dabei wußte er nicht, daß die schwersten Schläge seines Lebens noch vor ihm lagen. Die Depressionen zwangen ihn, eine ganze Spielzeit auszusetzen. Cissy Kraner fiel ebenfalls aus. Das verkraftete der »Simpl« nicht. Die Qualität des Programms allein ist nicht ausschlaggebend, die Wiener wollen auch ihre Lieblinge sehen. »›Simpl‹ ohne Farkas« war möglich. Aber ohne Farkas, Böhm und Kraner?

Aus einem Artikel der Zeitung »Die Presse« in dieser Zeit:

> »Maxi Böhm nimmt an, daß man von seiner Pause sprechen will, die er eingelegt hat. Er hat im »Simpl« Pause gemacht und war im Fernsehen nicht dabei und hat keine Bunten Abende gemacht. Man sprach von Krankheit, von Depression, vom Aufhören. Böhm war krank, er hatte permanente Kopfschmerzen und spielte weiter, obgleich ihm längst nicht mehr zum Lachen war. Er hatte Depressionen und dichtete Schwermütiges. Er wollte aber nicht aufhören, davon ist wirklich keine Rede bei ihm, er hat nur wirklich nachgedacht, ob er für immer die Partie des Blödlers übernommen hat

oder ob er einmal irgendwo ein Programm machen könnte, in dem sich nach der letzten Pointe die Menschen nicht auf die Schenkel schlagen vor Lachen.

Kein Wort davon, daß er zurück zum Theater möchte, er hat seiner Ansicht nach alle Chancen gehabt, er war in der Verfassung, daß er in die Josefstadt, ins Volkstheater gepaßt hätte, aber er wurde eben der Maxi Böhm ...«

Baruch Picker, zu dieser Zeit nach wie vor alleiniger Besitzer des Wollzeilenetablissements, geriet in Panik. Der damals dreiundachtzigjährige Geschäftsmann wollte verkaufen. Obwohl Maxi Böhm nach der gesundheitlich bedingten Ruhepause an den »Simpl« zurückkehrte, bot Picker sein Kabarett nicht – wie man es erwartet hätte – den »moralischen Nachfolgern« Farkas' an, sondern Dr. Martin Flossmann, dem jungen Chef des Kabaretts »Der bunte Wagen«. Picker verkaufte an Flossmann, ohne mit seinem eigenen Ensemble auch nur verhandelt zu haben, um 1,8 Millionen Schilling.

Kein Wunder, daß das »Simpl«-Team erbost war. Künstler waren darunter, die seit vielen Jahren »dazugehörten«. Neben Böhm noch Elly Naschold, Gerhard Steffen, Lilo Mrazek, Katrin Ebenau ... Einige von ihnen standen über Nacht auf der Straße, denn Flossmann zog mit seinem eigenen Team in den aufwendig renovierten Wollzeilenkeller.

Entsprechend bissig sah das letzte Böhm-Wiener-Programm *Öl ins Feuer* aus. Es endete mit den Zeilen:

»Der alte ›Simpl‹ geht bald zu Ende,
Und was nach uns kommt, wird man seh'n.
Ob es stark ist oder schwach,
Es kommt selten Beß'res nach.
Wir sagen Ihnen: ›Danke schön‹!«

Ein richtiger »Brettlkrieg« entwickelte sich im Lauf der letzten Revue der »alten Garde«. Böhm und Co. gegen Picker, Flossmann und Co. »Weil Picker den ›Simpl‹ der Konkurrenz angeboten hat, ohne uns vorher etwas davon zu sagen«, begründete

Maxi Böhm, und: »Wir hätten das Geld selbst aufbringen können und den ›Simpl‹ allein weitergeführt.« Und gegen seinen Nachfolger gerichtet: »Ich werde mit Herrn Flossmann auf keinen Fall einen Vertrag abschließen. Als Privatmann schätze ich ihn vielleicht, aber eine Zusammenarbeit kommt nicht in Frage.«

Jeden Abend fand sich eine saftige Anti-Flossmann-Pointe im Programm: »Wir gehören lieber zum alten Eisen als zum neuen Blech.«

Flossmann wehrte sich via »profil«: »Wenn Böhm mich noch lange reizt, dann verkaufe ich ihm den ›Simpl‹. Und sollte Herrn Böhm in seiner Eigenschaft als ›Simpl‹-Direktor nichts Lustigeres einfallen als jene Anti-Flossmann-Gags, mit denen er jetzt seine Conférencen würzt, dann kann ich den ›Simpl‹ ja bald wieder zurückkaufen. Zum halben Preis.«

In der Radiosendung *Autofahrer unterwegs* sagte der bisherige »Simpl«-Chef Maxi Böhm über das Ende der Tradition: »In der Wollzeile ist ein Verkehrsunfall passiert. Ein kleiner, roter Bulli wurde von einem ›Bunten Wagen‹ überfahren. Es waren weder ein Freund und Helfer noch der Tierschutzverein zur Stelle.«

Trotz einer nicht zu überhörenden Wut im Bauch war Maxi Böhm damals »ehrlich gesagt ganz froh, nach so vielen ›Simpl‹-Jahren endlich einmal etwas anderes unternehmen zu können. Leider ist der Anlaß meines Ausscheidens nicht sehr erfreulich«.

Wenig erfreulich war auch die Tatsache, daß die bisherige »Simpl«-Crew ihren Chef Picker vor Gericht wiedersehen mußte. Der weigerte sich nämlich, die Ensemblemitglieder als »Schauspieler« abzufertigen. Vielmehr wären sie zeitlebens »nur Artisten« gewesen.

Der Unterschied liegt arbeitsrechtlich darin, daß Artisten – im Gegensatz zu gewerkschaftlich anerkannten Schauspielern – weder Anrecht auf Krankengeld haben noch Urlaubsgelder

beziehen und auch die Vorproben nicht honoriert bekommen.
Als das Ensemble nun rückwirkend als eine Art Abfertigung an Picker finanzielle Forderungen stellte, wehrte dieser ab. Pickers Anwalt damals: »Maxi Böhm ist kein Schauspieler, weil er keine Theaterschule besucht und keine Schauspielprüfung abgelegt hat. Er verfügt daher auch über keine theatergerechte Bühnenerfahrung und keine bühnengerechte Sprache.«
Darauf Böhms Anwalt vor dem Arbeitsgericht: »Max Böhm hat die Schauspielprüfung gleich zweimal abgelegt, und zwar 1933 in Berlin und 1934 in Prag, in der Folge ist er auf den Bühnen von Eger, Reichenberg, Teplitz, Berlin und Bremen aufgetreten. 1957 hat ihn kein anderer als Baruch Picker vom Volkstheater an den ›Simpl‹ engagiert.«
Was Böhm vor allem ärgerte, war der Vorwurf, über »keine theatergerechte Sprache« zu verfügen. »Mein Mandant«, teilte sein Anwalt dem Gericht mit, »spricht ein Pragerdeutsch, das als schönstes Deutsch überhaupt gilt. Außerdem beherrscht er noch deutsch mit böhmischem, jüdischem, sächsischem, ungarischem und wienerischem Akzent.«
Böhms »Fall« wurde als Musterprozeß für alle Kollegen geführt und ward vollends zum Wiener Volksspektakel, als im Arbeitsgericht prominente Zeugen wie Fritz Muliar, Ossy Kolmann, Hugo Wiener und Peter Hey einmütig erklärten: Maxi Böhm ist Schauspieler!
Frage des Vorsitzenden an Ossy Kolmann: »Was ist der Unterschied zwischen einem Artisten und einem Schauspieler?«
Kolmann: »No, a Artist is a Jongleur und a Schauspieler is a Schauspieler.«
Muliar erinnerte sich vor Gericht an seine eigenen »Simpl«-Jahre: »Wir haben Theater gespielt, Texte studiert und eine Handlung dargestellt. Ein klarer Fall.«
Picker berief sich vor Gericht wiederum auf seine Konzession »für einen Betrieb eines Varietés mit Publikumstanz«. Er mußte

sich vom Vorsitzenden jedoch sagen lassen, daß im Publikum seit Jahrzehnten nicht mehr getanzt wurde.
Da Böhm nach dem Ausscheiden von Peter Hey als Regisseur auch die Inszenierungen übernommen hatte, mußte sich Picker vom Richter auch noch die Frage gefallen lassen: »Wenn dort lauter Artisten und keine Schauspieler waren, warum hatte dann der Kläger nicht den Titel Dompteur?«
Keine Frage, daß Böhm – ebenso wie seine zwölf Kollegen – den eher an einen »Simpl«-Sketch denn eine Gerichtsverhandlung erinnernden Prozeß gewannen. Was Sparmeister Picker in der Seele weh getan haben muß.
Am 25. Mai 1974 ging die legendäre letzte Vorstellung des alten »Simpl«-Teams über die Bühne. Gerhard Bronner verirrte sich während eines Sketches, der am Bezirksgericht spielte, auf die Bühne und fragte: »Ist hier die Verhandlung Picker gegen Ensemble?« Und am Ende kam es zu tumultartigen Szenen. Es gab – vermutlich ein Weltrekord – nicht weniger als fünfzig Vorhänge für das alte Ensemble, gestoppte achtundvierzig Minuten wurden die »Simpl«-Mitglieder, allen voran Maxi Böhm und Cissy Kraner, die sich noch einmal von ihrem »Nowak« nicht verkommen ließ, beklatscht und bejubelt. Am Schluß schleppten die weiblichen Darsteller ihre Bühnenroben herbei und warfen sie dem souvenirhungrigen Publikum zu. Ohrklipse, Halsketten, Hüte, Stöcke, Mäntel, Hemden, Röcke gingen als Erinnerungsstücke weg. Der purpurrote Bühnenvorhang wurde in tausend Fetzen zerteilt und von den »Simpl«-Fans mit nach Hause genommen.
Maxi Böhm wurde anläßlich seines Abgangs vom Kabarett gefragt, ob er der Meinung wäre, daß Kabarett die Welt verändern könne. »Nein«, sagte er, »die Zeituhr rennt so wie sie rennen muß, und das Schicksal nimmt seinen Lauf. Man kann Denkanstöße geben, und das ist die Berufsauffassung, die ich mir zu eigen gemacht habe.« Und er erinnerte an einen Satz des chinesischen Philosophen Konfuzius, der gemeint hatte: »Es ist

besser, ein kleines Licht anzuzünden, als auf die große Dunkelheit zu fluchen.«
Martin Flossmann eröffnete in der folgenden Herbstsaison seinen renovierten »Bunten Wagen im Simpl«. Farkas' Worte »Auch der Rauch und die schlechte Luft gehören dazu« schienen vergessen. Andere Autoren und Schauspieler, ein modernes Interieur und eine Klimaanlage schufen eine neue Ära.

Zurück zum »Max«

Das Bühnen-Comeback

Wurde Maxi Böhm von Baruch Picker »nur als Artist und nicht als Schauspieler« eingestuft, so herrschte nach seinem Abgang vom »Simpl« ein regelrechtes »G'riß« um den Vollblutkomödianten. Zunächst übernahm er eine Gastrolle am Wiener Volkstheater.
Aber Böhm war nicht mehr »der alte«, auch wenn sich die Depressionen weitgehend gegeben hatten. Begonnen hatte die »ernste« Phase im Leben des Komikers Maxi Böhm nicht nur durch die familiären Umstände in Wien – auch die schwere Krankheit seines um vier Jahre jüngeren Bruders machte ihm zu schaffen: Der in Bonn als Psychiater lebende Universitätsprofessor Dr. Wolfgang Böhm litt unter Leberzirrhose, die Ärzte gaben ihm nur noch wenige Jahre.
Seit er vom nahenden Ende wußte, beschäftigte sich Wolfgang Böhm mit Yoga. Einmal im Jahr fuhr er nach Pontetresa in der Schweiz, wo der indische Yogalehrer Yesudian eine Schule für Entspannungsübungen und Meditation leitet. Wolfgang Böhm war von Yesudian und seiner Lehre begeistert, er wäre seit Jahren tot, meinte der Mediziner, gäbe es kein Yoga. Wolfgang ermunterte seinen Bruder Max, sich ebenfalls mit der Schulung der Konzentration zu beschäftigen, durch die man Herrschaft über seinen Körper erhalte, die wiederum den Geist befreien und zu höherer Erkenntnis gelangen ließe. Vorerst reisten Gattin Huberta und Tochter Christine in die Schweiz, und als diese von dort angetan zurückkehrten, begannen sich auch Max und seine beiden Söhne mit den Atem-, Entspannungs- und Konzentrationsübungen zu befassen.

Yoga zu betreiben, bedeutet nicht nur eine äußerliche Wandlung – es bedingt vor allem eine innere Einkehr. Max Böhm betrieb die aus Indien stammenden Riten mit religiösem Ernst. Verständlich, daß sich auch der »Kasperl« Max Böhm im Privatleben anders zu verhalten begann. Er war wieder einmal ein »Zerrissener«: Während er sich mit hochgeistigen Formeln beschäftigte, wollten die Zuschauer nach wie vor den »Blödler« Maxi Böhm. Beruflich mußte er seinen Weg weitergehen. Sein Bruder, der Psychologe, hatte ihm diesen Rat gegeben: »Sonst verlierst du dein Publikum.« Und das wollte Max Böhm nicht. Religiös tendierte der christlich-protestantisch erzogene Schauspieler immer mehr zum Buddhismus, beschäftigte sich mit Buddhas Schriften, deren Ausgangspunkt der Grundsatz vom Leiden ist. Dem Theater, der Bühne galten nicht mehr die einzigen Interessen Böhms – und trotzdem erreichte er gerade in dieser Zeit seinen künstlerischen Höhepunkt.
Sicherlich war der Abgang vom »Simpl« eine Erlösung – denn jetzt ersparte er sich wenigstens die allerdrastischsten »Komödiantereien«, wie sein Vater es ausgedrückt hätte. Er fand den Weg zum Charakterkomiker. Am Volkstheater spielte er die Rolle eines Strafverteidigers in der Bernard-Shaw-Komödie *Man kann nie wissen.* »Für Maxi Böhm gab es keine bessere Bühnenrückkehr als den großen Anwaltstar Bohun«, urteilte die »Arbeiter Zeitung«, »diese Mischung aus Clown, Diktator, cholerischem Gesetzes- und melancholischem Menschenkenner.« Böhm war nach siebzehn Jahren »Simpl« das Comeback als ernsthafter Schauspieler gelungen.
Während Vico Torriani in dem Ralph-Benatzky-Singspiel *Meine Schwester und ich* am Raimundtheater durchfällt, bringt Maxi Böhm – laut »Kurier« – »die Ehrenrettung Benatzkys als Schuhladenbesitzer Filosel; er macht aus einem Nichts ein kabarettistisches Kabinettstück der Güteklasse.«
Anschließend gab er den Menelaus in Offenbachs *Schöner Helena*, ebenfalls am Raimundtheater: »Maxi Böhm: das ist der

Superstar«, vermerkt die »Kronen Zeitung«, »dessen Blödeleien Lachkrämpfe verursachen. Man muß ihn erlebt haben, wenn er in seinem und Helenas Ehebett plötzlich sechs Füße zählt.«
Im darauffolgenden Sommer: Lehárs *Lustige Witwe* im Theater an der Wien. Wieder die AZ: »Der beste Njegus, den es an der Wien je gab, Maxi Böhm, der outrieren darf: In diesem exquisiten Rahmen amalgamiert sich sein enthemmtes Komödiantentum dank seiner Persönlichkeit legitim in Wiens auf Glanz gebrachtes Operettensilber; ein zeitloser Hanswurst aus der goldenen Zeit des österreichischen Volksstücks.«
Maxi Böhm ist wieder Schauspieler. Seiner Rückkehr an große Häuser, an große Rollen, steht nichts mehr im Wege.
Ernst Waldbrunn, der große Komiker des Theaters in der Josefstadt, ist schwer krank. Obwohl es ihm nach einer lebensbedrohenden Operation vom Arzt untersagt wurde, raucht er weiterhin täglich hundert Zigaretten. Er kann seinen Beruf kaum mehr ausüben. Die Josefstadt-Direktoren Franz Stoß und Ernst Haeusserman suchen dringend einen Nachfolger. Maxi Böhm – ein anderer scheint nicht in Frage zu kommen.
»So einfach war das allerdings nicht«, erinnert sich Stoß heute an das Engagement Böhms, »denn ein nicht geringer Teil des Ensembles war dagegen. Er wäre als Blödler abgestempelt, als Kabarettist und Quizmaster.« Von seiner Volkstheater-Saison vor mehr als zwanzig Jahren waren den meisten Kollegen nur mehr die schlechten Kritiken seiner Marcel-Achard-Premiere in Erinnerung, sein großartiger Bleichwang war längst vergessen.
Doch Stoß setzte sich gegen den Willen eines Großteils der erhabenen »Josefstädter« durch. »Ich hatte ihn oft und oft am ›Simpl‹ erlebt und wußte, daß dieser Urkomödiant zu ganz anderen Aufgaben fähig war.«
Die Josefstadt. Das ist *die* traditionsreiche Bühne Wiens. Auf dieser Bühne standen Nestroy und Raimund, die hier auch so manche ihrer Erstaufführungen erlebten. Wenzel Scholz bril-

lierte. Alle Thimigs zählten jahrelang zum Ensemble: Hugo, Helene, Hermann und Hans. Max Reinhardt, berühmtester Josefstadt-Direktor, hatte Egon Friedell als »genialen Dilettanten« auf die Bühne gestellt, Albert Bassermann war hier der »Nathan«. Die Josefstadt. Das ist auch Gustaf Gründgens, Max Pallenberg. Alexander Girardi gastierte mit Hansi Niese, deren Ehemann Josef Jarno hier ebenfalls Direktor war. Gustav Waldau, Christl Mardayn, Tilla Durieux, Oskar Karlweis. Dieses Theater war auch Spielstätte Hans Mosers, der hier am Ende seines Lebens den Flickschuster Pfriem in Nestroys *Höllenangst* genial verkörpert hat. Die Josefstadt. Das waren auch die großen Hörbigers. Paul und Attila, Paula Wessely. Die Besetzungslisten sind ein Stück Wiener Theatergeschichte. Robert Lindner, Mathias Wieman, Oskar Werner, Johannes Heesters, Helmut Lohner. Die Großen der Nachkriegszeit: Leopold Rudolf, Hans Holt, Erik Frey, Hans Jaray. Die Grande dame: Vilma Degischer. Vom »Simpl« waren einst Heinz Conrads und Fritz Muliar gekommen.

Maxi Böhm war jetzt »Mitglied des Theaters in der Josefstadt«. Er war stolz. Besaß aber gleichzeitig genügend Selbstironie, sich darüber lustig zu machen. Er zitierte seinen Freund Ossy Kolmann, der scherzhaft gesagt hatte: »Das ist der Niedergang der Josefstadt – von Max Reinhardt zu Max Böhm.«

Ja, Max Böhm. Sein »i« hatte er wieder abgelegt. Professor Stoß: »Es war sein eigener Wunsch« – das Publikum sollte auch durch den Namen im Programmheft spüren, daß sich da einer gewandelt hat. Trotzdem: er war in drei Jahrzehnten so populär geworden, daß er für die Österreicher sein Leben lang »der Maxi« blieb.

Weder Stoß noch sein Partner – der heutige Josefstadt-Alleindirektor Ernst Haeusserman – hatten das Engagement des »Kabarettisten« Maxi Böhm je zu bereuen. Er war von Anfang an *der* Kassenmagnet des Theaters.

»Er tut, was er kann, aber ich kann, was ich tu«

Maxi Böhm im Fernsehen

Neben seiner Radio-, Kabarett- und Theaterkarriere machte Maxi Böhm noch eine weitere, ganz große: die Fernsehkarriere. Von den ersten Tagen der österreichischen Television war er mit dabei, war er einer der Spitzenleute der Fernsehunterhaltung. Er trat in 97 *Bilanzen des Monats* (später waren es *Bilanzen der Saison*) neben Karl Farkas auf und in acht *Bilanzen* nach Farkas' Tod als absolute »Nummer eins«. Er war in Unterhaltungsserien wie *Cabaret, Cabaret* mit dabei – gemeinsam mit dem neuen »Simpl«-Chef Martin Flossmann, mit dem er sich bald wieder versöhnt hatte –, spielte neben Fritz Eckhardt eine Hauptrolle als böhmakelnder Portier in sechsundzwanzig *Hotel Sacher*-Folgen und machte in dieser Funktion den Satz »Bei uns in Reichenberg« populär. Es gibt, um es kurz zu machen, kaum eine Serie der österreichischen Fernsehunterhaltung, in der Maxi Böhm nicht vertreten gewesen wäre.

Außerhalb der Unterhaltung wollte man ihn freilich nicht ansiedeln. TV-Autor Fritz Eckhardt erinnert sich: »Ich habe ihn als Schauspieler ungeheuer geschätzt und wollte ihn daher immer wieder für ernste Rollen in meinen *Tatort*-Krimis einsetzen, aber er wurde von sämtlichen Regisseuren abgelehnt. Er hatte eben ein zu komödiantisches Image.«

»Die ersten *Bilanzen*, erinnert sich deren Regisseur Peter Hey, »wurden 1957 gedreht« – die Brettlgeschichte des österreichischen Fernsehens begann also genau zu jener Zeit, in der Maxi Böhm an den »Simpl« kam.

Am 30. September 1957 wurde die allererste *Bilanz des Monats* live aus dem Schönbrunner Fernsehstudio in der Maxingerstraße übertragen. Ganze sechzehntausend Apparate waren damals in Österreich angemeldet, das bisherige »Fernsehversuchsprogramm« nahm im selben Jahr seinen regulären Betrieb auf. Täglich außer Dienstag wurde Programm ausgestrahlt. Ab diesem Jahr sagte übrigens auch Heinz Conrads – neben seiner Radiosendung – einmal in der Woche via Fernsehen *Guten Abend am Samstag*.

Die erste *Bilanz* also. »Wir waren nicht besonders begeistert«, erinnert sich Peter Hey, »und Farkas selbst war der Unzufriedenste von uns allen. Farkas, Böhm, Waldbrunn – sie alle brauchten den Applaus, brauchten Publikum. Die *Bilanz* kam aber aus einem sterilen Fernsehstudio.« Nach drei Jahren war der Zustand nicht mehr haltbar: Das »Simpl«-Team übersiedelte aus den Schönbrunner Studios in die Casanova-Bar, von wo jetzt die *Bilanzen* – vor Publikum – übertragen wurden. Und ab diesem Zeitpunkt waren sie ein »Renner« – was seinerzeit die Böhmschen Quizsendungen im Radio, wurden jetzt die *Bilanzen* für das Fernsehen: Straßenfeger. Wer noch keinen Fernsehapparat zu Hause hatte, nahm vor dem Kistl im Stammcafé Platz – den er für *Bilanz*-Abende schon Tage vorher reservieren mußte. Später kamen die Übertragungen nicht mehr aus der Casanova-Bar, sondern aus dem Palais Liechtenstein, dem Rosenhügel-Atelier und dem Ronacher. Aber immer vor Publikum.

Während der damals vierzigjährige Maxi Böhm sich schnell mit der neuen Technik, die für Fernsehübertragungen notwendig ist, anfreundete, murrte der bereits fünfundsechzigjährige Farkas – er haßte die Kameras mit ihren roten Lichtern drauf. Peter Hey: »Farkas hat oft vergessen, daß da eine Kamera stand, in die er eigentlich hätte schauen sollen.« Aber Farkas wäre nicht Farkas gewesen, hätte er sich nicht selbst darüber lustig gemacht. Auf die roten Kontrollampen der TV-Kameras anspielend, sagte Farkas: »Ich hab mich schon so an das Fernsehen gewöhnt, daß ich überall, wo ich hinschau, eine Kamera sehe. Komm ich zu einer Straßenkreuzung, und die Ampel zeigt rot – hab ich schon die Nase vorn!«

Die komödiantische Bandbreite des fülligen Komikers Karl Hruschka war nicht sehr groß. »Soll ich die Rolle drollig spielen oder auf behäbig?« fragte er Farkas stets bei den Proben. Während einer Fernsehaufzeichnung, erinnerte sich Böhm, ist Hruschka einmal in einer Szene, in der er einen Gerichtsdiener spielen sollte, eingeschlafen. Der ganze Sketch mußte wiederholt werden.

Jahrelang war Ernst Waldbrunn der Doppelconférence-Partner von Farkas. Herr Berger und Herr Schöberl machten Fernsehgeschichte. Als Rauchfangkehrer, als Frauen, als Gondoliere (»Ernesto Maria Schöberlini«) ... Farkas und Waldbrunn eroberten das Fernsehpublikum. Als sich Waldbrunn immer mehr zurückzog, übernahm Böhm auch im Fernsehen seine Aufgaben. Die Farkas-Böhm-Doppelconférencen wurden ebenso geliebt und belacht.

Farkas hieß weiterhin Berger, Böhm war Herr Künigl. Ausschnitt aus der Silvester-*Bilanz* 1968, Farkas und Böhm als Rauchfangkehrer verkleidet.

BÖHM: »Ich freu mich, daß ich Sie seh, Herr Berger, da treff ich so kurz vor Jahresschluß doch noch einen vernünftigen Menschen!«

FARKAS: »Ja, da haben Sie entschieden mehr Glück als ich.«

BÖHM: »Da neulich hab ich einen schrecklichen Traum gehabt. Ich hab geträumt, meine Frau und die Brigitte Bardot haben um mich gerauft!«

FARKAS: »Wieso war das ein schrecklicher Traum?«

BÖHM: »Meine Frau hat gewonnen!«

FARKAS: »Mir scheint, Sie gehen zu oft ins Kino!«

BÖHM: »Aber nein, das geht ja gar nicht!«

FARKAS: »Warum soll das nicht gehen?«

BÖHM: »Ich hab's gestern siebenmal probiert. Aber draußen, vor der Tür, steht immer ein Mann und – zerreißt mir die Karten!«

FARKAS: »Sie sind so engstirnig, daß Sie mit beiden Augen durch ein Schlüsselloch schauen könnten! ... Ich sag's ganz ehrlich, ich hab Angst vor meiner Frau. Sie auch?«

BÖHM: »Nein, ich nur vor meiner! Aber Sie können sie haben. Was zahlen Sie für meine Frau?«

FARKAS: »Nichts!«

BÖHM: »Gemacht!«

Am 22. Dezember 1977 stirbt Ernst Waldbrunn, siebzigjährig, in Wien. In der Zeitschrift »Hörzu« schreibt Maxi Böhm den Nachruf auf den langjährigen Freund und Kollegen:

»Franzensbad, Kurtheater, 1938. Im Böhmischen da droben. Weißt du noch, Ernstl? Wir waren jung. Wir waren so unbekümmert. Vielleicht waren wir noch glücklich. Und wußten viel zu wenig. Unsere dummen G'spaßetteln (›Ernstl, sollst leben!‹ – ›Möcht wissen von was ...‹) waren uns viel wichtiger als die bedrohliche Keifstimme, die von jenseits der Grenze herüberwehte. Aus den Volksempfängern schepperte immer aufdringlicher großdeutsche Marschmusik ...

Deine verquetschten, gestotterten Halbsätze gerieten in Wien zum Markenzeichen. Dein Gesicht wurde dem gutmütigen ›Simpl‹-Bulli immer ähnlicher. Wenn dein massiger Kopf gar auf der Schulter des meist viel kleineren Partners ruhte und du dein ›Gelungen!‹ hervorjubeltest, dann war das schon durchaus von der Qualität des ›Nicht mööööglich!‹ eines Grock. Auch Charlie Rivels ›Akrobat schöööön!‹ vibrierte da im Unterbewußtsein irgendwie mit.

Du liebtest deinen Beruf, so wie deine Freunde den großen Spaßmacher liebten, wenn er plötzlich eine stille, verhemmte, zutiefst menschliche Komik zeigte. Wie liebenswert waren deine vielen zerknautschten Kümmerer, die vom Leben arg zerprügelt waren. Das Lachen im Publikum wurde auf einmal ganz anders. Es war das Würgen im Hals dabei, weil wir Mitleid hatten mit deinen zerschundenen Käuzen.

Als ich dich im ›Simpl‹ ablöste, klang dein ›Sollst leben!‹ noch aufmunternd, fast väterlich. Im Sinne von ›... wird schon werden, Alter!‹ Dann, vor zwei Jahren – als ich schon wußte, daß ich an deine geliebten Kammerspiele komme: Schwarzenbergplatz. Rote Ampel. Warten. Mein Wagenfenster offen. Da spricht aus einem geöffneten Taxifenster (eine Ärmellänge neben mir) eine müde, sehr resignierte Stimme: ›Sollst leben!‹ Ich mußte nicht mehr hinschauen, um zu wissen, wer das war. Was der vielleicht damit gemeint hat. Grüne Ampel. Wir fahren weiter. Wenn auch langsamer, mühsamer. Jeder in eine andere Richtung. Nächstes Jahr hätten wir das vierzigjährige Jubiläum feiern können von jener bis ins Greisenalter verlängerten Jugendtorheit ›Ernstl, sollst leben!‹. Aber leider. Der große Spaßverderber hat es nicht mehr gewollt. Vielleicht hat ihm das Wort ›leben‹ nicht gefallen, Ernstl? Der ist halt so unberechenbar. Und der ist imstand, uns allen noch die schönsten Pointen zu verhindern, weil er einem gewaltsam *seinen* einzig richtigen ›Abgang‹ vorschreibt. Bei dem auch dem größten Komiker das Gelächter einfriert. Wir haben es noch vor uns. Du weißt jetzt schon viel mehr darüber. Denn dein Abgang ist bereits ›gelungen‹. Du warst ja immer ein bisserl vor mir am Ziel, Ernstl.

(Merkwürdig, jetzt fällt mir das erst auf: dein Vorname war *Ernst*).«

Auch Maxi Böhms Radio-Quizsendungen erlebten im Fernsehen ihre Wiederauferstehung. Vorerst moderierte er – wenig erfolgreich – und assistiert von Topsy Küppers *Bingo-Bingo*. Als Nachfolger von Lou van Burg. Später war er TV-Quizmaster in *Mensch ärgere dich nicht*. Das alte Gesellschaftsspiel wurde mediengerecht verpackt. Die ersten Sendungen, 1968 live ausgestrahlt, sahen erfolgversprechend aus – aber Maxi Böhm erkrankte ernsthaft.

Josef Sills, damals Redakteur der Sendung, erinnert sich: »Schon bei den Proben hat er immer wieder gesagt, daß er sich nicht gut fühle, er wisse nicht, ob er's schafft. Aber alle redeten ihm zu: ›Wenn's einer schafft, dann nur du!‹«

Eines Abends wurde er von einer »Simpl«-Vorstellung – die liefen natürlich nebenei weiter – mit der Rettung nach Hause gebracht. Er war auf der Bühne zusammengebrochen. Eine Kreislaufschwäche. Maxi Böhm hatte sich zuviel zugemutet. Die täglichen Vorstellungen, Fernsehen, Bunte Abende ...

Tags darauf kam der Arzt und verordnete: »Liegenbleiben!«

Böhm reagierte: »Unmöglich, ich muß doch in die Vorstellung.«

»Ausgeschlossen. Unbedingte Bettruhe, Sie müssen sich kurieren.«

Kaum war der Arzt weg, kam Direktor Picker ins Haus: »Herr Böhm, das können Sie mir nicht antun, spielen Sie wenigstens heute abend, ... nur heute!«

Maxi Böhm, der allzeit Bereite, hätte sich überreden lassen. Aber Huberta erlaubte es nicht. (Da er zu diesem Zeitpunkt noch als »Artist« galt, erhielt er während seines Krankenstands keinen Groschen bezahlt. Böhm über Picker: »Der is splendid, er gibt mirnix, dirnix – b'sonders mirnix.«)

> Aus einer Maxi-Böhm-Conférence: »Heutzutage muß man sich schon gehörig kranklachen, um einigermaßen gesund zu bleiben.«

Die Fernsehserie *Mensch ärgere dich nicht* wurde nicht wiederaufgenommen. Man hatte Angst, Böhm könnte sich neuerlich überanstrengen.

Doch die *Bilanzen* gingen weiter. Hier konnte er sein komödiantisches Talent richtig austoben. Vor allem als Parodist. Bruno Kreisky, Henry Kissinger, Armin Berg, Hans Rosenthal,

Hildegard Knef, Marlene Dietrich, die Fußballtrainer Max Merkel und Leopold Stastny ... seine Imitationen sind Legende. Auch an berühmte Sänger traute er sich heran: Gilbert Bécaud, Ivan Rebroff, Heino. Über sie sagte er: »Alle machen im Grunde immer den Supermann Hans Albers nach.« Und Böhm machte nach, wie sie Albers nachmachen. Und Albers machte er auch gleich nach. Immer via Bildschirm, versteht sich, vor einem kritischen Publikum.

Über seinen Don Jaime, den exzentrischen Bruder der belgischen Königin Fabiola, schreibt Focus, der Kritiker der »Kronen Zeitung«: »Maxi Böhm in der Parodie des Don war weit besser als das Original. Ist da nicht längst eine Entdeckung fällig? Wer macht endlich die Maxi-Show?«

Ein Satz aus seiner Don-Jaime-Parodie: »Früher war einer König, wenn er sich Hofnarren hielt. Heute ist einer König, wenn er den Narren selber spielt.«

Seine Meisterleistung war aber die unvergeßliche Parodie auf Leonard Bernstein. »Keiner ist mir so gelungen wie der Maestro«, sagte Böhm damals selbst. Er war an einem heißen Sommertag mit Farkas im Auto unterwegs, das Fenster geöffnet, der Fahrtwind blies in den Wagen. Sie besprachen das kommende Programm, als Farkas plötzlich ausrief: »Wenn Sie die Haare so haben, sind Sie der Bernstein.« Eine neue Parodie war geboren. Seine beste.

Farkas und Böhm fertigten gemeinsam einen maßgeschneiderten Text an. »Ich bin draufgekommen, daß die Parodie immer dann stimmt, wenn man von einem wahren inneren Kern ausgeht.« Bernstein wird in dieser Parodie einmal gefragt, was er von seinem berühmtesten Konkurrenten halte. Böhm-Bernstein über Karajan: »Er tut, was er kann, aber ich kann, was ich tu!«

Harry Kraut, Bernsteins Manager, schickte am 12. Jänner 1972 einen Brief aus New York:

»Dear Mr. Böhm, Mr. Bernstein wurde darauf aufmerksam gemacht, daß Sie eine wunderbare Parodie auf ihn gespielt haben. Er freut sich darüber wahnsinnig und hofft, daß es davon einen Film gibt. Wäre dem so, könnten wir ihn sehen? Gibt es Pläne, die Parodie in den Vereinigten Staaten aufzuführen?«*

Monate später war Bernstein in Wien. Im ORF-Zentrum auf dem Küniglberg wollte er sich selbst ein Bernstein-Konzert aus der Londoner Albert-Hall anhören, ehe es zur Ausstrahlung gelangte. Vorher wollte Bernstein noch die Maxi-Böhm-Parodie sehen. Bernstein lachte Tränen, er sagte aber zu dem ebenfalls anwesenden Maxi Böhm: »Mr. Böhm, I am not jumping – ich springe doch beim Dirigieren nicht!«

Im Anschluß daran das Strawinsky-Konzert aus der Albert Hall. »Bernstein in concert«. Während einer Pause wandte sich der Maestro an seinen Parodisten: »Mr. Böhm, you are right: I am jumping – ich springe wirklich!«

Bei einer Schale Kaffee war Böhm von Bernsteins Humor begeistert. Der Weitgereiste und Vielbeschäftigte sagte: »Wenn es auf den Flughäfen keine Leibesvisitationen gäbe, hätte ich überhaupt kein Sexualleben mehr!« Solche Definitionen kamen natürlich sofort in Böhms Spruch- und »Witzkartothek«. Unter »S« wie »Sexualleben«.

Wie sehr sich der Parodist in sein jeweiliges Opfer hineinlebte, zeigt ein Traum, den Böhm nach den Bernstein-Aufnahmen hatte: »Es war ein schrecklicher Traum: Der Maestro dirigiert vor Tausenden Menschen und ich sitz in der ersten Reihe. Da dreht sich Bernstein zum Publikum, um sich für den Beifall zu bedanken – war's gar nicht er, sondern ich! Das Publikum hat getobt vor Lachen, und alle haben auf mich gezeigt. Schweißgebadet bin ich aufgewacht.«

Der Wiener Kulturstadtrat Dr. Helmut Zilk erinnert sich an seine Zeit als Fernsehdirektor: »Es gab in diesen acht Jahren eine einzige schriftliche Dienstanweisung, mit der ich mich ins Pro-

* Übersetzung aus dem Englischen

gramm eingemengt habe – alles andere habe ich mündlich erledigt. In dieser Dienstanweisung beauftragte ich den Leiter der Abteilung Unterhaltung und Fernsehspiel, nachdem ich mir einige Zeit geduldig seine Kabarettversuche angeschaut habe: ›Wenn euch schon sonst nichts einfällt, dann laßt wenigstens den Maxi Böhm zumindest in jeder zweiten Kabarettsendung auftreten.‹ Das wäre der Zeitpunkt gewesen, meint Zilk, ab dem die Fernsehunterhaltung wieder erfolgreich zu werden begann.
Fernsehunterhaltung ohne Maxi Böhm – daran war jahrzehntelang wirklich nicht zu denken.
Auch in vielen internationalen Shows war Maxi Böhm mit dabei. Während Peter Alexanders Auftritt, sitzt Böhm mit Udo Jürgens im Schminkraum, die Stimme »Alexanders des Großen« ist über einen Lautsprecher zu hören. Da sagt Jürgens zu Böhm: »Der Alexander ist ein Sänger, wie es ihn in einem Menschenleben nur ein einziges Mal gibt.« Und halblaut setzt er fort: »Warum muß das ausgerechnet in meinem Leben sein?«
Der – laut Farkas – »junge Mann ohne Stimme« hatte mittlerweile Karriere gemacht.

»Es ist schön, eine Tochter zu haben«

Die Schicksalsschläge

Die Depressionen hatten sich weitestgehend gelegt, das Leben schien wieder in den alten, glücklichen Bahnen weiterzulaufen. Die neuen, immer größer werdenden Aufgaben in den Kammerspielen des Theaters in der Josefstadt erfüllten ihn, machten ihn glücklich.

Am 4. April 1979 erlag sein geliebter Bruder Wolfgang seiner schweren Erkrankung. Doch das Drama begann jetzt erst seinen Lauf zu nehmen.

Sommer 1979. Pontetresa in der Schweiz. Die Familie verbrachte dort – wie jedes Jahr – den Urlaub. Obwohl die Eltern schon seit geraumer Zeit getrennt lebten, wurden die »Yoga-Ferien« immer gemeinsam verbracht. Mutter Huberta, Vater Max, Sohn Max junior, Sohn Michael mit seiner Frau Uschi und deren vier Kinder. Und Maxi Böhms einzige Tochter Christine. Der Stolz der Familie. Ein wunderschönes Mädchen, gerade fünfundzwanzig Jahre alt geworden. Eine steile Karriere als Schauspielerin schien vor ihr zu liegen.

Der 5. August. Christine unternimmt in der Nähe des Lago Maggiore eine Wanderung mit Freunden. Auf einer moosbewachsenen Stelle oberhalb eines Wasserfalls rutscht sie aus, stürzt fünf Meter tief ab und bleibt tot liegen.

Max Böhm war tags zuvor nach Wien gefahren – auch der Rest der Familie war bereits in der Heimat –, weil er in den Kammerspielen das Faktotum Lechner, eine Hans-Moser-Rolle, in dem Erfolgsstück *Der Hofrat Geiger* spielen sollte. Zwischen Nachmittags- und Abendvorstellung erfährt er von dem Unglück. Eine Stunde später steht er wieder auf der Bühne.

Christine Böhm hatte trotz ihrer Jugend eine bereits erstaunliche Karriere gemacht. Neben dem Reinhardt-Seminar erhielt sie Schauspielunterricht bei Elfriede Ott und Karl Farkas.
Mit achtzehn bekam sie an der Josefstadt ihre erste Rolle – in Ödön von Horváths *Don Juan kommt aus dem Krieg*. Als sie dann festes Ensemblemitglied war, spielte sie die Anja in Tschechows *Kirschgarten*. Sie stand neben Paul Hörbiger, Ernst Waldbrunn und Fritz Muliar in der Komödie *Der Tag, an dem der Papst gekidnappt wurde* auf der Bühne. Und mit ihrem Vater spielte sie in dem Schwank *Hurra – ein Junge*. Ihre große künstlerische Reife zeigte sie als Gretchen in der Gottfried-Reinhardt-Inszenierung von Goethes *Urfaust*. Auch Film und Fernsehen verpflichteten die junge, bildhübsche Schauspielerin sehr oft. Leopold Lindtberg, Otto Schenk, Ernst Haeusserman, Boleslaw Barlog zählten zu ihren Regisseuren.
Mit einem Schlag auf den Hinterkopf war ihr so vielversprechendes Leben ausgehaucht. Wie konnte das passieren? Ihre Mutter: »Christine muß ihren nahenden Tod gefühlt haben. Als sie sich am Bahnhof am Tag unserer Abreise von mir verabschiedete, war sie furchtbar traurig. Zu meinem kleinen Enkel, ihrem Neffen, sagte sie noch: ›Andreas, behüte die Omi, paß gut auf sie auf.‹ Dann hat sie sich umgedreht und ist grußlos weggegangen.«
Auch der Vater empfand es »wie einen Abschied für immer«. Damals hatte er sich noch gewundert – wer konnte ahnen, daß es tatsächlich das letzte Zusammensein mit seiner Tochter sein sollte.
Eine gewisse Todessehnsucht steckte in ihr, Christine hatte die manchmal auftretende Melancholie des Vaters geerbt – und bei ihr wirkte sie sich noch stärker aus. »Es ist Zeit, nach Haus zu gehen«, war ein Satz Christines, den die Mutter nie vergessen wird. Doch Selbstmord war es mit absoluter Sicherheit nicht – das bestätigten die Zeugen.

Christine Böhm war – obwohl sie einen gewinnenden Humor hatte – ein tiefernster Mensch. »Sie hätte kein leichtes Leben vor sich gehabt«, vermutet Frau Böhm, »denn sie hat alles so schwer genommen, zu schwer für diesen Beruf, für diese Zeit. Bei jeder Rolle hat sie lange hin- und herüberlegt, ob sie sie annehmen soll oder nicht, ihre Seele dürfte nur ja keinen Schaden nehmen, hat sie immer gesagt.«
In ihren Tagebüchern fanden sich selbstverfaßte Gedichte und Aphorismen. Besonders treffend der Satz: »Ich bin noch nicht reif genug, jung zu sein.«
»Man kann nicht schildern, wie einem so ein Schicksalsschlag trifft, meint Huberta Böhm, »das kann nur jemand verstehen, der es selbst durchgemacht hat. Ich konnte Christas Tod nur verkraften, weil ich so überzeugt bin, daß unser Leben eine Schule für unser späteres Dasein ist, eine Entwicklungsstufe. Dieser Auffassung war auch mein Mann. Trotzdem war es mir ein Rätsel, wie er es fertigbrachte, weiterzuspielen. Er muß das Unglück verdrängt haben. Und dabei hat er sich vielleicht kaputtgemacht.«
Die Tochter tot. Aber Max Böhm spielte abends Theater. Er ist der Lechner im *Hofrat Geiger* – ausgerechnet in jenem Stück, da besagter Hofrat erst nach vielen Jahren erfährt, daß er Vater einer Tochter ist. Begeistert muß Böhm täglich auf der Bühne ausrufen: »Wir haben ein Kind!« Und hat doch seines verloren. Die Kollegen helfen ihm, das Schwerste nicht hören zu müssen. Hans Holt, der »Hofrat« sollte – laut Buch – zu Böhm sagen: »Lechner, stell dir das vor, wie das ist, wenn man eine Tochter hat, sie steht leibhaftig vor dir, so a g'sundes Madl ...« – doch er bringt nur heraus: »Lechner, es ist schön, eine Tochter zu haben!«
Ein anderer Satz, den Hans Holt sprechen muß: »Die Friedhöfe sind voll von Leuten, die etwas haben werden wollen.«
Ein Zeitungsbericht aus diesen Tagen:
»Wenn Max Böhm auftritt, könnte man im Zuschauerraum

eine herabfallende Stecknadel hören. Nicht seinem Lechner gehört in diesen Tagen die Aufmerksamkeit, das Mitgefühl, sondern dem Darsteller. In der Pause spricht man weniger über das Stück als von dem Schicksalsschlag, der die Familie des Publikumslieblings traf. Alle Menschen in diesem Theater trauern mit ihm, dem sie so viele fröhliche Stunden zu verdanken haben. Am Schluß der Vorstellung erhält er den stärksten Applaus. Nicht nur für seine schauspielerische Leistung. Es ist das Mitgefühl, das ihm das Publikum auf diese Weise zeigt. Am Bühnentürl gibt es keine Autogrammjäger, viele drücken ihm nur still die Hand.«

Die täglichen Auftritte waren für ihn ein Segen, sagte Max Böhm später einmal, eine Art Beschäftigungstherapie. Der große Sir Laurence Olivier, ebenfalls zu Depressionen neigend, schreibt in seinen Memoiren: »An den schlimmsten Tagen versuche ich Theater zu spielen, um wenigstens stundenweise ein anderer sein zu können.«

So ist es auch bei Böhm. Er spielt. *Jean* von Bus-Fekete an den Kammerspielen, Fernsehen, Einzelauftritte ... Der Beruf war sein Leben, auch – oder gerade – in dieser Situation.

Damals glaubte man, das Leid dieses Mannes sei durch nichts zu überbieten. Doch knapp ein Jahr später, am 7. Mai 1980 verlor der Schauspieler sein zweites Kind. Max Böhm junior, einunddreißig Jahre alt, nahm sich an diesem Tag in seiner Wohnung in Wien-Favoriten das Leben. Er schoß sich eine Kugel durch den Kopf und war sofort tot.

Tiefe Depressionen seines ältesten Sohnes waren dieser Tat vorausgegangen. Der Student wollte ernsthafter Wissenschaftler werden, für die Profession des Vaters hatte er von frühester Jugend an nichts übrig. Zunächst studierte Max Böhm junior Welthandel, erkannte aber bald, daß seine Interessen in der Medizin lagen.

Er spezialisierte sich auf Gehirnforschung. Insgesamt stellte er in den letzten Jahren seines Lebens drei wissenschaftliche Arbeiten fertig. Eine davon, *Die Einheit*, erhielt den Förderungspreis des Dr. Adolf-Schärf-Fonds, wurde also von einer wissenschaftlichen Kommission anerkannt. Doch das für einen Forscher so wichtige Ergebnis erlebte Max junior nie: die Publizierung. Nach seinem Tod fanden die Eltern mehr als zwanzig Briefe von Verlagen, die seine Arbeiten unveröffentlicht retourniert hatten.

Der Vater spielte weiter. Rastlos. Jeden Abend. Tagsüber Rollen lernen, proben. An den Kammerspielen probierte er damals gerade mit Kurt Sobotka, Gretl Elb und Elfriede Ott *Der Engel mit dem Blumentopf*, ein Lustspiel von Miguel Mihura. Böhm spielte das Mitglied einer Räuberbande, Regie führte Peter Loos. Der Regisseur erinnert sich an ein Gespräch mit Böhm, wenige Tage nach der neuerlichen Katastrophe.

BÖHM: »Könnte ich morgen später zur Probe kommen?«

LOOS: »Warum willst du später kommen?«

BÖHM: »Ich muß zum Begräbnis meines Sohnes.«

LOOS: »Max, ich bitt dich, sei kein Held, komm morgen nicht zur Probe.«

Die eiserne Disziplin. Max Böhm wollte selbst in dieser Situation, selbst an diesem Tag, ein Held sein. »Ich hatte als Regisseur die schwierige Aufgabe«, erinnert sich Dr. Loos, »Böhm Vorschläge zu machen, damit er noch komischer, noch drolliger wirkte. Und dabei wußte ich, daß dieser Mann gerade seinen Sohn und wenige Monate vorher seine Tochter verloren hatte. Es war furchtbar. Aber Max sagte zu mir: ›Nimm keine Rücksicht auf mich, arbeite, wie du es gewöhnt bist, ich brauche das für die Premiere, ich brauche das für mein Leben.«

Er hatte in diesen Tagen auch Fernsehaufnahmen für eine Kabarettsendung. Ossy Kolmann war sein Partner. Kolmann: »Als ich vom Tod seines Sohnes in der Zeitung las, habe ich in der Unterhaltungsabteilung des ORF angerufen, weil ich annahm, daß Max die Sendung absagen würde. Doch er hatte beim Fernsehen nur deponiert, daß er spielen werde, unter einer

Wie kurz ist diese Spanne Zeit,
die wir das Leben nennen!
Gemessen an der Ewigkeit —
ein leichtes, flüchtiges Erkennen.

†

In tiefer Erschütterung geben wir bekannt, daß unser geliebter Sohn, Bruder, Schwager und Onkel, Herr

MAX BÖHM
(geb. 17. März 1949)

am 7. Mai 1980, nach leidvoller Erkrankung in jene schmerz- und kummerlosen Gefilde eingegangen ist, in denen wir alle einmal Frieden finden werden.

Huberta Böhm **Mutter**	Max Böhm **Vater**
Ursula Böhm **Schwägerin**	Michael Böhm **Bruder**

und Andreas, Michaela, Katharina, Alexandra

Die Einäscherung fand im engsten Familienkreis statt.

1080 Wien

Eine Traueranzeige für zwei verlorene Kinder

Sie alle wohnen in mir, die ich liebe.
Äußerlich trennt uns nur die Form,
im Formlosen aber —
da ist die Einheit!
(Christine Böhm)

†

Am 5. August 1979 stürzte im Valle Maggia (Tessin) unsere geliebte Tochter von einem Felsen ab und verunglückte tödlich.

CHRISTINE BÖHM

(geb. 19. Februar 1954)

Wir waren damals so fassungslos über das Geschehene, daß wir für Ihre mitfühlenden Worte nicht danken konnten. Wir holen das Versäumnis hiermit nach.

Die Eltern Max und Huberta Böhm

er Straße 9

Bedingung: Kein Mensch dürfte über die Sache auch nur ein Wort verlieren. Er kam pünktlich ins Studio, lieferte seine lustigen Pointen und Beiträge, erzählte Witze, als ob nichts passiert wäre. Aber wir alle wußten: dieser Mann überdeckt seinen Kummer. Ich habe immer gerätselt, wie er das fertigbrachte. Der Maxi hat nie seine Verzweiflung gezeigt.«
Max Böhm in einem Zeitungsinterview, damals: »Die Termine helfen mir, das zu überstehen; wie es in der Nacht ausschaut, ist etwas anderes ... Wenn ich nicht Yoga betreiben, wenn ich nicht meditieren würde, dann könnte ich das wahrscheinlich nicht verkraften.« Auch in der Fernsehsendung *Tritsch-Tratsch* nahm er zum Tod seiner Kinder und den Auswirkungen auf sein Leben Stellung: »Ich behaupte, durch leidvolle Erfahrungen wird man reif, man soll das Leben wie eine Schulklasse sehen, man hat sein Pensum zu bewältigen. Wenn ich es schaffe, ist es eine Art Reifeprüfung, ich darf dann zur nächsten Aufgabe heran. Das ist eine sehr positive Einstellung. Ich glaube, daß in unserem Leben nichts ohne Sinn geschieht. Viele, die Schicksalsschläge erleiden, brechen zusammen, weil sie den Sinn nicht verstehen. Warum passiert das gerade mir, fragen sie, warum läßt Gott das zu? Das ist der falsche Weg.«

»Max von der Josefstadt«

Das Adelsprädikat

Die letzten sieben Jahre seines Lebens stand Max Böhm so gut wie jeden Tag auf den Brettern der Kammerspiele. In fünfzehn Rollen spielte er Komödie. Man kann sämtliche Zeitungsarchive Wiens durchstöbern, doch findet sich selbst beim besten – oder schlechtesten – Willen kein einziger »Verriß«. Nicht einmal der Anflug einer negativen Kritik. Die Stücke werden zum Teil »vernichtet«, die Regisseure »zerlegt«, Co-Darsteller »erledigt« – aber Max Böhm »rettet den Abend«. Er wird als »Girardi unserer Tage« gefeiert, als »Klasse für sich«, als einer, »der mit erfrischendem Humor über alle Ungereimtheiten des Stücks hinwegspielt«.

Im *Keuschen Lebemann* von Arnold und Bach hat er am 29. September 1976 in den Kammerspielen sein Josefstadt-Debüt. Ein rauschender Erfolg für ihn und seinen Freund Alfred Böhm. »Die beiden machen aus Klamotte Humor, aus Blödeln Kunst. Regisseur Peter Loos läßt das zu«, schreibt der »Kurier«.

In derselben Spielsaison: Fritz Eckhardts *Rendezvous in Wien*, inszeniert von Kurt Nachmann. »Die Presse«: »Da haben vor allem Elfriede Ott und Max Böhm das Verdienst, Österreichisches zu parodieren, wie es das Publikum liebt.«

»Der Schwank *Hurra – ein Junge* von Arnold und Bach ist eine fulminante Blödelei«, schreibt Viktor Reimann in der »Kronen Zeitung«, »man kann sich eine Woche Ärger wegmachen, wenn man, wie in den Kammerspielen, Max Böhm in der Hauptrolle sieht.« Und weiter: »Man vergißt den textlichen Unsinn, weil Max Böhm den Gottfried Schreckenburg spielt ... alles wirkt so frisch, so unmittelbar, daß einem die ältesten Kalauer wie neu erscheinen. Max Böhm hat etwas ewig Jugendliches an sich, er ist ein Komiker, der zwar keine feine Klinge führt, wohl aber auf die Lachmuskeln drischt, daß sie zu platzen drohen.« Zwar stünden die anderen Mitwirkenden schon rollenmäßig im Schatten, »doch lassen sie sich deswegen nicht an die Wand drücken«. Unter den, von Max Böhm »nicht an die Wand Gedrückten«: seine Tochter Christine, die in *Hurra – ein Junge* das einzige Mal mit dem Vater auf der Bühne steht.

»Allen voran ist Max Böhm zu nennen«, heißt es in der AZ nach der *Hofrat Geiger*-Premiere, »sein im Dienst geschrumpfter, krummgewordener böhmischer Kanzleidiener ist ein schauspielerisches Kabinettstück.«

Die nächste Premiere war Franz Molnárs *Spiel im Schloß*, unter der Regie und mit dem großen Hans Jaray. Rezension in der »Kronen Zeitung«: »Neben Jaray auf gleicher Höhe der Mansky von Max Böhm, der jede Rolle zu einem Volltreffer macht. Die Spiellust dieses Mannes ist ein Phänomen.

Weekend im Paradies. Wieder von Arnold und Bach, wieder in den Kammerspielen, wieder in einer Inszenierung von Peter Loos. Wieder schwelgt die Kritik: »Die Pointen kommen an diesem Abend fast ausschließlich von Max Böhm, der jede Zufälligkeit, jede Panne im Ablauf, jede Regung im Publikum ortet und mit der Souveränität des großen Könners ausspielt.« »Die Presse« urteilt: »Nur so kann und so muß man einen Schwank spielen.«

Max Böhm ist ein fast einmaliger Streich gelungen: Er ist zum großen Charakterkomiker gereift – und trotzdem Kabarettist geblieben. Kabarettist im besten Sinn des Wortes. In dem Sinn, wie Karl Farkas es ihn gelehrt hat. Kabarettist nicht nur in den Kammerspielen. Er wurde nach drei Jahren »Simpl-rückfällig«, gastierte einmal bei Martin Flossmann auf der Wollzeile. Die alte, seinerzeit von den Zeitungen hochgespielte Gegnerschaft Flossmann–Böhm wurde natürlich in einer Doppelconférence »ausgeschlachtet«:

FLOSSMANN: Mir ist da in der Josefstadt ein seriöser Schauspieler aufgefallen, namens Max Böhm, der parodiert meinen besten Feind Maxi Böhm so blendend, daß ich ihm ein gewisses Talent bescheinigen muß. »Den«, hab ich mir gedacht, »müßte ich einmal engagieren!« Denn dieser Max stellt ihnen einen falschen Maxi auf die Bühne – da schmeißen Sie den echten weg ...

Flossmann begrüßt dann Böhm und spricht über seine finanzielle Situation nach dem »Simpl«-Kauf.

BÖHM: Sie haben Schulden?

FLOSSMANN: Schulden ist kein Ausdruck! In puncto Verschuldung stehe ich hinter dem Androsch und dem Udo Jürgens auf einem ehrenvollen dritten Platz.

BÖHM: Also, wenn Sie mir die Gage schuldig bleiben ...

FLOSSMANN: Was ist dann?

BÖHM: Dann erzähle ich allen Ihren Gläubigern, daß Sie gezahlt haben.

FLOSSMANN: Ich bleib keine Gage schuldig. Nur den Umbau.

BÖHM: Sie haben umgebaut? Jetzt fällt's mir auf. Sehr schön! Neue Tapeten ...

FLOSSMANN: Ich bin vor der Wahl gestanden: Entweder neue Witze oder neue Tapeten. Hab ich mich für das Einfachere entschieden ... Ich versuche eben in jeder Beziehung die alte »Simpl«-Tradition aufrecht zu erhalten. Drum bin ich auch so froh, daß Sie gleich herübergekommen sind. Von der Josefstadt. Wie lange braucht man eigentlich von der Josefstadt in den »Simpl«?

BÖHM: Also ich hab drei Jahre gebraucht. Aber vom »Simpl« in die Josefstadt hab ich gebraucht siebzehn Jahre! ...

Es folgt ein Disput über Maxis neuen Namen: Max!

Flossmann: Das mit dem verlorenen »i«. Sie haben doch immer so schöne Witze erzählt. Das kann man doch gar nicht ohne »i«. »Der Bob trifft den Rud ...« Wie klingt das? ...

BÖHM: Das ist mein neuer Name als seriöser Schauspieler.

FLOSSMANN: Seit wann sind Sie seriöser Schauspieler?

BÖHM *(mit leichtem Pathos in der Stimme):* Ich habe immer schon mit dezenten Mitteln gearbeitet.

FLOSSMANN *(beschwichtigend):* Na, na, na! Ich kann mich erinnern. Ich hab Sie in diesem Hause, auf dieser Bühne in getupften Unterhosen agieren sehen ...

Heinz Marecek ist jener Regisseur, der es als erster wagt, Böhm in einer ernsten Rolle auf die Bühne zu stellen. Neben Vilma Degischer spielt Böhm die männliche Hauptrolle in Alan Ayckbourns *Schlafzimmergäste*. Die Direktion der Kammerspiele hatte auch dieses Experiment nicht zu bereuen. »Max Böhm wächst durch Unterspielen über sich hinaus«, schreibt der »Kurier«, er wird »plötzlich zum ebenbürtigen Partner der Degischer«, urteilt die »Wochenpresse«.

Marecek, der mit Böhm bereits den Kassenschlager *Pension Schöller* inszeniert hatte, über die Zusammenarbeit in *Schlafzimmergäste:* »Ich habe Max erst nach längerem Zögern besetzt. Ich hatte furchtbare Angst, denn seine Rolle, dieser verknautschte englische pensionierte Beamte, ist alles andere als für einen Aktivkomiker geschrieben. Aber er war diszipliniert vom ersten Tag an, vergaß jeglichen Klamauk, der ihn über Jahrzehnte so beliebt gemacht hatte. Er hat in diesem Stück den Beweis erbracht, daß er nicht nur ein wunderbarer Komiker, sondern auch ein großer Charakterschauspieler ist.«

»Ich habe seine ungeheure Präzision bewundert«, erinnert sich auch Vilma Degischer, »diese Rolle war doch weitab von seinen bisherigen in den Kammerspielen. Ich als seine Partnerin war von seiner Disziplin abhängig, denn wäre er nicht so ernsthaft gewesen, hätte er nur den kleinsten Scherz gemacht – er hätte mich von der Bühne gefegt.«

»Wer von Vilma Degischer als Partner akzeptiert wird«, sagt Franz Stoß, »ist an der Josefstadt geadelt.«
Max Böhm war jetzt ein »Geadelter«. Max von der Josefstadt. Das sollte sich auch äußerlich ausdrücken: Das Ensemble verlieh ihm – wie der Degischer, dem Jaray und dem Stoß – den Ehrenring des Theaters in der Josefstadt.
All jene »Josefstädter«, die seinerzeit davor »gewarnt« hatten, Maxi, den Blödler, den Kabarettisten, den Quizmaster, zu engagieren, waren mittlerweile Böhm-Fans geworden. Fans des Charakterkomikers Max Böhm.
Und nicht nur das. Einige der »Josefstädter« wurden seine Freunde. »Ich hab den Maxi durch Ernst Waldbrunn ja schon seit Jahrzehnten gekannt«, sagt Elfriede Ott, »nähergekommen sind wir einander erst in den letzten Jahren – durch die gemeinsame Arbeit in den Kammerspielen. Wir haben in der Garderobe lange, tiefe Gespräche geführt. Er war so glücklich, hat sich so über die Liebe, die ihm das Publikum entgegenbrachte, gefreut.«
Rührend, wie er, der Einsame, sich um seine Mitmenschen bemühte. Mit Elfriede Ott spielte er *Schau'n Sie sich das an*, ein Unterhaltungsabend zum Andenken an Karl Farkas. »In der Revue nannte mich der Maxi auf der Bühne ›Rauchfangtaube‹«, erzählt die Ott.
»Als er besonders depressiv war, saß er einmal einen ganzen Tag allein zu Hause, um mir einen Rauchfang mit einer Taube darauf zu basteln.« Und Marianne Schönauer, die im *Doppelten Moritz* seine Frau, eine »geborene Krummgabel«, spielte, schenkte er zur hundertsten Vorstellung eine silberne, verbogene Gabel. »Meiner Krummgabel«, schrieb er dazu.
Er war ein begeisterter Freudemacher, auch privat, und drückte sich am liebsten schriftlich aus. Das Briefeschreiben war seine Leidenschaft. Jeder seiner Freunde besitzt Dutzende, manche Hunderte Briefe. Und jede Postkarte war ein kleines Kunstwerk, denn der begabte Zeichner fand immer Zeit, irgendeine

Maxi Böhm als Karikaturist

erheiternde Skizze hinzuzufügen. Auch als Zeitungskarikaturist fand er Betätigung.
Neben seiner Leidenschaft zu zeichnen und zu malen, fand er auch Zeit für ein weiteres Hobby: Max Böhm schrieb Gedichte – das heißt, »Hobby« darf man's nicht nennen, denn Hans Weigel urteilt über Böhms lyrische Texte: »Der Autor ist kein Sonntagspoet, kein Hobbydichter. Da ist ein Mensch, der Formen sucht und findet, sich mit sich, mit der Natur, mit den Menschen, mit Gott in seiner Sprache auseinanderzusetzen versucht. Er ist – man verzeihe mir das Wort, es muß gesagt sein, ich weiß kein anderes –, er ist professionell, wie als Darsteller, als Unterhalter, als Kabarettist auch als Autor von Versen. Er versteht sich auf den Rhythmus, auf den Reim. Er ist ganz anders als er allen schien und scheint, die ihn mögen und über ihn lachen.«
Ernst Haeusserman über Maxi Böhms Art, Theater zu spielen: »Seine hervorstechendste Eigenschaft: Er brauchte nur auf die Bühne zu kommen, nur einen Satz zu sprechen – und das ist für die Menschen schon das Stichwort zum Lachen. Und das genießt er ungeheuer, obwohl er uneitel ist, kein ›Star‹ im hergebrachten Sinn. Aber mit dem Talent, das er in reichem Maße mitbekommen hat, betreibt er Wucher. Und die Zinsen sind das Lachen des Publikums. Das Lachen bringt ihm die Freude, die ihm das Leben oft versagt hat.«
Der 22. Dezember 1982 sollte einer der schönsten Tage im Leben des Max Böhm sein. Er hat Premiere als Striese in Schönthans *Der Raub der Sabinerinnen*. Eine Bombenrolle, seine Traumrolle. Nicht mehr in den Kammerspielen, sondern im »großen Haus«, im Theater in der Josefstadt.

»An jenem Tag«

Max Böhms Tod

Dieser Striese, Theaterdirektor Emanuel Striese, ist ein Schmierenkomödiant. Der Inbegriff des Schmierenkomödianten. Ein Mann, wie ihn Böhm in seinem Leben oft in natura kennengelernt hatte. In Teplitz, in Aussig, in Bodenbach, in Eger. Dort überall mag er auf Strieses gestoßen sein. Diese »echten« Strieses waren ihm Vorbild, als er daran ging, diese Bühnenfigur zu formen. Er war vielleicht einer der letzten, die sie noch persönlich kannten, diese Strieses. Wer außer Max Böhm hat schon noch in Aussig an der Elbe gespielt?

Obwohl dieser Striese seine Wunschrolle war, hat Max Böhm keine Freude mehr daran gehabt. Er, der sich an Kleinstauftritten erfreuen konnte, wenn ihm das Publikum zugejubelt hat.

Seinem Regisseur Hans Jaray schreibt Böhm am 23. November 1982, in der Zeit der *Sabinerinnen*-Proben:

> »Sehr geehrter Herr Professor! Ich glaube, es ist wichtig, Sie über meinen Zustand zu informieren! Ich war schon paarmal, seit wir probieren, versucht, Sie zu ersuchen, mich umzubesetzen: Ich werde jetzt 67 Jahre alt und mir wird das Pensum einfach zu viel. Jeden Abend diese schwere Vorstellung, die meinen hundertprozentigen Einsatz verlangt*, und am Tag die Proben, die mir nicht Freude auf den Striese machen, sondern mich in eine Art Psychose gebracht haben: Seit elf Tagen lebe ich nur von Haferschleim (den ich mit Zwang hinunterwürge) ... Ich lebe auch deshalb in einem Zustand der Angst, weil wir in der nächsten Woche Fernsehaufzeich-

---

* Hier nimmt Max Böhm auf die Revue *Schau'n Sie sich das an* bezug.

nungen in den Kammerspielen haben (drei Tage) und ich nicht mehr durchhalten kann!!! Ich bitte Sie hiermit sehr herzlich um Ihr Verständnis für meine spezielle Situation. Danke: Ihr M.B.«

Der Brief – in Böhms Nachlaß gefunden – hat Jaray nie erreicht. Max Böhm zog es vor, dem Regisseur die gesundheitlichen Probleme im persönlichen Gespräch vorzutragen – und Jaray schonte ihn, so gut es eben bei so einer Monsterrolle ging.

Mittwoch, 22. Dezember 1982. Premiere.

»Wissen Sie denn überhaupt, was 'ne Schmiere ist?« sächselt Böhm als Striese, um es dann dem Publikum zu erklären: »Ja, ich gebe zu, wir ziehen von eenem Ort zum anderen und meine Schauspieler kriegen fast keene Gage, aber dafür leisten sie mehr als manche Hofschauspieler! Mein erster Heldendarsteller, der früher Schneider war, der macht Ihnen aus 'nem Bettlerkleid 'ne römische Toga, daß Sie keen Unterschied merken! Meine Frau kocht für das ganze Ensemble! Magenbeschwerden kuriert unser Beleuchter, der früher Apotheker war! ... Und wie anhänglich mir die Leute sind! Meine jugendliche Naive, die bereits achtzehn Jahre bei mir engagiert ist, die legt Ihnen noch heute 'n Gretchen hin, daß der Faust ihr 'n Kind machen muß, ob er will oder nicht! Und der Gute ist auch keen Jüngling mehr, das können Sie mir glauben! Sehen Sie, Herr Doktor, das wird an eener Schmiere geleistet! Und von der Schmiere bin ich Direktor! Und ich bin stolz darauf! Empfehle mich!«

Donnerstag, 23. Dezember 1982.

Die »Kronen Zeitung« veröffentlicht die erste Kritik. Viktor Reimann berichtet von der Generalprobe:

»Das Ereignis des Abends ist Max Böhm als Emanuel Striese. Er spielt diesen Schmierendirektor mit einer Verve, die das Publikum vom Anfang bis zum Ende in den Bann zieht. Mit leuchtenden Augen, mit wirrem Haar bewegt sich Böhm auf der Bühne, als ob er aus einem Wunderland käme und eine Sendung zu erfüllen hätte. Seine Begeisterung, mit der er an die Sache herangeht, schafft die komischsten Situationen und erinnert in ihrer Wirkung an die Tragikomik eines Clowns, die dem menschlichen Urquell, dem Leid entspringt. Es steckt ein heimlicher Tragöde in diesem Böhm, der als Komiker auf Wiens Bühnen nicht seinesgleichen hat. Es scheint mir fast eine moralische Verpflichtung für Direktor Haeusserman zu sein, Max Böhm immer dann, wenn er in den Kammerspielen frei ist, in der Josefstadt in Stücken einzusetzen, in denen er auch seine Begabung für ernste Rollen zeigen könnte.«

Max Böhm liest die Kritik, er kann sich auch daran nicht mehr freuen. Jener Max Böhm, der sein Publikum immer noch hinreißt, ist fast nicht mehr unter den Lebenden. Seit Wochen nimmt er schwerste Antidepressiva ein. »Ich war vor der Premiere in seiner Garderobe«, erzählt Elfriede Ott, »und da ist er vor dem Spiegel gesessen und hat gesagt: ›Ich sollte gar nicht auftreten.‹ Und dann ist er auf die Bühne gegangen und hat diesen tragischen, diesen gar nicht heiteren Striese gespielt – und der Ausdruck seiner Augen war ganz derselbe wie zuvor in der Garderobe ...«

Freitag, 24. Dezember 1982.
Vorstellungsfrei. Max Böhm verbringt den Heiligen Abend mit der Familie am Brahmsplatz. Nachdem er wochenlang fast nichts zu sich genommen hat, ißt er erstmals wieder mit Genuß. An diesem Tag erscheinen die übrigen Kritiken seines Striese in den anderen Tageszeitungen. Hans Sichrowsky schreibt in der AZ: In der fünften Vorstellung werde »Max Böhm letzte Unsicherheiten überwunden und den ersehnten Wechsel ins Charakterfach vollzogen haben«.
Es gibt keine fünfte Vorstellung.

Samstag, 25. Dezember 1982
Vormittags. Spaziergang mit Sohn Michael, Schwiegertochter Uschi, den vier Enkelkindern.

Abends. Vorstellung. Seine letzte. Das Publikum merkt nichts. Toben. Lachen. Applaus. Die Kollegen auf der Bühne spüren etwas. »Es ist ihm nicht gutgegangen«, sagt Vilma Degischer, die er über alles verehrt. Sie erhält auch einen Brief von ihm, in dem er ihr mitteilt, wie schlecht er sich fühlt. Aber da ist die eiserne Disziplin. »Sie sind mir das beste Beispiel dafür«, läßt er die Degischer brieflich wissen, »daß man tapfer sein muß, daß man spielen muß, daß niemand bemerken darf, wie einem ums Herz ist« – Vilma Degischers Mann Hermann Thimig war wenige Monate zuvor verstorben, auch sie stand, wie Max Böhm, als er seine Kinder verlor, abends auf der Bühne.
Max Böhm war ein Schatten seiner selbst. Nach der Vorstellung geht er – für ihn vollkommen unüblich – auf einen Kaffee in sein Stammcafé Eiles, vis-à-vis von seinem Wohnhaus. Er sagt dem Kellner, daß er sich nicht gut fühlt.

Sonntag, 26. Dezember 1982.
Vormittags. Er telefoniert mit Schwiegertochter Uschi. Sagt, daß es ihm schlecht geht, daß er sich hinlegen will. Ausruhen, vor der Vorstellung.
12 Uhr 30. Max Böhms Herz hat zu schlagen aufgehört. Er fällt, ein Stück Kuchen in der Hand, neben seinem Schreibtisch zu Boden.
Um 16 Uhr soll gegenüber, im Theater, die Nachmittagsvorstellung der *Sabinerinnen* beginnen. Warten auf Max Böhm. Vilma Degischer: »Eine makabre Situation. Eine Runde von Schauspielern sitzt im Konversationszimmer des Theaters und wartet auf den Hauptdarsteller.«
Als er um halb vier nicht da ist, weiß es jeder, aber keiner will es aussprechen: Max Böhm ist tot.
Bei ihm, dem Zuverlässigen, dem Pünktlichen, kann es keinen anderen Grund geben, nicht zu kommen, ohne Bescheid zu sagen. Der leblose Körper liegt, nur wenige Schritte vom Theater entfernt, in seinem Schreibzimmer.

Alle Welt versucht ihn telefonisch zu erreichen. Er hat auf »Tonband« geschaltet. »Ich bin momentan nicht erreichbar, komme aber um 15 Uhr 30 ins Theater in der Josefstadt«, sagte seine Stimme unaufhörlich.

Es ist zehn vor vier. Bei Huberta Böhm am Brahmsplatz läutet das Telefon. »Hier ist die Josefstadt, das Haus ist voll, Ihr Mann ist nicht da!« Frau Böhm kann nicht helfen.
Um 16 Uhr 15 wird das Publikum gebeten, nach Hause zu gehen.
Um 16 Uhr 30 öffnet die Feuerwehr Max Böhms Wohnungstür. Man findet seinen Leichnam.
Radio, Fernsehen, die Zeitungen bringen die Meldung. Jetzt weiß es Österreich. Max Böhm ist tot.

Fernsehinterview* mit Max Böhm, ein Jahr zuvor.
Frage: »Denken Sie selbst bewußt öfter an den Tod, an das Sterben?«
BÖHM: »Selbstverständlich. Ich setze mich damit auseinander.«
FRAGE: »Glauben Sie an ein Weiterleben nach dem Tod?«
BÖHM: »Selbstverständlich!«
FRAGE: »Haben Sie eine Vorstellung, so wird's passieren, ich werde den und den, meine Kinder treffen ...?«
BÖHM: »Nein, dazu sind wir Menschen viel zu klein, wir müssen viel demütiger sein. Die Wirklichkeit ist doch völlig anders, als wir uns das vorstellen.«
FRAGE: »Ist die Vorstellung aber doch so konkret, daß Sie sich denken, ich bin ja nicht für immer getrennt von den Menschen, die ich verloren habe?«
BÖHM: »Ja, das schon. Der Tod ist die Fortsetzung vom Leben, der Tod ist die Geburt zu etwas Neuem. Wer sich dazu durchringt, hat keine Angst mehr davor.«

Keiner kann es zunächst fassen. Er, der gestern noch den Striese gespielt hat. Direktor Haeusserman: »Über niemand

* Josef Kirschner in der Sendung *Tritsch-Tratsch* am 19. November 1981

konnte ich auf der Bühne so lachen wie über ihn – ich weiß nicht, ob ich im Theater noch werde lachen können. Es gibt keinen Nachfolger, wird keinen geben können. Er hat nicht eine Rolle gespielt, er hat den Abend gestaltet.«
Bundeskanzler Dr. Bruno Kreisky ist die Nachricht vom Ableben des Künstlers »sehr nahe gegangen. Mit Max Böhm ist nicht nur eine dominierende Persönlichkeit der Wiener Kleinkunst, sondern auch ein hervorragender Schauspieler von uns gegangen, der sich durch sein langjähriges künstlerisches Wirken, das ich besonders geschätzt habe, ein bleibendes und ehrendes Andenken gesichert hat«.
Auch Dr. Rudolf Kirchschläger kondoliert »zu dem für ganz Österreich sehr schweren Verlust«. Der Bundespräsident hatte Böhm »als Mensch und als künstlerische Persönlichkeit aufrichtig geschätzt«.
Das Ensemble des Burgtheaters: »Das österreichische Theater hat mit ihm einen der profiliertesten Vertreter verloren und die Schauspieler Österreichs den denkbar hilfsbereitesten und liebenswertesten Kollegen.«
Bürgermeister Leopold Gratz telegrafiert für die Bundeshauptstadt Wien, »die mit ihm eine ihrer liebenswertesten und populärsten Künstlerpersönlichkeiten verliert«. Max Böhm erhält ein Ehrengrab der Stadt Wien. Kulturpapst Hans Weigel regt die Schaffung eines »Max-Böhm-Rings für das heitere Theater« an. Diese Auszeichnung solle ein Mittelding zwischen Iffland-Ring und Kainz-Medaille sein, meint Weigel in einem Brief an Wiens Kulturstadtrat Helmut Zilk.
Die wenigen Freunde aus der »Simpl«-Zeit, die noch am Leben sind. Heinz Conrads: »Sein Tod ist besonders bitter für uns alle. Er gehörte zu uns wie Farkas, ein Waldbrunn oder ein Muliar. Maxi Böhm, das war unsere Jugend, das war der Beginn unserer Karriere. Ich sitze da und kann nicht fassen, daß er nicht mehr ist.«
Ossy Kolmann: »Max Böhms Tod hat mich zutiefst erschüttert.

Über diesen Verlust werde ich lange Zeit nicht hinwegkommen. Einer der letzten Wiener Komödianten hat uns verlassen.«
Jener Tag war gekommen, den Max Böhm selbst prophezeit hatte.
In dem gespenstischen Chanson, das er selbst geschrieben, das er noch wenige Tage zuvor in *Schau'n Sie sich das an* vorgetragen hat:

An jenem Tag,
der einmal
kommen muß,
wird selbstverständlich
alles weitergeh'n
wie bisher,
als wäre nichts
Besonderes vorgefallen.
Nur das Theatergebäude,
in welchem ich mich
als Komiker
verkleidet hatte,
wird einen
schwarzen Stoff
in den Wind hängen

An jenem Tag,
der einmal
kommen muß:
Zeitungen werden
mein Bild zeigen
»Wieder einer
von der alten Garde«,
»Wir werden
seiner gedenken!«
Eine Minute im Radio.
Und die werden mir
das Geleit geben,

die im Leben
so wenig mit mir
gegangen sind.

An jenem Tag,
der einmal
kommen muß –
an den Fingern
einer einzigen Hand
wird man sie
abzählen können,
die ehrlich
um mich trauern,
denen Verlust
wirklich weh tut.
Euch segne ich,
sende euch Trost –
bald wird alles
vergessen sein.

An jenem Tag –
das Tor zum Licht
wird für mich
aufgetan sein.
Ich werde alle
Bindungen und
Verwirrungen
lösen können.
Ich werde erkennen
die große Wirklichkeit.
Wahrscheinlich
– nein, sogar bestimmt –
werde ich unsagbar
glücklich und
grenzenlos zufrieden sein.

Denn: an jenem Tag
hinter jenem goldenen Tor
wird ein riesiges Theater sein.
Mit Kollegen, die immer kollegial sind,
mit Kritikern, die immer sachlich sind,
mit Regisseuren, die immer geduldig sind,
und ich werde dort Schauspieler sein,
die himmlischen Heerscharen mein Publikum.
Und ich werde alle zum Lachen bringen.
Aber plötzlich einmal – ganz unerwartet –
werde ich mittendrin – ganz unerwartet –
etwas ganz Wesentliches sagen dürfen,
etwas, das uns alle betrifft.
Und alle werden mit dem Kopf nicken
an jenem Tag und sagen:
»Das war richtig so!
Das war wichtig so!
Da spürt man doch,
daß er auch ein Mensch war.
Und sie werden
einen himmelblauen Stoff
in den Wind hängen,
einen strahlenden
Rundhorizont
um die ganze
weite Erde,
und ich werde
sehr glücklich sein
und ich werde
sehr zufrieden sein

an jenem Tag,
an jenem Tag,
an jenem Tag.

ANHANG

Heitere Couplets von Maxi Böhm

1. Karl Farkas wäre heute achtzig Jahre alt

28. Oktober 1973

Wie hätte Altmeister Professor Karl Farkas seinen eigenen Geburtstag bedichtet?

Leer sind die Felder, aber voll der Schober.
Man schreibt den achtundzwanzigsten Oktober.
Es zeigt der milde Herbst in voller Pracht sich –
Und ich wär' heute – leider Gottes – achtzig!

Ich zöge immer noch die Herbstbilanzen,
Indes im Winde wunde Blätter tanzen.
Mein Dichterroß würd' ich mit Säumen zäumen
Und geistvoll in geheizten Räumen reimen.

Doch müßt' ich bang vor meinen Witzen sitzen:
Wen sollt' ich heut' mit Geistesblitzen ritzen?
Womit die Leute lachen machen?
Es gibt zuviel von diesen miesen, schwachen Sachen.

Woher die angenehmen Themen nehmen?
Soll man sich grämen und der Schemen schämen?
Verschwunden ist soviel – auch der Podhajsky!*
(Der war seit je mein bester Reim auf Kreisky!)

Ein Grund zum Stillerwerden außerdem ist,
Daß jetzt im Simpl dieser Maxi Behm ist!

---

* Oberst Alois Podhajsky, der verstorbene Leiter der Spanischen Reitschule

Zwar möcht ich seinen Kopf, den schönen, schonen,
In dem Ideen zum Abgewöhnen wohnen.
Auch bin ich ihm nicht neidig um die Stargage –
Mich wurmt: er reimt wie nix mit Tricks vom Farkas!*

Daß man den »Farkas-Stil« kopieren kann?
So eine Frechheit –
Schaun Sie sich *das* an!

* Fußnote von Maxi Böhm: Der Brettlfürst reimte häufig »Farkasch« auf das angenehme Wort »Stargasch« … Herr Finanzreferent! Ziehen Sie keine falschen Schlüsse in Hinsicht auf Böhms eher karge Besoldung im Kabarett »Simpl«.

2. *Conférence über Wiener Straßennamen*

Warum tut sich keiner in Wien noch befassen
Mit Straßen, die spielend sich umtaufen lassen?

Ich ging heut' durch die *Skoda*gasse spazier'n,
Da zuckte etwas durch mein Hirn:
Warum man wohl (so hab' ich mich gefragt)
Nicht *Albin-Skoda-Gasse* sagt?...

Und (wenn ich was zu reden hätt'):
Die *Fischer*stiege – ist unkomplett!
Ich wett' für die Mädchen wär's doppelt so nett,
Wenn ich mit meinem Vorschlag siege –
Dann gäb's eine *O.-W.-Fischer-Stiege*

Die *Treu*straße fordert im höchsten Maße
Die Umbenennung in – *Bleibtreu-Straße*...

Der Platz beim Konzerthaus wird konziliant
Maria-Eis-laufplatz benannt

Dann hören Sie aus meinem Mund
Statt *Alser*-grund nur *Balser-grund*!

Und kauf' ich mir gar einen Hering in *Währing*,
Dann heißt das: Mein Greißler hat's G'schäft in *Liewehr-ing*!

Von dort betracht' ich, als ärmlicher Zwerg,
Den großen – *Hermann-Leopoldi-Berg*!

Die *Berg*gasse wird (weil man dorten so schnauft)
In *Armin-Berg-Gasse* umgetauft
Dort leuchtet auf Marmor fort und fort
Das vaterländische Dichterwort:
»Schau ich weg
Von dem Fleck
Ist der Überzieher weg!«

Und müssen wir einen *Kas*graben haben?
Wir taufen ihn: *Karl-Farkas-graben*!

Und draußen, wo immer ein Lüfterl waht –
Ein Name, ein bisserl gewichtig und blad:
Die *Oskar-Sima-ringer Had'*...

Der alte *Heu*markt aber wird
In *Peter-Hey-markt* korrigiert

Dann eine Gasse besonderer Klasse:
Statt *Löwen*gasse die – *Löwingergasse*!

Und statt dem *Karls*platz am Rande der Wieden
Wird uns ein *Rudolf-Carlsplatz* beschieden

Den Platz *Am Hof* wird man zu ändern sich befleißen:
Er wird statt *Am Hof* einfach *Imhoff* heißen!

Und es erfüllt sich meine Prophezeiung:
Die *Freyung* wird zur *Erik-Frey-ung*!

Und ich werd' künftig ohne viel zu fragen –
Statt *Rudolfs*heim – *Leopold Rudolfsheim* sagen

Die *Seiden*gasse liegt (wie bekannt)
Knapp mit der *Halb*gasse nebeneinand.
Die könnt' man, damit sie zusammenpassen,
In – *Halbseidengassen* zusammenfassen!

Die *Mayerhof*gasse wird, weil veraltet,
Zur *Elfie-Meyerhofer-Gasse* umgestaltet...

Und die *Johannes*gasse, die wir alle kennen,
Möcht ich *Johannes-Heesters-Gasse* nennen!

Und jetzt kommt unser liebster Schatz:
Der *Hannerl-Matz-leinsdorfer Platz*!

Jetzt steh' ich vor dem Schlußproblem!
Die Gass'n für den Maxi Böhm!
Es gibt zwar a *Böhm*-Gassen in Floridsdorf,
Aber ich wär' auf a *Maxi-Böhm-Gassen* schorf!
Doch kann man die Lösung am besten so zusammenfassen:
Wer jetzt applaudiert... ist schon in *meiner Gassen*!

3. Ein Kabarettist macht sich Gedanken über sein Publikum

Seh'n Sie, als Kabarettist macht man sich natürlich oft so Gedanken über sein Publikum. Denn es ist ja nicht so, daß nur Sie den ganzen Abend uns anseh'n, hier auf der Bühne – auch wir schau'n hinunter und denken uns da unser'n Teil:

Genau wie Sie mich seh'n im Glanze der Lichter,
Schau' ich da hinunter und seh' die Gesichter.
Bisher hat man taktvoll darüber geschwiegen:
Da sitzen oft paar und die stör'n das Vergnügen!

Es sind nicht sehr viel, die uns unbewußt schaden –
Aber *wie* sie das tun, will ich Ihnen verraten.
Da wären zum Beispiel Besucher zu nennen:
Die Ewig-Blasierten, die alles schon kennen!

Die lachen nicht (wenn sie auch innen zerspringen!)
Die denken nur: »Mein Gott, was wird *der* schon bringen?«
Man sagt: »Guten Abend« – die sind schon empört:
Der sagt: »Guten Abend« – das hab' ich schön ghört!

Dann lachen sie sehr. Und zu Haus wird geklagt:
»Der Böhm hat schon wieder ›Guten Abend‹ gesagt!«
Doch will ich vor allem heut' jene erwähnen,
Die sich auch am Abend nach *Dienstlichem* sehnen:

Die sind mit Beruf und Geschäft so verbunden –
Sofort ist die heitere Stimmung verschwunden!

Wir nehmen nur an: dieser Herr ist *Dentist*!
Wie soll *ich* da wirken, als Kabarettist?
Was nützt von den Witzen die zündendste Bombe –
Der schaut, wenn ich rede, nur: »Wo ist die Plombe?«

Vielleicht sitzt ein Herr vom *Finanzamt* bei Ihnen.
Der denkt sich sofort: »Na, der Böhm muß verdienen!«

Der zählt alle Leute – die Preise sind teuer.
Der multipliziert sich das aus mit der Steuer ...

Was braucht er den herrlichsten Witz von der Erde?
Ihn kümmert die Meldung an seine Behörde!
Er hat von Humor – wie ich seh' – keine Ahnung,
Und morgen hat jeder, der hier sitzt, die Mahnung!

Mir wird schon ganz heiß von der blöden Geschicht',
Da seh' ich schon wieder ein ernstes Gesicht –
Denn statt auf die Zunge, die redet, zu achten,
Tut sich einer am Schuh nur die Zunge betrachten!

Ein *Schuhmacher*! Der den Gedankengang koppelt:
Sein einziges Urteil – »der Schuh g'hört gedoppelt!«
Ja, glauben Sie, daß der meine Witze kapiert,
Wo ihn doch mein *»Auftritt«* nur *so* int'ressiert?

Wie soll ich vom Schuster den Beifall erzwingen?
Ich könnt' ihm nur *»O so(h)le mio«* vorsingen.
Doch sinnlos ist, wenn ich vor Wut mich verzehr' –
»Meine *Schuhe* sind hin und das Herz ist so schwer!...

Auch kann das Benehmen der Frau mich befremden,
Die *Näherin* sein soll für männliche Hemden.
Mein Hemd – wie das hemmt! Es ist kaum zu ertragen.
Ich hab' das Gefühl: es geht »um meinen Kragen«!

Die denkt sich: »Na, hör'n Sie, was sind das für Sitten?
Den Krag'n hab'n s' bestimmt von da hint' außag'schnitten!
O wundert euch nicht, wenn Berufsinteressen
Euch lassen die Wirkung des Künstlers vergessen!

Und wie der Herr *Schneider* sich anschaut die *Hosen*
Begutachtet der *Juwelier* die *»Protz-iosen«*.
Und statt daß er aufpaßt auf lustige Dinge,
Schaut er auf Manschettenknöpf', Uhr und die Ringe!

Der *Ring*: ein Geschenk von der Frau an den Gatten –
Der Stein hat bestimmt keine zwölf Grad im Schatten!
Statt einem Motorroller schenkt sie ihm Steine –
Weil *falsche* Motorroller gibt es noch keine!

Die *Uhr* an der Hand vielleicht gar nicht so schlecht ist?
(Das Glas ist das einzige, was dabei echt ist!)
Der Uhr fehl'n zwei Steine! Das müßt' man so aufbau'n:
Zum Drunterleg'n einer – und einer zum Draufhau'n!...

Doch hab' ich jetzt (ungerecht!) sehr übertrieben.
Es sind schon noch einige übriggeblieben,
Für die sich die einzelnen Worte verlohnen!
Und das sind – im ganzen! genau *drei* Personen!

Der erste paßt auf, doch er ist nicht humorig –
Er ist nur Direktor vom *Kurs für RRRhetorik*!
»Na, der sollt' mein Schüler sein!« denkt er voll Zorn,
»Der kann ja nicht rrreden! Zuwenig nach vorrrn!

Wie klingt der Vokal aus dem Hals dieses Torrren?« –
Auch hier kommt mein Witz in die unrechten Ohren...
Der zweite, der lacht! Und er ist amüsiert!
Das Unglück ist nur, daß er – stenographiert!

Der denkt sich: »Der Böhm wird doch einmal im Jahr
Was *Neues* erzählen« – und er braucht Repertoire!
Es bleibt nur noch einer, der ist ideal:
Der lacht! Und der lacht! Wie kein and'rer im Saal!

Hat keinen Beruf, der ihn irgendwie hindert –
Hat nichts, was die Aufmerksamkeit ihm vermindert!
Er lacht und er lacht in der siebenten Reihe.
Der einzige Fehler: das ist ein *Malaye*!

Versteht nicht ein Wort, was der Komiker witzelt –
Er lacht, weil der Hut von der Nachbarin kitzelt!

Jetzt frag' ich mich eines mit zitternder Seele:
»Wozu steh' ich überhaupt da und erzähle?«

Humorist sein? Das Traurigste, was man erschuf, ist
Jetzt sagen Sie selber: Ob das ein Beruf ist???

4. In Aussig an der Elbe

Eine jiddisch-böhmische Polka (1968, anläßlich des Einmarschs sowjetischer Truppen in die Tschechoslowakei, verfaßt)

In Aussig an der Elbe
Sitzt Herr Taussig im Gewölbe.
Schon seit sechzig Jahren
Wohnt er in der Stadt.

Er fühlt sich wohl in Aussig,
Der Gemüsehändler Taussig,
Seit man aus dem Osten
Ihn als Kind vertrieben hat:

> Tarnopol!
> Das war die Jugendzeit!
> Tarnopol –
> das liegt so weit!

In Aussig an der Elbe,
Sitzt Herr Taussig im Gewölbe,
Und er will aus seinem
Keller nie mehr fort!

Er lebt sehr gern in Aussig,
Der Gemüsehändler Taussig,
Da kann kommen, wer da will –
er bleibt an diesem Ort!

> Masaryk
> Und auch der Benesch kam
> Die Republik
> Ein Ende nahm...

Doch, in Aussig an der Elbe,
Leo Taussig bleibt derselbe.

Was bekümmern ihn
die Leute rundherum?

Der Hitler kam nach Aussig!
Aber niemand fand den Taussig –
Wenn ihn einer fand,
Dann fand er ihn nur viel zu dumm!

Tausend Jahr'
Die geh'n so schnell vorbei!
Kriegsschluß war
Und man war frei!

In Aussig an der Elbe
kriecht der Taussig vom Gewölbe
In die Freiheit! Und ist
glücklich wie ein Kind.

Und jeder weiß in Aussig:
Man kann kaufen was beim Taussig!
Alle lachen, denn es weht
Ein »Prager-Frühlings-Wind«...

(Musik wird bedrohlich)
Über Nacht
Der »rote Bruder« stand
Mit Übermacht
Im Vaterland!

(Musik wird wehmütiger, langsamer, resignierend)
Und in Aussig an der Elbe
Weint Herr Taussig im Gewölbe!
Und er kroch nie mehr
Aus seinem Mauseloch.

Die Panzer sind in Aussig!
Nur nicht auffall'n! Leo Taussig!
Wenn er nicht gestorben ist,
dann lebt er heute noch.

Maxi Böhm und seine Bühnenrollen

(soweit feststellbar)
*markiert das Premierendatum
MB = Max(i) Böhm

1933	
*1.10.1933 Volksbühne Wilhelmstal	So'n Windhund Schwank von Curt Kraatz und Arthur Hoffmann Regie: Emil Dziadek MB trat unter dem Decknamen Heinz Lindner auf (Gesenius, Hofrat), Adolf Rühr
*5.11.1933 Volksbühne Wilhelmstal	Zimmer zu vermieten Schwank von Carl Laufs Regie: Emil Dziadek MB unter dem Decknamen Heinz Lindner (Gustav Krönlein, Musikdirektor), Adi Rühr
1934	
Staatstheater Berlin	MB als Statist
1935/36	
Stadt-Theater Eger	Der Hochtourist Die lustige Witwe Die lustige Wallfahrt MB (Diener, Kellner, Knecht)
Stadt-Theater Eger	Spatzen in Gottes Hand Volkskomödie von Edgar Kahn und Ludwig Bender MB (Kleindarsteller)
Stadt-Theater Eger	Was ihr wollt Lustspiel von William Shakespeare MB (Bleichenwang), Else Nitsch
Stadt-Theater Eger	W.U.R. (Werstands Universal Robots) Von Karl Capek Regie: Erich Laubert MB (Roboter)

Stadt-Theater Eger	DIE RÄUBER Drama von Friedrich Schiller MB (verliebter Primus)
Stadt-Theater Eger	FREIE BAHN DEM TÜCHTIGEN Lustspiel von August Hinrichs MB (Butenkamp), Adolf Rühr
1936 Stadt-Theater Eger	BUNTER ABEND Beim Prinzen Karneval MB (Ansager), Erich Laubert, Lislott Göttinger
Sommerspiele Eger	PASSIONSFESTSPIELE MB (Jünger Johannes), Walter Stummvoll
Stadttheater Bodenbach	PASSIONSSPIELE MB (Herodes)
1936/37 Stadttheater Reichenberg	NEUN OFFIZIERE Schauspiel von Georg Fraser Regie: Paul Barnay MB (Fähnrich Lombardo)
Stadttheater Reichenberg	UNENTSCHULDIGTE STUNDE Lustspiel von Bekeffy und Stella Regie: Paul Barnay MB (Hauslehrer), Lisa Haertl
Stadttheater Reichenberg	DAS KLEINE HOFKONZERT Singspiel von Paul Verhoeven und Toni Imperkoven MB (Bibliothekar)
Stadttheater Reichenberg	HIMMLISCHE HOCHZEIT MB (Klaus Michel)
Stadttheater Reichenberg	DAS KONZERT Lustspiel von Hermann Bahr Regie: Lothar Rewalt MB (Dr. Jura), Lisa Haertl, Lutz Viktor, Felicitas Corda
Stadttheater Reichenberg	BUNTER NACHMITTAG MB (Conférencier)
Stadttheater Reichenberg	ASCHENBRÖDEL Märchenspiel von Robert Bürkner MB (Der Bursch, der alles richtig macht), Lisa Haertl, Else Zemann

Stadttheater Reichenberg	WAS IHR WOLLT Lustspiel von William Shakespeare Regie: Paul Barnay MB (Bleichenwang), Lutz Viktor, Lisa Haertl Lothar Rewalt
Stadttheater Reichenberg	AUF DER GRÜNEN WIESE Revue-Operette von Dr. V. Tolarsky, Musik von Jara Beneš MB (Graf Bobby), Gustav Karl Egerer, Trude Moellnitz
1937 * 11.3.1937 Stadttheater Reichenberg	 FIRMA Komödie von Marjan Hemar Regie: Lothar Rewalt MB (Rasender Reporter), Felicitas Corda, Lutz Viktor
Stadttheater Reichenberg	DER EINGEBILDETE KRANKE Lustspiel von Jean Baptiste Molière MB (Thomas Diaforius)
Stadttheater Reichenberg	VIKTORIA UND IHR HUSAR Operette von Paul Abraham Regie: Walter Friedel MB (Graf Ferry), Fritz Bergar, Emmy Olivia, Josef Menschik
Stadttheater Reichenberg	DIE SPANISCHE FLIEGE Schwank von Franz Arnold und Ernst Bach Regie: Paul Witt MB (Assyriologe Heinrich Meisel), Hans Kittel, Else Zemann
Sommer 1937 Stadttheater Marienbad	FLACHSMANN ALS ERZIEHER Komödie von Otto Ernst MB (Dorfschullehrer) FRAU PICK IN AUDIENZ MB (Soldat), Gisela Werbezirk DIE EISERNE JUNGFRAU MB, Paul Morgan AXEL AN DER HIMMELSTÜR Singspiel von Ralph Benatzky MB (Rechtsanwalt), Max Hansen MEIN SOHN, DER HERR MINISTER Komödie von André Mirabeau MB (Sohn), Hans Moser

Stadttheater Reichenberg	DER ETAPPENHAS Lustspiel von Karl Bunje Regie: Martin Magner MB (Hasenbein, Gefreiter), Georg Vogt, Lotte Mittersteiner
1937/38	
Stadttheater Reichenberg	DONNA DIANA Lustspiel von Augustin Moreto MB (Don Luis), Felix Knüpfer, Thea Schober, Helene Dietrich-Barnay
Stadttheater Reichenberg	VISITENKARTEN MB im Einakter *Hund im Hirn* aus dem Zyklus *Menagerie* von Curt Goetz und MB (Ansager), Liesl Andergast
Stadttheater Reichenberg	JEAN Lustspiel von Ladislaus Bus-Fekete MB (Radioreporter)
Stadttheater Reichenberg	ERINNERST DU DICH? Komödie von Edith Savil und John Carlton Regie: Felix Knüpfer MB (Horace Fortescus), Helene Dietrich-Barnay
Stadttheater Reichenberg	GRETE IM GLÜCK Revue-Operette von Viktor Reinshagen MB (»Kleines Glück«), Edith Falusch, Otto Dewald
Stadttheater Reichenberg	TILL EULENSPIEGEL Schelmenspiel mit Musik von Josef Hübner MB (Eulenspiegel), Theo Schober, Werner Kraut
Stadttheater Reichenberg	WARUM LÜGST DU, CHÉRIE? Schwank mit Musik von Hans Lengsfelder und Siegfried Tisch MB (Charly), Elfi Streit
Stadttheater Reichenberg	DIE PUPPENFEE Ballett von J. Haßreiter und F. Gaul, Musik von Josef Bayer MB (Gehilfe), Berty Heymann, Elfi Streit
Stadttheater Reichenberg	FUHRMANN HENSCHEL Schauspiel von Gerhart Hauptmann Regie: Martin Magner MB (Kellner Georg), Lothar Rewalt, Helene Dietrich-Barnay

Stadttheater Reichenberg	CHARLEYS TANTE Schwank von Brandon Thomas Regie: Lothar Rewalt MB (Charleys Tante), Felix Knüpfer, Elfi Streit
Stadttheater Reichenberg	MADAME SANS GÊNE Singspiel nach Victorien Sardou, bearbeitet von Hans Weigel Musik: Bernhard Grün MB (Tanzmeister), Liesl Andergast
Stadttheater Reichenberg	KOMÖDIE DER IRRUNGEN Lustspiel von William Shakespeare Regie: Hans Rothe MB (Sklave Dromio), Lothar Rewalt, Felix Knüpfer, Lotte Mittersteiner
Stadttheater Reichenberg	DELILA Lustspiel von Franz Molnár MB (Beringer), Helene Dietrich-Barnay
Stadttheater Reichenberg	OLLY-POLLY Operette von Franz Arnold und Ernst Bach Musik: Walter Kollo Regie: Otto Dewald MB (Detektiv Nick), Elfi Streit
1938 Gastspiel Prag Kleine Bühne *11.3.1938	DELILA Lustspiel von Franz Molnár MB (Beringer), Helene Dietrich-Barnay WARUM LÜGST DU, CHÉRIE? Lustspiel von Hans Lengsfelder und Siegfried Tisch MB (Charlie), Elfi Streit
Stadttheater Prag April 1938	WUNSCHKONZERT MB (Ansager)
Stadttheater Prag	SO EIN MÄDEL Lustspiel von Hans Sturm und Moritz Färber Regie: Lothar Rewalt MB (Oberprimaner Hoffmann), Lotte Mittersteiner, Walter Gubert
Sommerspiele Franzensbad Kurtheater *1.7.1938	EINE HALBE MILLION Von Herbert Ertl MB (Jugendlicher Verführer)

Franzensbad Hotel Belvedere	Leben! Lachen! Lieben! Bunter Abend MB (Conférencier), Ernst Waldbrunn
Franzensbad Kurtheater *7.7.1938	Zwei Dutzend rote Rosen Lustspiel von Adlo de Benedetti MB (Unglücklicher Liebhaber), Ernst Waldbrunn, Maria Los
Franzensbad Kurtheater	Heidi MB (Hüterbub Peter), Ernst Waldbrunn
Franzensbad Kurtheater	Flachsmann als Erzieher Komödie von Otto Ernst MB (Lehrer), Ernst Waldbrunn
Franzensbad Kurtheater	Delila Lustspiel von Franz Molnár MB (Beringer), Ernst Waldbrunn
Franzensbad Kurtheater	Parfümerie von Nikolaus Laszlo Regie: Guido Wieland MB (Laufbursch Pepi), Ernst Waldbrunn, Guido Wieland
1938/39	
Neues Stadttheater Teplitz-Schönau	Weltkonferenz Lustspiel von Stefan Donat Regie: Paul Fabig MB (Journalist Enthousen), Eduard Loibner, Diane York
Stadttheater Teplitz-Schönau	Eine kleine weisse Yacht Komödie von Herbert Ertl MB (Komikerrolle) Gretl Elb, Robert Lindner, Maria Barth
Stadttheater Teplitz-Schönau	Die Geisha Singspiel von Owen Hall und Harry Greenbank Musik: Sidney Jones MB (Chinamann), Georgette Doree, Dora Teschner
1939	
Kammerspiele Teplitz-Schönau	George Dandin Komödie von Jean Baptiste Molière MB (Lubin), Gretl Elb
Stadttheater Teplitz-Schönau	Gastspiel Herbert Jäger MB (Ansager)

Kleines Theater Berlin *18.7.1939	MEINE FRAU – DER PETER Schwank von B. Weißel MB (Aufnahmeleiter), Paul Heidemann
Kleines Theater Berlin *26.5.1939	LÜG' NICHT, BABY Lustspiel von Berndt Werner MB (Tommy), Mady Rahl, Aribert Mog
1939/40	
Stadttheater Reichenberg	DIE KLEINE PARFÜMERIE Lustspiel von Leo Lenz Regie: Viktor van Buren MB (Bonzo), Lilo Barth, Eva Gold
Stadttheater Reichenberg	HOCKEWANZEL Volksstück von Christoph Kaergel MB (v. Sandau), Walter Stummvoll
Stadttheater Reichenberg	GÖRTZ, KANZLER VON SCHWEDEN Drama von Franz Höller MB (Französischer Gesandter), Walter Stummvoll
Stadttheater Reichenberg	AM HELLICHTEN TAG Komödie von Paul Helwig Regie: Richard Ulrich MB (Bull), Erika Juster, Karl Trabauer
Stadttheater Reichenberg	SEGEL UNTER BLAUEM HIMMEL Singspiel von Richard Nicolas, Musik F. W. Rust MB (Trutz Berling), Aenne Fuhrmann, Hermann Leu
1940	
Stadttheater Reichenberg April 1940	SAISON IN SALZBURG Operette von Fred Raymond Regie: Ferry Waldorff MB (Parfümeriefabrikant Liebling), Aenne Fuhrmann, Fritz Albertini
Stadttheater Reichenberg	EIN SOMMERNACHTSTRAUM Lustspiel von William Shakespeare MB (Zettel, Weber)
Bremer Schauspielhaus Juni 1940	MEINE SCHWESTER UND ICH Musikalisches Lustspiel von Ralph Benatzky MB (Giulio Riotto), Traute Fölß, Wolfgang Preiß
Bremer Schauspielhaus	ICH BIN KEIN CASANOVA Komödie von Otto Bielen Regie: Franz Reichert MB (Casanova), Traute Fölß

1940/41	
Bremer Schauspielhaus	DER DIENER ZWEIER HERREN Lustspiel von Carlo Goldoni Regie: Hannes Tannert MB (Truffaldino), Wolfgang Preiß
Schauspielhaus Bremen	BEZAUBERNDES FRÄULEIN Musikalisches Lustspiel von Ralph Benatzky MB (Ministerialbeamter Paul), Wolfgang Preiß
Schauspielhaus Bremen	WIE ES EUCH GEFÄLLT Lustspiel von William Shakespeare Regie: Franz Reichert MB (Klaus, Bauernbursche), Wolfgang Preiß
Schauspielhaus Bremen	FRAUEN HABEN DAS GERN Lustspiel mit Musik von Walter Kollo MB (Lebemann wider Willen)
Schauspielhaus Bremen	AM HOHEN MEER Schauspiel von Richard Billinger MB (Österreichischer Adeliger)
1942	
Schauspielhaus Bremen *29. 6. 1942	MODERNE MÄRCHEN Musik von Otto Röder MB (Erzähler)
1942/43	
Schauspielhaus Bremen	GÖTZ VON BERLICHINGEN Schauspiel von Johann Wolfgang von Goethe MB (Hofnarr)
Schauspielhaus Bremen	AXEL AN DER HIMMELSTÜR Singspiel von Ralph Benatzky Regie: Hans Tannert MB (Reporter), Elisabeth Behlbehr
Schauspielhaus Bremen	ALLES ODER NICHTS Lustspiel aus dem Dänischen von Hans Wölffer Regie: Heinz Guhr MB (Balder Svanemose), Hansernst Gottholt
1943/44	
Schauspielhaus Bremen	INGEBORG Komödie von Curt Goetz Regie: Otto Daue MB (Peter), Katharina Holger, Lidy Schwieder

1944

*20. 4. 1944 Opernhaus Bremen	Festvorstellung WO DRÜCKT DER SCHUH von und mit MB, Hans-Joachim Kulenkampff

1945

*20. 10. 1945 Kabarett Eulenspiegel, Linz	FRISCHER WIND IN AUSTRIA Kabarettprogramm von und mit MB, Peter Hey, Relly Gmeiner
*4. 12. 1945 Eulenspiegel	EULENSPIEGEL RUFT ÖSTERREICH Kabarettprogramm von und mit MB, Peter Hey, Relly Gmeiner

1946

*17. 1. 1946 Eulenspiegel	EULENSPIEGEL-COCKTAIL Kabarettprogramm von und mit MB, Peter Hey
*20. 2. 1946 Eulenspiegel	DEMARKATION AUF ALLEN LINIEN Kabarettprogramm von Peter Hey und Kurt Nachmann Mit MB, Peter Hey, Relly Gmeiner, Erne Seder
*10. 3. 1946 Eulenspiegel	AUS DEM ÄRMEL GESCHÜTTELT Kabarettprogramm von und mit MB, Peter Hey
*1. 4. 1946 Eulenspiegel	APRIL, APRIL Kabarettprogramm von und mit MB, Peter Hey
*2. 5. 1946 Eulenspiegel	MAILÜFTERL Kabarettprogramm von und mit MB, Peter Hey
*26. 8. 1946 Eulenspiegel	SONNENSTICHELEIEN Kabarettprogramm von und mit MB, Peter Hey
*8. 10. 1946 Eulenspiegel	HERBSTZEITLOSES Kabarettprogramm von und mit MB, Peter Hey
*20. 10. 1946 Eulenspiegel	SCHABLONEN Kabarettprogramm von und mit MB, Peter Hey
*28. 11. 1946 Eulenspiegel	WAS WÄRE, WENN? Kabarettprogramm von und mit MB, Peter Hey

1947

*20. 2. 1947 Eulenspiegel	LACHSANATORIUM Kabarettprogramm von und mit MB, Peter Hey
*28. 3. 1947 Eulenspiegel	WAS IHR WOLLT Kabarettprogramm von und mit MB, Peter Hey

*6. 5. 1947 Eulenspiegel	JA ODER NEIN Kabarettprogramm von und mit MB, Peter Hey
November 1947 Eulenspiegel	PRATERREMASURI Kabarettprogramm von und mit MB, Peter Hey
1948	
*31. 8. 1948 Deutsches Volkstheater, Wien	DIE GANZE WELT SPRICHT DAVON Lustspiel von Marcel Achard Regie: Hans Jungbauer MB (Sylvian Caporal, Stationsvorsteher), Annie Rosar, Trauti Servi, Oskar Wegrostek, Rolf Truxa, Carl Bosse
September 1948 Volkstheater	WAS IHR WOLLT Lustspiel von William Shakespeare Regie: Paul Barnay MB (Junker Bleichenwang), Erich Auer, Carl Bosse, Egon v. Jordan, Oskar Wegrostek, Susanne Almassy, Inge Konradi, Grete Zimmer
1949	
Volkstheater	KOLPORTAGE Komödie von Georg Kaiser MB, Annie Rosar, Egon v. Jordan, Margarete Fries, Dorothea Neff
Dezember 1949 Kabarett Simpl, Wien	RENDEZVOUS DER KOMIKER Buntes Programm MB (Conférence), Fritz Heller, Gunther Philipp, Cissy Kraner, Hugo Wiener
1950	
*9. 1. 1950 Simpl	WIR HEIZEN EIN Kabarettistische Revue von Hugo Wiener und Peter Wehle Regie: Fritz Imhoff, Musik: Peter Wehle MB (Conférence, Sketches), Cissy Kraner, Hugo Wiener, Emmerich Arleth, Fritz Heller, Wondra u. Zwickl
*23. 2. 1950 Simpl	WIR TIPPEN RICHTIG Komikerrevue von Hugo Wiener Regie: Fritz Imhoff MB (Conférence, Sketches), Emmerich Arleth, Cissy Kraner, Fritz Heller, Wondra u. Zwickl
*5. 4. 1950 Simpl	WOLLZEILENMELODIE Buntes Programm mit MB, Fritz Heller, Peter Hey, Relly Gmeiner, Rosemarie Hermanns (Miß Vindobona 1949)

Melodies-Bar, Wien	DAS LUSTIGE ABC DER KLEINKUNST Kabarettrevue MB (Conférence, Sketches), Armin Berg, Cissy Kraner, Hugo Wiener
*6. 12. 1950 Melodies-Bar, Wien	WUNDERKERZEN Kabarettprogramm MB (Sketches), Cissy Kraner, Hugo Wiener
1954	
*5. 12. 1954 Boulevard-Theater im Casanova, Wien	DIE GROSSFÜRSTIN UND DER ZIMMERKELLNER Lustspiel von Alfred Savoir Regie: Peter Loos MB (Schüchterner Liebhaber), Marianne Schönauer, Max Brod, Raoul Retzer, Eva Sandor
1956	
Februar 1956 Kabarett der Humoristen, München (Gastspiel)	MEDI-ZYNISCHE BÖHM-ERKUNGEN Kabarettprogramm von Maxi Böhm und Willy Pribil MB (Chefarzt), Else Rambousek, Gerda Klimek, Sepp Trummer
1957	
*5. 3. 1957 Kabarett Simpl, Wien	NIE WIEDER FRIEDEN Kabarettprogramm von Karl Farkas und Hugo Wiener Musikalische Leitung: Trojan Welisch Regie: Karl Farkas MB, Karl Farkas, Hans Obonya, Elly Naschold, Fritz Heller, Cissy Kraner, Hugo Wiener, Fritz Muliar
*6. 9. 1957 Simpl	SCHMUTZ UND SCHUND Von Karl Farkas und Hugo Wiener Regie: Karl Farkas MB, Karl Farkas, Cissy Kraner, Hugo Wiener, Elly Naschold, Fritz Muliar, Harry Glöckner
1958	
*14. 3. 1958 Simpl	KOMMEN SIE GESTERN Von Karl Farkas und Hugo Wiener Regie: Karl Farkas MB, Karl Farkas, Fritz Heller, Elly Naschold, Harry Fuss, Maria Andergast
5. 9. 1958 Simpl	WIR SEHEN ROT Von Karl Farkas und Hugo Wiener Regie: Karl Farkas MB, Karl Farkas, Elly Naschold, Karl Hruschka, Brigitte Brandt, Cissy Kraner, Hugo Wiener, Fritz Muliar

1959

*17. 3. 1959
Simpl

Fix und fertig
Von Karl Farkas und Hugo Wiener
Regie: Karl Farkas
MB, Karl Farkas, Erne Seder, Josef Menschik, Karl Hruschka, Fritz Muliar, Elly Naschold

*16. 9. 1959
Simpl

Sex ist ex
Von Karl Farkas und Hugo Wiener
Regie: Karl Farkas
MB, Karl Farkas, Ossy Kolmann, Karl Hruschka, Erne Seder, Cissy Kraner, Hugo Wiener, Fritz Muliar, Elly Naschold

1960

*4. 3. 1960
Simpl

Nicht so laut
Von Karl Farkas und Hugo Wiener
Regie: Karl Farkas
MB, Karl Farkas, Ossy Kolmann, Elly Naschold, C. W. Fernbach, Karl Hruschka, Cissy Kraner, Hugo Wiener, Fritz Muliar

*2. 9. 1960
Simpl

Gehört sich das?
Von Karl Farkas und Hugo Wiener
Regie: Karl Farkas
Musik: Charly Wimmer
MB, Karl Farkas, Karl Hruschka, Fritz Muliar, Ossy Kolmann, Iris von Cramon, Elly Naschold, Cissy Kraner, Hugo Wiener

1961

*24. 3. 1961
Simpl

Zurück ins Morgen
Von Karl Farkas und Hugo Wiener
Regie: Karl Farkas
MB, Karl Farkas, Ossy Kolmann, Peter Gerhard, Cissy Kraner, Hugo Wiener, Karl Hruschka, Elly Naschold, Fritz Muliar

*1. 9. 1961
Simpl

Wir sehen Gespenster
Von Karl Farkas und Hugo Wiener
Regie: Karl Farkas
MB, Karl Farkas, Heinz Petters, Ossy Kolmann, Karl Hruschka, Cissy Kraner, Hugo Wiener, Fritz Muliar

1962

*2. 3. 1962 Simpl	GEGEN DEN STRICH Von Karl Farkas und Hugo Wiener Regie: Karl Farkas MB, Karl Farkas, Ossy Kolmann, Heinz Petters, Karl Hruschka, Cissy Kraner, Hugo Wiener, Elly Naschold, Fritz Muliar
*7. 9. 1962 Simpl	WER MIT WEM? Von Karl Farkas und Hugo Wiener Regie: Karl Farkas MB, Karl Farkas, Heinz Petters, Ossy Kolmann, Karl Hruschka, Cissy Kraner, Hugo Wiener, Fritz Muliar, Katrin Ebenau, Elly Naschold, Brigitte Brandt

1963

*5.4.1963 Simpl	NUR NICHT AUFREGEN Von Karl Farkas und Hugo Wiener Regie: Karl Farkas MB, Karl Farkas, Ossy Kolmann, Karl Hruschka, Elly Naschold, Henriette Ahlsen, Cissy Kraner
*6.9.1963 Simpl	WER BEZAHLT DAS? Von Karl Farkas und Hugo Wiener Regie: Karl Farkas MB, Karl Farkas, Ossy Kolmann, Karl Hruschka, Elly Naschold, Eva Günther, Nadja Marina, Harry Glöckner, Cissy Kraner, Hugo Wiener, Oskar Willner

1964

*10.4.1964 Simpl	DAS WAREN ZEITEN! Von Karl Farkas und Hugo Wiener Regie: Karl Farkas MB, Karl Farkas, Peter Hey, Ossy Kolmann, Elly Naschold, Cissy Kraner, Hugo Wiener, Oskar Wegrostek
9.10.1964 Simpl	WIR GEHEN FREMD Von Karl Farkas und Hugo Wiener Regie: Karl Farkas MB, Karl Farkas, Hans Hansen, Sissy Hodacs, Ossy Kolmann, Elly Naschold, Cissy Kraner, Hugo Wiener

1965

*6.4.1965 Simpl	WAREN DAS ZEITEN Von Karl Farkas und Hugo Wiener Regie: Karl Farkas MB, Karl Farkas, Tony Nießner, Carlo Böhm, Günther Frank, Elly Naschold, Henriette Ahlsen, Cissy Kraner, Hugo Wiener
*12.11.1965 Simpl	INS EIGENE NEST Buch und Regie: Karl Farkas MB, Karl Farkas, Josef Menschik, Karl Hruschka, Günther Frank, Elly Naschold, Fritz Muliar

1966

*25. 3. 1966 Simpl	MIT ROTER TINTE Buch und Regie: Karl Farkas MB, Karl Farkas, Ossy Kolmann, Elly Naschold, Karl Hruschka
*9. 9. 1966 Simpl	SEX UND SECHZIG Buch und Regie: Karl Farkas MB, Karl Farkas, Peter Frick, Günther Frank, Elly Naschold, Lilo Mrazek, Ossy Kolmann

1967

*25. 3. 1967 Simpl	STIFT UND PINSEL Buch und Regie: Karl Farkas MB, Karl Farkas, Josef Menschik, Lilianette, Günther Frank, Elly Naschold, Ossy Kolmann
*8. 9. 1967 Simpl	JEDER GEGEN JEDEN Buch und Regie: Karl Farkas Musik: Bruno Uher MB, Karl Farkas, Gerhard Steffen, Elly Naschold, Sissy Hodacs

1968

*1. 3. 1968 Simpl	MIT EISERNER FAUST Buch und Regie: Karl Farkas MB, Karl Farkas, Elly Naschold, Gerhard Steffen, Lilo Mrazek, Ossy Kolmann
*6. 9. 1968 Simpl	HEITER BIS WOLKIG Buch und Regie: Karl Farkas MB, Karl Farkas, Dagmar Huber, Gerhard Steffen, Elly Naschold, Henriette Ahlsen, Lilianette

1969	
*7. 3. 1969	AMOR GO HOME! Buch und Regie: Karl Farkas MB, Karl Farkas, Elly Naschold, Lilo Mrazek, Fred Weis, Gerhard Steffen, Henriette Ahlsen, Ossy Kolmann
*19. 9. 1969 Simpl	GANGSTER ÜBER WIEN Buch und Regie: Karl Farkas MB, Karl Farkas, Karl Hruschka, Ossy Kolmann, Gerhard Steffen, Elly Naschold, Henriette Ahlsen, Fred Weis, Katrin Ebenau, Georg Markus
1970	
*17. 3. 1970 Simpl	VORHER UND NACHHER Buch und Regie: Karl Farkas MB, Karl Farkas, Ernst Waldbrunn, Elly Naschold, Lilo Mrazek, Henriette Ahlsen, Gerhard Steffen, Ossy Kolmann, Sascha Helwin, Dagmar Huber, Harry Hornisch
*5. 9. 1970 Simpl	ZURÜCK ZUR ZUKUNFT Buch und Regie: Karl Farkas MB, Karl Farkas, Kurt Sobotka, Fred Weis, Nora Berghe-Trips, Elly Naschold, Gerhard Steffen, Ossy Kolmann
7. 12. 1970 Kammerspiele, Wien Gastspiel	EIN MÄDCHEN IN DER SUPPE Lustspiel von Terence Frisby Regie: Perter Loos MB (Fernsehkoch), Helga Papouschek, Bernd Ander, Marianne Chappuis, Karl Fochler, Louis Soldan
1971	
*26. 2. 1971 Simpl	POP UND PORNO (LETZTE FARKAS-REVUE) Buch und Regie: Karl Farkas MB, Karl Farkas, Ernst Waldbrunn, Gerhard Steffen, Nora Berghe-Trips, Elly Naschold, Lilo Mrazek, Katrin Ebenau
*10. 9. 1971 Simpl	MANCHE MÖGEN'S ROMANTISCH Buch: Hugo Wiener Regie: Peter Hey Künstlerische Leitung: Maxi Böhm MB, Cissy Kraner, Hugo Wiener, Fred Weis, Elly Naschold, Gerhard Steffen, G. W. Siedler, Rolf Truxa, Katrin Ebenau, Lilo Mrazek, Nora Berghe-Trips

1972

*3. 3. 1972 Simpl	SECHZIG JAHRE JUNG (Der »Simpl« ist 60 Jahre alt) Buch: Hugo Wiener Regie: Peter Hey Künstlerische Leitung: Maxi Böhm MB, Elly Naschold, G. W. Siedler, Lilo Mrazek, Fred Weis, Gerhard Steffen, Rolf Truxa, Katrin Ebenau, Nora Berghe-Trips, Cissy Kraner, Hugo Wiener

1973

*17. 2. 1973 Simpl	HINTER OFFENEN TÜREN Buch: Hugo Wiener Regie: Peter Hey Künstlerische Leitung: Maxi Böhm MB, Cissy Kraner, Hugo Wiener, Fritz Goblirsch, Katrin Ebenau, Elly Naschold, Lilo Mrazek, Gerhard Steffen, Michael Tala, Nora Berghe-Trips, G. W. Siedler, Rolf Truxa
*4. 9. 1973 Simpl	BITTE KEINE MÄRCHEN Buch: Hugo Wiener Regie: Peter Hey Künstlerische Leitung: Maxi Böhm MB, Stefan Paryla, Elly Naschold, Fritz Goblirsch, Katrin Ebenau, Nora Berghe-Trips, Michael Tala, Lilo Mrazek, Rolf Truxa

1974

*8. 2. 1974 Simpl	ÖL INS FEUER Buch: Hugo Wiener Regie: Maxi Böhm MB, Elly Naschold, Gerhard Steffen, Nora Berghe-Trips, Fritz Goblirsch, Lilo Mrazek, Katrin Ebenau, Michael Tala, Rolf Truxa
*7. 9. 1974 Volkstheater, Wien	MAN KANN NIE WISSEN Komödie von Bernard Shaw Regie: Rudolf Kautek MB (Bohun, Anwalt), Elisabeth Epp, Lieselotte Plauensteiner, Heinz Zuber, Alfred Rupprecht, Viktor Gschmeidler, Oskar Willner, Gustav Dieffenbacher
Dezember 1974 Theater des Westens, Berlin	MEINE SCHWESTER UND ICH Musikalisches Lustspiel von Ralph Benatzky Regie: Ernst Pichler MB (Filosel, Schuhladenbesitzer), Vico Torriani, Karin Hübner

1975

*25. 6. 1975 Raimund- theater, Wien	MEINE SCHWESTER UND ICH Musikalisches Lustspiel von Ralph Benatzky Regie: Ernst Pichler MB (Filosel, Schuhladenbesitzer), Vico Torriani, Waltraut Haas, Nera Nicol, Tino Schubert
21. 11. 1975 Raimundtheater	DIE SCHÖNE HELENA Operette von Jacques Offenbach Regie: Siegfried Grote Musikalische Leitung: Herbert Mogg MB (Menelaus), Nana Goutos, Eric Geisen

1976

Juli 1976 Theater an der Wien	DIE LUSTIGE WITWE Operette von Franz Lehár Regie: Rolf Kutschera MB (Njegus), Sigrid Martikke, Curt Malm, Celia Jeffreys, Rudolf Wasserlof, Georgi Tschalakoff
*29. 9. 1976 Kammerspiele Wien	DER KEUSCHE LEBEMANN Schwank von Franz Arnold und Ernst Bach Regie: Peter Loos MB (Julius Seibold, Fabrikant), Alfred Böhm, Marianne Schönauer, Karin Dor, Erich Padalewski, Bernd Ander
*21. 12. 1976 Kammerspiele	DAS REIBEISEN Lustspiel von Pierre Barillet und Jean-Pierre Grédy Regie: Peter Loos MB (Collinet), Kurt Heintel, Elfriede Ott, Brigitte Neumeister, Carl Bosse, Rudolf Rösner, Grete Zimmer

1977

*3. 6. 1977 Kammerspiele	RENDEZVOUS IM PARADIES Lustspiel von Fritz Eckhardt Regie: Kurt Nachmann MB (Dr. Windberger, Ministerialrat), Hans Holt, Senta Wengraf, Brigitte Neumeister, Elfriede Ott, Alexander Waechter
*20. 9. 1977 Simpl Gastspiel	ALLES OHNE NETZ Kabarettrevue von Martin Flossmann, Günther Fritsch, Sepp Tatzel, Roland Knie, Peter Wehle Regie: Jochen Bauer MB, Martin Flossmann, Erwin Steinhauer, Louis Strasser, Hans Harapat, Gerti Gordon

*21. 12. 1977 Kammerspiele	Pension Schöller Schwank von Carl Lauffs und Wilhelm Jacoby Bearbeitung: Hugo Wiener Regie: Heinz Marecek MB (Ladislaus Robitschek), Helly Servi, Marianne Chappuis, Kurt Nachmann, Marianne Schönauer, Alfred Böhm, Cissy Kraner, Hugo Wiener, Michael Toost, Georg Hartmann, Bert Fortell, Christian Futterknecht
1978	
*22. 10. 1978 Theater in der Josefstadt	Panoptikum Spiel von Franz Molnár Deutsch von Friedrich Torberg Regie: Peter Loos MB (Der Museumsführer), Albert Rueprecht, Johanna Matz, Vilma Degischer, Senta Wengraf, Heinz Ehrenfreund, Michael Toost, Kurt Nachmann, Hans Holt
*22. 11. 1978 Kammerspiele	Hurra – ein Junge Schwank von Franz Arnold und Ernst Bach Regie: Peter Loos MB (Gottfried Schreckenburg), Christine Böhm, Heinz Marecek, Franz Muxeneder, Gretl Elb, Marianne Chappuis
1979	
*16. 5. 1979 Kammerspiele	Der Hofrat Geiger Lustspiel von Martin Costa Regie: Erwin Strahl Musik: Hans Lang MB (Lechner, Faktotum), Hans Holt, Waltraut Haas, Dorothea Parton, Michael Toost, Lotte Lang
*26. 9. 1979 Kammerspiele	Jean Lustspiel von Ladislaus Bus-Fekete Regie: Hans Jaray MB (Vincent), Hans Jaray, Vilma Degischer, Albert Rueprecht, Eugen Stark, Elfriede Ramhapp
1980	
*21. 5. 1980 Kammerspiele	Der Engel mit dem Blumentopf Lustspiel von Miguel Mihura Regie: Peter Loos MB (Baby), Kurt Sobotka, Gretl Elb, Joachim Hansen, Sonja Jeannine, Erich Padalewski

*24. 9. 1980 Kammerspiele	SPIEL IM SCHLOSS Lustspiel von Franz Molnár Regie: Hans Jaray MB (Mansky), Hans Jaray, Albert Fortellni, Gabriele Jacoby, Erwin Strahl, Erich Padalewski
*16. 12. 1980 Kammerspiele	WEEKEND IM PARADIES Schwank von Franz Arnold und Ernst Bach Regie: Peter Loos MB (Wurmser, Ministerialsekretär), Kurt Nachmann, Kurt Jaggberg, Marianne Chappuis, Dany Sigel, Nina Sandt, Olivia Silhavy, Tony Niessner
1981 *29. 4. 1981 Kammerspiele	 SCHLAFZIMMERGÄSTE Von Alan Ayckbourn Regie: Heinz Marecek MB (Ernest), Vilma Degischer, Stephan Paryla, Fritz von Friedl, Johanna Thimig
*16. 12. 1981 Kammerspiele	DER DOPPELTE MORITZ Schwank von Toni Impekoven und Carl Mathern Regie: Peter Loos MB (Moritz Klinger), Marianne Schönauer, Monika Strauch, Gretl Elb, Marianne Chappuis, Erich Padalewski, Kurt Jaggberg
1982 *1. 9. 1982 Kammerspiele	 SCHAU'N SIE SICH DAS AN Komödiantische Revue für zwei Schauspieler mit Texten von Hans Weigel, Georg Kreisler, Johann Nestroy, Kurt Nachmann, Christine Nöstlinger, Hans Horwitz, Rudolf Spitz, Hugo Wiener, Elfriede Ott und Max Böhm. Musik: Gerhard Bronner, Georg Kreisler, Richard Österreicher Regie: Claus Homschak Musikalische Leitung: Kurt Werner MB (in 22 Rollen), Elfriede Ott
*22. 12. 1982 Theater in der Josefstadt	DER RAUB DER SABINERINNEN Schwank von Franz und Paul von Schönthan Regie: Hans Jaray MB (Emanuel Striese, Theaterdirektor), Hans Jaray, Vilma Degischer, Stephan Paryla, Jochen Brockmann, Elfriede Ramhapp LETZTE VORSTELLUNG: 25. 12. 1982

Rundfunk- und Fernsehserien mit Maxi Böhm

Radio

1947–1949 Radio Rot-Weiß-Rot	VERSUCHE DEIN GLÜCK Erste Rätselsendung Europas: MB als »Rätselonkel«
1949–1952 Radio Rot-Weiß-Rot	FREU DICH NICHT ZU FRÜH Rätselsendung mit MB und Peter Hey
1949–1951 Radio Rot-Weiß-Rot	WIR RUFEN, SIE GEWINNEN Rätselsendung mit MB (nur für Telefonteilnehmer)
1951–1953 Radio Rot-Weiß-Rot	SCHACH DEM KÖNIG Rätselsendung mit MB
1951–1954 Radio Wien	WIR LADEN EIN Bunte Abende. Conférence: MB
1951–1955 Radio Rot-Weiß-Rot	DIE GROSSE CHANCE (I) Rätselsendung mit MB
1952 Radio Rot-Weiß-Rot	SIE HABEN 30 SEKUNDEN ZEIT Rätselserie mit MB
1952 Radio Rot-Weiß-Rot	FÜR SIE, GNÄDIGE FRAU Hörfunkserie mit MB
1952 Radio Rot-Weiß-Rot	MAN STEIGT NACH Kurzserie mit MB
1952 Radio Wien	KINDER WIE DIE ZEIT VERGEHT Nostalgische Plaudereien von und mit MB
1952 Radio Wien	KLINGENDES GÄSTEBUCH MB führt Prominenteninterviews
1953–1955 Radio Rot-Weiß-Rot	SCHLAGERLOTTERIE Musikalische Sendung. Conférence: MB
1953–1956 Radio Rot-Weiß-Rot	DR. MAXI BÖHMS LACHSANATORIUM Kabarettprogramm von und mit MB

1953 Radio Wien	WEEKEND GUT - ALLES GUT Serie mit MB
1954–1955 Radio Rot-Weiß-Rot	BÖHMS TIERLEBEN Kabarettprogramm von und mit MB
1956–1958 Österreichischer Rundfunk	DIE GUTE STUNDE Unterhaltsame Lebenshilfe von Franz Gregora, Josef Sills und Reinald Hübl Mit MB, Hermann Leopoldi, Hugo Wiener, Cissy Kraner
1961–1965 Österreichischer Rundfunk	DIE GROSSE CHANCE (II) Rätselsendung mit MB

Fernsehen

1957/1958 Österreichisches Fernsehen	ALLES IN EINEN TOPF Fernsehquiz mit MB
1957–1972 Österreichisches Fernsehen/ORF	DIE BILANZ DER SAISON (105 Folgen) Von Karl Farkas und Hugo Wiener Regie: Peter Hey Mit MB, Karl Farkas, Ernst Waldbrunn, Fritz Muliar, Ossy Kolmann, Cissy Kraner, Karl Hruschka, Relly Gmeiner, Elly Naschold
1962 Österreichisches Fernsehen	BINGO-BINGO TV-Quiz mit MB, Topsy Küppers
1968 ORF	MENSCH, ÄRGERE DICH NICHT! Fernsehquiz mit MB
1972–1973 ORF/ZDF	FRÖHLICHER SIMPL Kabarettsendung von Hugo Wiener Mit MB, Cissy Kraner, Hugo Wiener, Fred Weis, Elly Naschold
1972–1974 ORF/ZDF	CABARET, CABARET Kabarettsendung Mit MB, Martin Flossmann, Felix Dvorak

1973–1976 ORF/ZDF	HALLO ... HOTEL SACHER – PORTIER! (26 Folgen) Fernsehserie von Fritz Eckhardt Regie: Hermann Kugelstadt Mit MB, Fritz Eckhardt, Elfriede Ott, Ossy Kolmann, Paul Hörbiger, Marianne Schönauer, Franz Stoß, Johannes Heesters, Dolores Schmidinger, Gerhard Tötschinger, Manfred Inger, Walther Reyer, Gustav Knuth, Heinz Reincke, Marte Harell, Guido Wieland, Dagmar Koller, Peter Hey, Erik Frey, Kurt Sobotka, Ruth Maria Kubitschek, Lotte Lang, Fritz Muliar, Senta Wengraf, Nadja Tiller, Heinz Conrads, Klausjürgen Wussow, Erik Ode, Brigitte Neumeister, Ivan Desny, Felix Dvorak, Ernst Waldbrunn, Hilde Krahl, Fred Liewehr, Heinz Marecek, Harald Serafin
1979/1980 ORF	KABARETT ZU DEN VIER JAHRESZEITEN TV-Kabarett mit Beiträgen von Karl Farkas, Hugo Wiener, Wolfgang Boesch Regie: Gottfried Schwarz, Herbert Fuchs Mit MB, Ossy Kolmann, Christiane Rücker, Cissy Kraner, Gerhard Steffen, Günter Tolar
1979 ORF	HELDEN SIND AUCH NUR MENSCHEN Parodien von Johann Nestroy, Hans Weigel, Hugo Wiener Regie: Otto Anton Eder Mit MB, Heinz Holecek, Marianne Chappuis, Cissy Kraner, Götz Kaufmann, Ossy Kolmann
1980/1981 ORF/ZDF	FREMDE FEDERN Parodien von Hans Weigel, Hugo Wiener, Robert Neumann, Wolfgang Boesch, Heinz Holecek, Josef Sills, Günter Tolar, Reinhard Tramontana, Georg Markus Regie: Herbert Fuchs, Peter Lodynski Mit MB, Heinz Holecek, Heinz Marecek, Ossy Kolmann, Fritz Muliar, Cissy Kraner, Nera Nicoll, Peter Lodynski, Mirjam Dreifuss

Quellenverzeichnis

Anton Bauer, Das Theater in der Josefstadt. Wien/München 1957

Max Böhm, In Wirklichkeit ist alles ganz anders, Lyrische Gedichte. Mit einem Vorwort von Hans Weigel. Wien 1983

Fritz Eckhardt, Mit einem Lächeln durchs Leben, Erinnerungen. Aufgezeichnet von Hademar Bankhofer. Wien 1981

Eva Maria Haybäck, Der Wiener Simplicissimus. Versuch einer Analyse des Kabaretts mit längster Bestandszeit im deutschen Sprachraum (Dissertation, Universität Wien). Wien 1976

Fritz Muliar, Streng indiskret. Erinnerungen. Aufgezeichnet von Eva Bakos. Wien/Hamburg 1969

Friedrich Torberg, Die Erben der Tante Jolesch. München 1978

Rudolf Weys, Cabaret und Kabarett in Wien. Wien/München 1970

Hugo Wiener, Doppelconférence (für Karl Farkas, Maxi Böhm, Heinz Conrads, Fritz Muliar, Ernst Waldbrunn). Wien/München 1972

Personenregister